# 清末民初 宋教仁政党政治思想史

宋月红◎著

人民出版社

# 目　录

# 前　言

宋教仁（1882 年 4 月 5 日—1913 年 3 月 22 日），字遯初，又作钝初，号渔父，湖南桃源人。1899 年（清光绪二十五年）就读于漳江书院。1902 年考入武昌普通中学堂。1903 年 11 月，与黄兴、刘揆一等在长沙创立华兴会，被推为副会长。1904 年 7 月，与吕大森、刘静庵等在武昌组织科学补习所，任文书；11 月，华兴会密谋在长沙发动武装起义。起义未果，遭清政府通缉，东渡日本。在日期间，初入东京法政中学，后进东京法政大学。1905 年 5 月，与程家柽等创办《二十世纪之支那》杂志，宣传革命思想；8 月，参加组织中国同盟会，任司法部检事长，后被推为同盟会湖南分会副会长；11 月，《民报》创刊，任庶务干事兼撰述员；同时，因反对日政府取缔留学生规则，被除名。后改名链，入早稻田大学，仍习法政。1907 年春，与白逾桓等赴东北组织同盟会辽东支部，联络“义军”。事泄，再度出走日本。1911 年 1 月初，回到上海，任《民立报》主笔；4 月，赴香港参加筹备广州起义，任统筹部编制课课长。8 月，与谭人凤等在上海组织同盟会中部总会，任总务干事，并筹设各省分会。武昌起义爆发后赴汉，协助湖北都督府办理外交；起草《中华民国鄂州约法及官制草案》，旋至南京，参加筹组中央临时政府。1912 年 1 月，中华民国南京临时政府成立，任法制院院长①；4月，临时政府迁至北京，任唐绍仪内阁农林总长；不久，辞职；8月，联合统一共和党等创建国民党，任理事，并代理理事长。1913年初，在长沙、武汉、上海和南京等地发表国会竞选演说；3月20日，即中华民国第一届国会召开前夕，被袁世凯派人刺杀于沪宁车站，延至22日，逝世，享年31岁。著有《我之历史》《间岛问题》等。[关于宋教仁的生平业绩，详见附录三：《宋教仁年谱简编》] 与宋教仁同时代的蔡元培曾在1920年为《我之历史》作序时指出，"先生虽死，其以政治为生命之精神，影响于后起之政治家，不与俱死，吾人所共信也。"② 宋教仁的思想是近代中国思想史上一份重要遗产，它表现为多个方面，其中就包括他的政党政治思想。但是，不论是在生前或逝世后，宋教仁却因此遭到诸多误解或非议，甚至是辱骂和诽谤。举例来说，如果认为宋教仁主张内阁制是谋"己为总理"，主张将同盟会改组为议会政党，开展议会斗争，是"议会迷"、妥协派，那么，他岂不是成了政治野心家抑或反对武装斗争者；如果根据国民党组织不纯和党纲规定"采用民生政策"，就认为宋教仁是"革命党人第一罪人"③ 或"二民主义者"，那么，他主持创建国民党，岂不也成了一条莫大的罪状；如果认为宋教仁被刺案的发生是由于宋教仁要"废袁举黎"，那么，他与玩弄权术的阴谋家又有何异，他的被刺也就无多少罪恶可言了，等等。如若此，孙中山称宋教仁为"宪法流血第

① 一说法制局。据居正在《梅川日记》中说，"中央政府设立伊始，有法制院一机关，而组织大纲未有规定。宋教仁先生任院长，初无异议。后来有忌之者，谓法制机关属于总统府，与秘书处平行，不应称院，应改称局。若以院论，则不但出乎总统府之外无所属，且超乎各部之上，独自一尊，当时只有参议院称院，与政府对立云（尊重院字，以视卑田院如何）。多口滋憎，政府无所取决。"居正：《梅川日记》，载罗福惠、萧怡编：《居正文集》上册，华中师范大学出版社1989年版，第84页。

② 蔡元培：《〈我之历史〉序》，高平叔编：《蔡元培全集》第三卷，中华书局1984年版，第439页。

③ 戴季陶：《孙文主义之哲学的基础》（1925年）。

一人”[①]，当是站不住脚的。

对宋教仁的政党政治思想的认识，直接关系到对其功过是非和历史地位的评价。这就不免向我们提出如下问题：①宋教仁政党政治思想的基本内涵是什么？在当时的社会历史条件下，它是如何产生、形成与发展变化的？②宋教仁的政党政治思想不是孤立存在的，与其同时代人相比较，它表现出怎样的历史和个性特征，而这又是什么原因促成的？③宋教仁在近代中国推行政党政治，受到什么因素的影响与制约，归于怎样的历史命运？④根据宋教仁的政党政治思想的历史面貌，我们究竟应如何评价宋教仁的历史地位？为回答和解决这些问题，研究宋教仁的政党政治思想则成为一项基础性的工作。一方面，历史地考察宋教仁的政党政治思想，并以此为主线，通过与社会历史条件相联系，与同时代其他人相比较，尽可能地揭示近代中国的政党政治思想，从中认识宋教仁政党政治思想的历史价值；另一方面，以宋教仁的政党政治思想作为一种认识对象，可以进一步探讨近代中国人向西方学习是在什么历史条件之下、如何进行的，以及它起到了怎样的历史作用等，在这一点上，则是不无现实意义的。

在研究方法上，由于宋教仁的政党政治思想是在清末民初的历史演进中形成与发展的，这就首先要求我们对此要历史地看待，在历史学研究中，不仅要将宋教仁及其思想置于当时的社会历史条件之下，而且，要将史实与文献相应地结合起来，因为他的思想主要在其著述中被记载下来，并散见于公文、藏档和同时代人的著述、回忆中。具体地讲，就是运用史料学、文献学、考证学等的研究方法与分析手段，对有关宋教仁政党政治思想的文献资料进行挖掘和整理，以便为研究提供基本依据。

---

① 孙中山：《挽宋教仁联（一）》，《孙中山集外集》，上海人民出版社1990年版，第615页。

然而，宋教仁的政党政治思想毕竟是关乎政治的能动性认识，因此，以历史研究为主，同时又要结合政治学分析的。在政治学分析中，由宋教仁的政党政治思想这一研究对象的基本内涵所决定，政党、政党政治等一些基本概念和范畴在分析框架中是处于核心地位的。在这里，有必要将政党、政党政治作一界说。

## 政　党

自近代政党产生以来，政党之说纷纭，关于政党的定义已有数十种之多，在西方比较有代表性的就有十几种。《新哥伦比亚百科全书》认为，"政党是这样一种组织，它通常是通过选举它所提出的候选人担任公职，以达到控制政府之目的。"《新时代百科全书》也说，"政党，是为争取选民投票支持它所提名的候选人而高度组织起来的集中统一的团体"。《美国百科全书》（1980 年版）指出，"政党是由个人或团体为了在某种政治制度内，通过控制政府或影响政府，以期行使政治权力而建立起来的组织。"《大英百科全书》则这样定义，"政党是在某个政治制度内，通过民主选举或革命手段，以取得和行使政治权力为目的而建立的组织。"① 可以看出，上述解释所强调的是：①政党的目的在于取得和行使政治权力；②政党存在于一定的政治制度内；③政党的选举功能。也就是说，它们偏重于政党的外部特征，没能阐明政党的阶级基础与本质特征，而这，则是由马克思主义的经典作家所完成的。1850 年，马克思、恩格斯在《中央委员会告共产

① 转引自罗豪才、吴撷英：《资本主义国家的宪法和政治制度》，北京大学出版社 1983 年版，第 114 页。

主义者同盟书》中明确指出："工人，首先是共产主义者同盟，不应再度降低自己的地位，去充当资产阶级民主派的随声附和的合唱队，而应该谋求在正式的民主派旁边建立一个秘密的和公开的独立工人政党组织，并且应该使自己的每一个支部都成为工人协会的中心和核心，在这种工人协会中，无产阶级的立场和利益问题应该能够进行独立讨论而不受资产阶级影响。"① 由于宋教仁对于政党的认识主要来源于西方近代政党观念，因此，在历史地分析宋教仁的政党观念时，则是要以马克思主义的政党观来揭示其历史与阶级局限性的。

## 政党政治

政党是政党政治的主体，对政党的认识，势必影响到对政党政治的理解。一般说来，政党政治有广义与狭义之分。广义上的政党政治，正如李景治认为的，"所谓政党政治，是指由政党掌权并在社会政治生活、国家事务和政体运作中处于中心地位的政治。"② 狭义上的政党政治，在学术界被普遍使用，用以特指资本主义国家的政党制度。杨公达指出，政党政治，就是国家的政治实际上由几个政党——至少两个以上来共同处理。政党政治实行的方式是由多数议席于议会的政党掌握国家的行政权。③ 王浦劬主编的《政治学基础》中强调，"资本主义国家政党制度又称为政党政治，它是资本主义国家中的政党进行社会政治活动的合法规则、秩序和方

① 《马克思恩格斯选集》第1卷，人民出版社2012年版，第558页。
② 李景治：《当代资本主义国家的政党制度》，福建人民出版社1993年版，第25页。
③ 杨公达：《政党概论》，上海神州国光社1932年版，第50页。

式。"[①] 由于，①宋教仁对政党政治的认识主要来源于西方近代政党制度及其政党政治观念；②宋教仁所理解的政党政治有着特定的历史内涵；③宋教仁在民初推行政党政治的具体途径主要是建立议会民主，倡导实行政党内阁，专注议会选举等，对西方的政党政治模式模仿性较强。因此，为力求历史与逻辑相统一，这里，在狭义上使用政党政治。

这样一来，政党与政党政治之间，是先有政党，而后才有政党政治的。根据这一历史逻辑关系，对宋教仁的政党政治思想进行分析的逻辑顺序，本书是这样安排的：第一，宋教仁的政党观念的产生和认识来源；第二，宋教仁的政党观的形成及其内涵；第三，宋教仁的两党制、政党内阁制的思想与主张；第四，政党政治的尝试，包括：①议会选举，②历史命运；第五，政党政治在民初的历史命运。在此基础之上，关注对宋教仁的评价问题，继而进一步审视宋教仁的历史地位。

在研究过程中，比较分析方法的运用，不仅是比较史学与比较政治学相结合的一种体现，而且是研究宋教仁的政党政治思想所要求的。我们对宋教仁的政党政治思想进行认识，主要是根据他的这一思想的基本历史面貌。但是，宋教仁与同时代的孙中山、黄兴、梁启超、章太炎、杨度等，他们的政党政治思想都表现为共性与个性的统一，是相比较而存在的；如若要在近代中国的政党思想发展史上为宋教仁确定其相应的位置，则是有必要以同时代其他人作为参照对象的。

对于宋教仁这位争议颇多的历史人物，不可避免地要对业已存在的众家之言予以分析与评说。其中，对于某些与历史不相符的认识与看法，在学术讨论中作了进一步的论证，并从历史事实出发，给予了新的解释。

从整体上看，近代中国的政党政治思想是不成熟的，具有较强的移植

① 王浦劬主编：《政治学基础》，北京大学出版社 1995 年版，第 276 页。

性。但是，在政党政治理论主要以西方资本主义国家的政党制度为基本内涵的情况下，政党政治在民初的倡导和推行，虽是尝试性的，却也为政党政治研究提供了一种分析实证。尤其是作为一个失败的范例，它在一定程度上回答了政党政治能够实现的社会历史条件。而且，从政党政治的尝试到“以党治国”在中国的确立与发展，则主要是由中国社会的历史条件和基本国情所决定的，是西方政党政治理论所不能涵盖得了的。因此，对近代中国政党政治的分析与研究，也有着政党政治学上的理论创新意义，而研究宋教仁的政党政治思想，则不失为这一理论创新的一个切入点。

# 第一章　研究背景与问题缘起

## 第一节　宋教仁的著述考析

宋教仁一生勤于笔耕，著述颇丰。除日记外，仅被当时的报纸、期刊、公文、藏档保存下来的，就有杂谈、诗歌、电文、书信、译著、讲演和手订的法规、章程等。这些著述的编辑出版相对集中于两个时期：(1) 宋教仁被刺后的一段时间，人们为纪念宋教仁，整理和出版了他的一批文稿；(2) 20 世纪 80 年代以来。而且，随着对宋教仁研究的不断深入，一些重要佚文被发现和整理出来。如今，宋教仁著述的主体部分已汇编、结集出版。

### 一、《间岛[①]问题》

这是宋教仁的第一本专著，在世时曾得以发表。根据《地学杂志》第46—73 号刊载此著时张峻所写按语，略知其来龙去脉。张峻称，“是书宋

---

① 间岛，系指今吉林省所属延吉、汪清、和龙、珲春四县地区，位于图们江北岸的江东滩，日本和朝鲜人称之为“间岛”。1907 年 8 月日本派兵占领“间岛”，强行设立军政机构，并向清政府提出享有领事裁判权和警察权等，从而引发间岛问题。

氏成于前清光绪三十四年（公元 1908 年——作者注），韩熙隆元年，日本明治四十一年。脱稿时，沪上某书肆曾印行之，舛驳甚多。迄问题解决，宋氏拟加更正，易名《中韩疆界考》。”① 这就是《间岛问题》。此书内容由序、例言及正文七章等三部分构成。宋教仁从历史、国际法、地方志、国际政治和外交政策等角度分析和研究，并用大量确凿证据论证现今延吉地区等的中国主权是不容置疑的。撰写此书的宗旨，正如宋教仁在序中所说，“窃意是书一出，舆论必由之而唤起，于是政府之远猷，国民之舆论，相与有成，俾我东西四百里，南北四百七十里，大小略等台湾之间岛，竟能完璧以归，以保障我朝长白山发祥重地。”② 宋教仁所依据的，“以日韩人历史地理书及游历笔记为多，盖侨居海外，无从多得祖邦故籍，且欲假盗器从御盗也。”③ 清政府在与日交涉间岛问题时，曾据此驳斥日本的侵略要求。1909 年 9 月，中日签订的《图们江中韩界务条款》④ 承认了“间岛”为中国领土，并准许朝鲜人居留垦殖。宋教仁在间岛问题上所表现出的对当时中国边疆历史、地理和政治的关注，在其以后的著述中也多有反映，诸如:《滇西之祸源篇》（1911 年 2 月 15—16 日）、《承化寺说》（1911 年 3 月 4 日）和他所起草的《湖南筹蒙会章程》等。这形成其在思想认识上的一个优势和特点。《间岛问题》代表了他在这一方面的相应成就，这不仅可以作为我们研究宋教仁思想的历史文献依据，也可用作研究中国边疆史地的参考资料。

---

① 陈旭麓主编:《宋教仁集》（上），中华书局 1981 年版，第 57 页，注释文。

② 宋教仁:《间岛问题》,《宋教仁集》（上），第 58 页。

③ 宋教仁:《间岛问题》,《宋教仁集》（上），第 59 页。

④ 《图们江中韩界务条款》，又称《间岛条约》。

## 二、日记《我之历史》

《我之历史》是宋教仁留学日本期间在1904年10月30日至1907年4月9日所写的日记，是我们研究宋教仁在日心路历程的珍贵编年资料。据《宋教仁日记》的编者在“校注说明”中所指出的，1910年，宋教仁将日记手稿保存在同乡陈犹龙[①]处，后由陈犹龙之子陈伯华从日本带回桃源。1919年冬，宋教仁的同学文骏得此手稿，特厘为六卷，集资刊印，是为桃源三育乙种农校石印线装本。[②]1933—1935年，南京《建国月刊》也曾以《宋渔父日记》为题在第九卷第四期至第十一卷第四期刊载。《宋教仁日记》[③]就是由对上述两种版本的对勘校订而成。在台湾地区，有《我之历史》石印本的翻印版，“台北文星书店民国五十一年（1962年）六月翻印，台中义士书局民国六十三年（1974年）三月翻印。台北文海书局则将之改名为《宋渔父遗集》，列入《近代中国史料丛刊》第五二八本”[④]。至于《我之历史》的手稿的下落，据陈旭麓对在宋教仁的家乡桃源访问宋教仁的孙女宋齐章时所记述的，1944年日本侵占长沙，桃源遭轰炸，宋齐章随其母避难沅陵，所携宋教仁的几箱书籍和文稿被强盗劫掠一空，其中的《我之历史》手稿也遭此厄运。[⑤]故而，今则无

---

① 陈犹龙，原名诜，字桃痴，也作陶痴、涛溪、湖南桃源人。早年肄业武昌两湖书院，参加自立军活动。在日本期间，肄业东京百科学校，参与发起支那亡国纪念会，后加入同盟会。1910年宋教仁回国时，将日记《我之历史》交他保存。民国成立后，曾供职于长江巡阅使署。

② 参见《宋教仁日记·校注说明》，湖南人民出版社1980年版。

③ 湖南省哲学社会科学研究所古代近代史研究室校注：《宋教仁日记》，湖南人民出版社1980年版。

④ 吴志铿：《有关宋教仁的史料及研究成果简介》，《近代中国》第22辑，第160—165页，载于《宋教仁传记资料》（五），（中国台北）天一出版社1981年版。

⑤ 陈旭麓主编：《宋教仁集》（上），中华书局1981年版，序言。

从见其原貌。

其实,《我之历史》的桃源三育乙种农校石印线装本,本辑录有文骏、罗葳、孙安仁、朱玉、田尚志、凤高翥、于右任、章太炎、蔡元培等所作的九篇序文①,冯为蓥撰写的宋教仁传记,彭泽笃的《跋》,以及宋教仁的《中央行政与地方行政之分划》②,《宋教仁日记》一概未予收录。这样做,虽能使日记纯然存在,却因缺少必要的背景交代和相关辅助材料,在一定意义上增加了对用作研究的日记的认识难度。宋教仁的同时代人为其日记所作的序和跋,是他人研读日记文本和从中探求日记主人思想的参考文献。尽管《宋教仁日记》附有相当的注释,但仍代替不了上述序文等对它的阐释价值。具体到对《我之历史》的校注,早在 20 世纪 60 年代初,杨世骥曾对《我之历史》进行过注释,计有 257 条。《宋教仁日记》在此基础上,补注 383 条,并对杨注作了修订。这对于释读《我之历史》不无学术意义。将校注形式应用于宋教仁的文献编辑出版工作中,是《宋教仁日记》的一大特点。校注本身也是研究宋教仁著述及其史实的基本方法之一,将其推而广之于宋教仁的其他文稿,则是一项尚待深化的学术工作。

## 三、宋教仁文集的出版

### (一)初版文集

宋教仁被刺后,人们曾整理、出版有他的一些文集。这其中包括:

---

① 其中,蔡元培的序文收入高平叔编:《蔡元培全集》第三卷,中华书局 1984 年版,第 483—489 页。

② 即《中央行政与地方行政分划之大政见》,《宋教仁集》(下),第 470—473 页。

A.《宋渔父》第一集[①]；

B.《宋教仁先生文集》；

C.《渔父先生雄辩集》；

D.《宋渔父初集》[②]；

E.《宋渔父林颂亭书牍》[③]；

F.《宋渔父戴天仇[④]文集合刊》。

这些初版文集保存了宋教仁的大量文稿，便于人们在此基础之上作进一步的整理。只是由于为感怀和追思宋教仁，应时而辑，颇多缺失。正因为在这一时期未能做到将宋教仁的文稿一一整理出来，丧失了有可能予以系统汇集的时机，给后续整理工作增加了一定难度，秋毫无失已不可能。一般来说，不断发现未刊文稿是文献征集和编辑工作所应追求的目标之一。因此，对于宋教仁著述，不仅要做真伪考辨的工作，而且要进一步抢救、挖掘和整理。

（二）《宋教仁集》

这是迄今在中国大陆较为完整的宋教仁文集。编者在初版文集的基础上，广泛涉猎在宋教仁时代影响较大的报刊，如《二十世纪之支那》[⑤]《民报》[⑥]

① 徐血儿等编，1913年《民立报》印本。

② 杞忧书社1913年版。

③ 姜泣群编，中华艺文社1913年版。

④ 戴天仇，即戴季陶。

⑤ 《二十世纪之支那》，清末中国留日学生的刊物，月刊。1905年（光绪三十一年）6月在日本东京创刊，由宋教仁主持，程家柽任总编辑。该刊鼓吹革命，至第二期，尚未发行，便遭日本政府的查封。

⑥ 《民报》，中国同盟会机关报，在《二十世纪之支那》的基础上，于1905年11月在日本东京创刊，初为月刊，后改为不定期出版，至1908年出至24期，后被日本政府封禁。另外，1910年初，在日本秘密印刷两期后停刊，宋教仁是其主要作者之一。

《醒狮》[①]《民立报》[②]《民视报》[③]《长沙日报》[④]，以及《亚细亚日报》《地学杂志》等，其中，有的宋教仁是主办者，也有的则是主笔或作者。此外，还有《临时政府公报》[⑤]《政府公报》，湖南省博物馆馆藏的宋教仁的未刊书信，北京大学图书馆馆藏《民国元年南北政府来往电稿》的抄件中宋教仁的未刊电稿等。《宋教仁集》即以宋教仁写作时间（有的因具体时间不详，则按报刊出版年月）的先后叙次编辑而成。《宋教仁集》的编辑出版，为研究工作提供了更为扎实的文献学基础。

《宋教仁集》除宋教仁的日记，《我之历史》和《间岛问题》及《程家柽[⑥]革命大事略》专著，九首诗，两篇译文，两篇附录（一篇未确定作者[⑦]，

---

① 《醒狮》，1905年（光绪三十一年）9月在日本东京创刊，月刊，高天梅任主编，宣传反清和反对封建专制等思想，1906年6月停刊。

② 《民立报》,1910年（宣统二年）10月在上海创刊，以倡导国民的独立精神为宗旨，于右任创办并任社长。宋教仁曾任主笔，他以“渔父”笔名撰有大量时事评论。1913年9月4日被袁世凯查封，先后共计出版1036号。

③ 《民视报》，系袁世凯在民初授意公民党在北京创办的报纸，鼓吹帝制。

④ 《长沙日报》，创刊于1905年，原是端方抚湘时以公款创办的一份官报。武昌起义后停刊一时。1911年9月1日，湖南宣布独立并成立军政府，《长沙日报》为革命党人所接收，成为同盟会在湖南的主要舆论阵地。

⑤ 《临时政府公报》，1912年创刊，中华民国南京临时大总统府印铸局编。它以发布法令，中央及地方政事为宗旨，内载有法制、咨文、令示、纪事、抄译等。

⑥ 程家柽（1874—1914年），早年肄业于武昌两湖书院，后留学日本。1905年与宋教仁等办《二十世纪之支那》杂志，任总编辑。不久，加入同盟会，主持外交工作。1906年归国，任北京大学农科教授。武昌起义后，与吴禄贞密谋在北京发动新军攻取北京，未果。1914年被捕遇害。见《程家柽革命大事略》，《宋教仁集》（下），第434—445页。

⑦ 这就是《国民党宣言》。经迟云飞考证，其作者是宋教仁，见《史学月刊》1989年第5期；李新、李宗一主编的《中华民国史》也指出，1912年8月7日，同盟会、统一共和党和国民公党三党代表开会，“推宋教仁、张耀曾和杨南生起草宣言”，他们所起草的宣言在11日的五党（包括国民共进会及共和实进会）代表集会上获通过，并于13日以五党本部名义发表，即《国民党宣言》。见《中华民国史》第二编第一卷（上），中华书局1987年版，第155页。

一篇注释稿）之外，政论、信函、书评和讲演词等共有233件。统计并分析《宋教仁集》的文本构成，可基本廓清宋教仁的著述在时间、传媒、文体上的分布情况。（详见附录四表1.1，《宋教仁集》分类统计一览表）

由表1.1可知，1905年1月—1906年10月，大约在中国同盟会成立前后的一段时期，是宋教仁写作的一个旺盛期，他主要是以《二十世纪之支那》和《民报》为基本舆论阵地，撰写评论，阐发其思想。只是这一时期的著述如时评、信函佚失或未刊者甚多。未刊的佚文有待挖掘，对于散见的材料，如存于他人文稿中的引用语、回忆片段等，则是要去伪存真的。这里的基本线索有：（1）宋教仁任政府职时的公文、会议藏档。（2）补集宋教仁的来往书信及电文等。从历史上看，宋教仁与孙中山、黄兴交往甚密，但《宋教仁集》却无一则他们间的交往信函，实与历史事实不相吻合。书信有来有往，从其两端去探寻，是有可能取得一定收获的。（3）宋教仁在中国各地、日本以及所到之处的言论及有关报道等。（4）宋教仁写有大量书评，仅《宋教仁集》就收有26则，点评有38本书；不仅如此，他还给多种书刊写过序或跋等。（5）宋教仁的读书笔记，除《我之历史》所记述的外，对于其他时期的笔记整理则是一个空白。（6）口述史学需要在宋教仁研究中加以应用，口述、回忆之类的历史资料宜加紧抢救。（7）相关具体实物的征集，等等。

（三）选集《护法使者》

这就是《民国奇才奇文·宋教仁卷》。它按照三个专题即“反清斗士”“共和先驱”“纵论天下”，分别编选了数十篇不等的宋教仁的“奇文”，旨在“述其生平”。分类编辑宋教仁的著述，诚有可取之处。除此之外，与《宋教仁集》相对照，则存有几多缺憾：（1）因是“粹其奇文，汇为一编”[①]，它不及《宋教仁集》完整，当在情理之中，问题是《护法使者》无一篇文章超出《宋教仁集》的编辑范围，看似编选文章题目有异，实为用的是文章发表时的原初名称。(2)《宋教仁集》在编辑上是严谨的。这表现在：其一，文前附有《编辑说明》，将文集的文献依据、编排体例向读者作了明确交代，从中反映出编者是在他人学术成果的基础之上，经过自己创造性的文献挖掘与整理工作，终成此集；其二，注重文章的真伪问题，如编者对当时尚“未能肯定出于宋教仁手笔”的《国民党宣言》，“但可反映他的思想”[②]，故列入《附录》中。上述两方面则在《护法使者》中没有得到具体体现。(3)分类编辑是《护法使者》的特点，而分类和选材是否妥当，尚待商榷，如分类的标准问题，而且三个专题相对于宋教仁一生的思想发展实际，显然是粗线条的。这也表明，在宋教仁研究不断发展的学术背景下，宋教仁文集的编辑工作相对是滞后的，与孙中山文集的体系化相比较，更有待进一步拓展。宋教仁文献著述的搜集与整理工作是一项艰苦细致的长期性工作，而在这一方面获得的每一个成果，必将推动宋教仁研究工作的进一步开展。

## 四、宋教仁佚文述要

在辛亥革命和民初政治研究中，宋教仁的一些佚文被发掘、整理出来。这主要有：

① 《护法使者》，东方出版社1998年版，卷首语。

② 《宋教仁集》(上)，中华书局1981年版，“编辑说明”。

（一）《宋教仁佚文钩沉》[①] 增补佚文六则

(1)《致李、胡二星使书》[②](1908 年 10 月 12 日)；(2)《致吴玉章书》[③]，发表于在新加坡出版的《中兴日报》[④]，据杨天石考证，此信函"作于 1911 年 9 月 1 日，1913 年 4 月 16 日以手迹影印于上海《中华民报》" [⑤]；(3)《与杨德邻君书》[⑥]，"作于 1912 年 1 月 11 日，发表于次日上海《民立报》"；(4)《与雷奋等书》[⑦]，发表于《民立报》1912 年 1 月 23 日；(5)《致孙毓筠电》，由谭人凤与宋教仁联名，发表于 1912 年 4 月 19 日的上海《民声日报》上；[⑧]

---

① 作者杨天石，此文发表在《华东师范大学学报（哲学社会科学版）》1985 年第 2 期。

② 信中提到的"李"是李家驹，"胡"是胡惟德，此二人因于 1907、1908 年先后出使日本而得名"星使"。该信函的基本要义包括：A. 编著《间岛问题》一书的目的，"欲以为政府外交援助"；B. 宋教仁"献书"的经过，实为"委曲设计"，"介于敝同乡之曾为李公旧属者许孝绶氏，以达李公之前"。"幸为李公采纳，抄送外部。" C. 宋教仁向李、胡说明取消"须政府出巨款购秘密证据书"之议的原委，同时"恳请胡公即将此官费挖除，并革去留学生之名，以示与公等断绝关系之义，以祛公等之曲解"。这些对于我们认识在《间岛问题》上宋教仁与清政府间的历史联系问题不无裨益。

③ 《中兴日报》，清末革命派在新加坡创办的报纸，由陈楚楠、张家福等主办，宣传反清革命，存续时间从 1907 年 8 月 20 日创刊至 1910 年停刊。

④ 吴玉章，1905 年加入同盟会。1911 年 6 月被派到四川工作。9 月，与王天杰等宣布荣县独立；1912 年 1 月任南京临时政府总统府秘书。1913 年 3 月宋教仁被刺，主张武力讨伐袁世凯。宋教仁在信中告知吴玉章同盟会中部总会"已经成立，与其事者计川、滇、鄂、湘、闽、浙江、皖等省，皆有其人，南京军界亦稍有组织"，要求吴玉章在四川建立相应的组织，并与吴玉章商谈"办报一事"。

⑤ 《中华民报》，邓家彦于 1912 年 7 月 20 日在上海创办，刘民畏等任主笔，反袁拥孙。"二次革命"后，汪洋接办，不久即因经费困难而停刊。

⑥ 此信内容简略，大意是宋教仁邀杨德邻到南京晤面，商谈紧要之事。至于"紧要事"具体所指，据杨天石推测，"可能是指建立法制院事"。

⑦ 此为宋教仁请雷奋、杨荫杭、孟森等入法制院，并称"法制院事，经纬万端，非大贤相助为理不办"。从中可知宋教仁筹划法制院时在组织人事构成上的一些具体史实。

⑧ 《民声日报》，1912 年 2 月创刊于上海，由黎元洪主办。电文之意是请安徽都督孙毓筠"加意保护"李经羲"在皖财产"。李经羲系李鸿章之侄，清末官僚。电文内称之为："吾国唯一政治大家"，而且谭、宋对其如此关照，不知出于何种考虑，尚待进一步研究。

(6)《复昌明礼教社函》，发表于1912年6月5日上海《神州日报》。①

上述六则佚文基本上属于书信、电函文体之类，为研究宋教仁与其同时代的历史人物的政治关系提供了关于某些具体历史事件的文献材料。

（二）《宋教仁与中国民主宪政》②征引佚文

迟云飞在研究宋教仁的过程中，从报刊、图书、档案中搜集到一些宋教仁佚文，并在撰写《宋教仁与中国民主宪政》中作了征引。(1)《中华民国临时组织法草案》，公布于《民立报》1912年1月27日，原题为《中华民国临时政府组织法》。1912年1月28日，法制院以《组织法》系“本院提出供参考之草案，现尚未经参议院议决”为由，请《民立报》更名为《中华民国临时组织法草案》。草案共7章55条。1月30日，孙中山咨送于参议院，“以资参叙”。③ (2)《在国民党湘支部的演说》，发表于《民立报》1913年1月20日。原名为《湘省欢迎宋钝初》。(3)《游麓山吊烈友墓联句》④，发表于《民立报》1913年2月1日。其中，宋教仁所作的诗句是“更无多泪流知己，别有伤心哭国魂”；“元龙豪气今犹在，百尺楼前一汉元”。从内容上看，这里所征引的是宋教仁为民初政权建设和民初国民

① 《神州日报》，1907年4月2日由于右任创刊于上海，是继蔡元培主编的《警钟日报》之后，革命党人在国内出版的第一份大型日报。宋教仁复信赞誉昌明礼教社“力扶纲常，下以固地方根本之图，即上以弥行政机关之缺”。对于文化的政治功能问题的认识，是宋教仁政治思想的有机构成。在这一复信中，宋教仁更多地表示出对中国古代政治文化的肯定，认为“古之善治天下者，未有不以正人心，端教化为本”，但缺乏应有的具体分析。而在文化的近代变革中，宋教仁尚且如此，这从一个侧面说明，在他之后不久，新文化运动对封建文化的批判和对资产阶级文化培育的必要性和进步性。

② 作者迟云飞，该书由湖南师范大学出版社1997年10月出版。

③ 《南京临时政府公报》第三号，转引自迟云飞:《宋教仁与中国民主宪政》，第115—116页。

④ 这是宋教仁与陈家鼎一起游岳麓山祭陈天华、姚宏业和禹之谟烈士墓时二人的一首联诗。陈的诗句是“十载有家归不得，而今随尔入黄门”；“死友已经垂竹帛，生朋无分住桃源”。

党国会竞选所作的法规草案和演说。法制和竞选是政党政治活动中的两个基本要素，因此前两则佚文的整理和引用，无疑丰富了关于宋教仁政党政治思想的研究资料。

（三）《宋教仁关于“间岛问题”的两封信》①

信中主要涉及在宋教仁回国出证中日间岛问题上的路费、延期，《间岛问题》一书的处理及版权金的支付等事项，与前述《致李、胡二星使书》相联系，则为我们勾画了宋教仁与清政府之间围绕《间岛问题》进行交涉的基本轮廓。

（四）《学生自治亦有罪耶》《清俄谈判与俄人之野心》《川乱感论》等②

根据吴志铿的统计，宋教仁曾在《醒狮》上发表《学生自治亦有罪耶》，在《民报》发表《清俄谈判与俄人之野心》，在《民立报》发表《川乱感论》等文。

宋教仁文集的出版和一些佚文的发掘与整理，奠定了宋教仁研究的重要文献基础。对于宋教仁政党政治思想的研究，也主要以此为基本依据。同时，还要结合史实，史实是可以在一定程度上弥补宋教仁有关文献资料

---

① 此为拓晓堂据北京图书馆（现更名为国家图书馆）善本特藏部辑录，发表于《文献》1988年第4期。据拓晓堂整理，“这里所笺注的宋教仁未刊书札二则，是其以别名宋錬致清朝考察宪政大臣李家驹的有关间岛问题的重要信件”。

② 此外，还有《各国最近财政史论》（一卷），翻译曾是宋教仁用力颇多的一项工作。梳理宋教仁的译文资料，知宋教仁在翻译《比较财政学》（1910年）中，认为“原书出版在四年前，其所列各国比较表，皆当时统计，今日各国财政状况多所变革，译者爰编《各国最近财政史论》一卷以附于后，非敢云续，聊以示列强近今政策之一班耳”。《宋教仁集》对此未予收入。又据《我之历史》载，1906年5月16日，“宋教仁作《清俄谈判与俄人之野心》成。复写致《津报》信，言以文换报之事由。遂以清俄谈判文与前译中村氏《南昌事件概论》同封械中，寄往该报馆焉”。吴文也未注明此文在《民报》发表的具体日期，这里当以《津报》出处为准。

的缺失的。

另外，在研究宋教仁的过程中，笔者梳理宋教仁的文献著述，根据相关史料所提供的线索，搜集并整理出一份《宋教仁佚文存目》（详见附录四：表1.2），其中，主要包括宋教仁的书信、电函、时评、译文和部分著文及编辑物等，集中反映了宋教仁在一定历史时期的社会交往和活动轨迹，从其译文和编辑物中可以看出他的思想产生与形成的某些认识来源。这里，存于他人文稿和传记、回忆录中的宋教仁的言论未予收入。存目虽不能承载相应佚文的内容，却为我们搜集宋教仁的文献资料提供了一定历史依据。

## 第二节　宋教仁研究的兴起与发展

宋教仁活跃于清末民初的政治舞台，其中，“民国肇造，侪于元勋之列，国民党之理事”①；而且，宋教仁被刺案的发生在一定意义上成为民初政治风云变幻的一个转折性标志。因此，研究辛亥革命、民初政治史，不能不对宋教仁倾注一定的学术关怀。宋教仁研究，在起初阶段集中表现为：①对宋案发生与破获的纪实性新闻报道和时事评论；②对宋教仁生平业绩的回忆，以及为纪念宋教仁而对其部分著述的整理与编辑。大致在20世纪50—60年代，宋教仁研究初步形成一定规模，从业学者和研究机构主要分布在中国大陆、台湾地区以及日本、美国等。总体比较而言，台湾地区保存有较为丰富的文献、档案资料，研究起步早，研究方法与手段也趋向多样化。在中华人民共和国成立后的中国大陆，基本上是在20世

① 《开国史》，见徐血儿等编：《宋教仁血案》，岳麓书社1986年版，第473页。

纪60年代初开始有个别学者从事这一课题研究，时至20世纪80年代初，才真正形成一种学术力量，并与台湾等地之间也有了一定的学术沟通与交流。由于宋教仁曾留学日本，以及近代中国政治变革与日本有着业已存在的历史关系，日本学者对宋教仁的研究多偏重于宋教仁在日本的活动等方面。在美国，一些学者在研究中国近代史的过程中也加入到了宋教仁研究的队伍中来。分布于各地的学者的研究工作是各具特色的。他们在彼此间进行的直接或间接的学术交流中，求同存异，相互切磋与争鸣，共同推动着宋教仁研究向广度和深度发展。

从内容上看，宋教仁研究主要呈现在两个层面：其一，以宋教仁生平业绩及其时代为对象的、类似于“通史”或“断代”的研究；其二，以关于宋教仁某些具体问题的专门研究。在这两方面都已取得了阶段性的研究成果。在研究方法上，史学、文献学研究为主导，兼及其他学科——如心理学、哲学、统计学、政治学、法律学——的一些相适宜的方法与手段，从而形成以史学、文献学为主，多学科、多领域相融合的研究格局。

## 一、台湾地区的宋教仁研究

宋教仁研究，作为辛亥革命史、中华民国开国史长卷研究的一个分支领域，从严格意义上说，则是由吴相湘研究宋教仁与近代中国民主政治的关系问题而揭橥的。吴相湘“怀抱为宋先生撰写传记的心愿已有30余年”①，致力于对宋教仁一生的研究，才著有《宋教仁：中国民主宪政的先驱》，原题作《宋教仁与中国革命》。在此传记出版前，吴氏就曾于1960

① 吴相湘：《宋教仁：中国民主宪政的先驱》，（中国台北）传记文学出版社1985年版，自序。

年6月发表了《〈宋教仁与中国革命〉引用史源及重要参考资料》[①]一文。此文以注释的形式介绍有关研究资料，它由甲、乙、丙三部分构成，甲："宋氏本人著述"，8件；乙："同时代人的著述"，131件；丙："手写本及档卷"，11件。《宋教仁：中国民主宪政的先驱》的出版，"正值举世研究和阅读中国现代政治与人物之兴趣最热烈的时候"[②]，作者以宋教仁一生的几个主要历史阶段为基本线索研究其生平业绩，以宋教仁为个案研究民初政治史，尤其是近代中国议会、政党史，对于时代背景和同时代人的言论介绍甚详；重要史实力求提供新记录和新认识，颇多建树。

将宋教仁的一生作为认识对象，这一传统是从1913年《民立报》对宋教仁作全景式报道和时人为纪念宋教仁而辑《宋渔父》沿袭下来的，《宋渔父》由徐血儿、叶楚伧等编辑，中有徐血儿：《宋先生教仁传略》、失名：《宋遯初先生传略》和牛霹生：《宋钝初先生传略》等，尽管文字、篇章较少，后来者却受其影响和启发，而为宋教仁作传。除上述著作之外，还有李方晨的《宋渔父的一生》（1966年），左舜生的《宋教仁评传》（上、中、下，1968年）以及方祖宗的《三湘渔父——宋教仁传》（1980年）等。凭借丰厚的文献和档案资料，研究宋教仁的生平业绩，成为台湾地区的一大学术优势。但是，对于宋教仁早年的生活以及受教育、成长的史实，因记载较少，资料欠缺。相比之下，对于宋教仁从事反清政治活动后的历史记述则泼墨甚多，造成前轻后重的局面。而且，传记以及类似于传的记述在内容上，较为重复、雷同，除回忆、遗事类著述有所增加外，新材料并不多见。这就提示我们，宋教仁一生处于近代中国社会变动极为剧烈的清末民初，加之其政治地位与影响，关于宋教仁的资料当是涉及范围较广的，

① 载于吴相湘主编：《中国现代史丛刊》第二册，1960年版。又，《宋教仁：中国民主宪政的先驱》，第275—301页。

② 吴相湘：《宋教仁：中国民主宪政的先驱》，自序。

因此，对于宋教仁研究而言，资料的发掘、整理仍是一项长期的细致的工作。

在台湾地区，关于宋教仁的专题性研究，与传记类的系统研究相得益彰，也是宋教仁研究中的一道独特风景，这一方面的研究课题主要围绕宋教仁与辛亥革命、清末民初政局、外交、民初国会、内阁、政党等问题，从中在一定意义上揭示了宋教仁与当时的政治变革主题——民主革命与宪政建设——的内在历史关系，以及宋教仁政治思想的变化发展及其历史命运等。

尤为要指出的是，随着宋教仁研究工作的深入开展，高等院校和科研机构的研究生将宋教仁纳入论文选题。据《有关宋教仁的史料及研究成果简介》，"私立中国文化大学政治研究所"的硕士研究生史连聘撰写的学位论文就是《宋教仁与民初政局》，作者主要论述了宋教仁对民国的缔造、民初政局、政党以及"宋案"等。"台湾大学政治研究所"的硕士研究生朱宏源著有《宋教仁的政治人格》①（学位论文）和《宋教仁的革命人格》②，两文皆以政治学与心理历史学（psycho-history）的方法为分析工具，研究颇具特色。

作为宋教仁研究的相关性问题，宋教仁被刺案的研究相对突出。《宋渔父》是较早记述宋案的著作，内有《渔父先生被刺后十日记》，以及时人的哀辞、祭文、挽诗、挽联、时评等，与之同年编辑的还有沈翰所编的《宋遯初被刺始末记》（二册），《宋渔父遇刺记》（一册），《桃源痛史》（一册），湖西哀时客编的《渔父痛史》等，这些皆被《宋教仁被刺

① 《宋教仁传记资料》（二），第125—209页。全文共分七章，并附有表14个，图15张。

② 《宋教仁传记资料》（二），第2—12页。又，载于《仙人掌杂志》第9号，1977年11月。

史料》[①] 汇集出版，各界啃电和宋案调查文档也被编入其中。《宋教仁被刺史料》成为研究宋案的重要原始资料。至于宋教仁何以被刺，吴著《袁世凯杀害宋教仁之真正原因》[②] 指出，"盖当时酝酿宋及黄兴活动举黎元洪为正式总统。宋以国会多数党之推选出任国务总理把握实权，袁将被排斥于民国政府之外。"他以为此乃宋案发生的真正原因，并非如李剑农在《中国近百年政治史》中所谓的是因宋教仁"只肯把正式总统让给代表旧势力的袁世凯，而内阁必操诸代表新势力的政党"[③]。两说之争不在内阁而在何为总统。

## 二、新中国成立以来中国大陆的宋教仁研究

从学术发展来说，台湾地区的宋教仁研究，根在大陆。中华人民共和国成立后，中国大陆的宋教仁研究曾沉寂一段时间，至陈旭麓于 1961 年在《历史研究》上发表《论宋教仁》[④] 一文，渐又兴起。陈先生是把宋教仁放在资产阶级革命派的前提下，也是把他放在向西方学习的先进人物之一的前提下进行评述的。他认为宋教仁从事革命活动十年，也就是 20 世纪初叶辛亥革命时期的十年，就这个意义而言，宋教仁"没有经过改良主义的曲折，一开始就踏上了民主革命活动的道路"，"完全是一个辛亥革命时期的人物"。而且，就宋教仁的哲学思想，陈先生指出宋教仁"把资产阶级的个人自由思想和王阳明的学说结合起来，成为他的唯

① "中国国民党中央党史委员会":《宋教仁被刺史料》，《革命文献》第 42 辑。

② 《宋教仁传记资料》(二)，第 102 页，原载于《新时代》第一卷第 6 期。

③ 李剑农:《中国近百年政治史》，(中国台北) 台湾商务印书馆 1965 年版，第 382、389 页。

④ 陈旭麓:《论宋教仁》，《历史研究》1961 年第 5 期。

我论——极端的主观唯心主义”。陈著《论宋教仁》，尽管存在着一定的认识局限性，却是大陆较早运用马克思主义史学理论研究宋教仁的论文。查阅《陈旭麓先生著述系年》，作为大陆学界研究宋教仁的开拓者之一，陈先生的第二篇关于宋教仁的研究著述则是发表于1980年的《为宪法流血的第一人》[①]，与第一篇论文时间相隔近20年，这样，20世纪60—70年代大陆的宋教仁研究状况，由此可见一斑。1987年4月，为纪念宋教仁诞辰105周年，宋教仁学术讨论会在湖南省桃源县召开，桃源县政协特为会议编辑了《宋教仁纪念专辑》。与会学者分别就宋教仁的早期思想，组织中部同盟会的功过是非问题，议会、政党、责任内阁制与“自谋总理”问题，改组同盟会为国民党问题，以及宋教仁的爱国、民主、法制、教育、哲学、社会主义等思想，展开学术争鸣，取得了一定的学术研究成果。从20世纪80年代初，随着宋教仁研究在大陆的再度兴起，宋教仁研究步入新的发展时期，其主要表现是，关于宋教仁文献资料的征集、整理以及理论研究取得基础性的学术成果。

（一）文献资料的搜集、整理

《宋教仁日记》（1980）、《宋教仁集》（上、下，1981）和《宋教仁血案》（1986）[②]相继出版，分别汇集了宋教仁在日本、宋教仁著述和宋教仁被刺案等三个方面的原始资料。新材料的发掘和补缺，是宋教仁研究得以发展所不可缺少的基础性工作。《宋教仁家世考》《宋教仁佚文钩沉》《大仓发现宋教仁墨迹》《宋教仁关于“间岛问题”的两封信》《回忆遇刺前的宋教仁》[③]

① 载于《辛亥革命丛刊》第一辑，中华书局1980年版。

② 徐血儿等编，蔚庭、张勇整理，岳麓书社1986年版。其中，收录有《宋渔父》和《民立报》关于宋案证据的披露材料等。

③ 杨思义遗稿，汉涯整理，参见湖南省文史研究馆编：《潇湘絮语》，上海书店出版社1992年版。

等，在关于宋教仁的佚文、遗事方面取得一定进展。

（二）研究著述

1. 传记类。这主要有陈旭麓的《宋教仁传略》[①]（1983）和《宋教仁》[②]（合著，1984）。其中《宋教仁》是新中国成立以来在大陆出版的第一本关于宋教仁的传记著作。作者记述了宋教仁的主要社会政治活动，塑造了宋教仁的整体形象。近年来比较系统地研究宋教仁的代表性著作，当推迟云飞的《宋教仁与中国民主宪政》（1997）。作者在研究过程中，搜集到一些关于宋教仁的新材料，并运用这些新材料讨论或纠正了某些史实和认识上的遗漏或偏差。

2. 专题类。与台湾地区相比较，大陆关于宋教仁的专题性研究领域，除同样集中在宋教仁的民主政治活动和一些宪政思想方面外，是有所拓展的。如关于宋教仁的经济思想、爱国主义思想、教育思想、法制思想等，形成大陆的宋教仁研究工作的一个突出特点。而且，比较研究方法的运用，为宋教仁研究注入了新鲜活力，这主要表现在：①宋教仁与孙中山的政治主张；②宋教仁与梁启超的议会民主思想等。[③]对于具体问题的研究，不免要对宋教仁的行为特征或思想倾向作出评价，总的发展趋势是：由过去一段时间立足于批或贬，到否定方面仍占上风，近年来逐步倾向于基本肯定。过去比较有代表性的观点：其一，宋教仁是“议会迷”；其二，宋教仁是“妥协派”；其三，宋教仁主张“二民主义”等，也随着学术研究的深入开展而趋向式微。

① 《清史人物列传·下编》第三卷，辽宁人民出版社1983年版。

② 陈旭麓、何泽福著，江苏古籍出版社1984年版。

③ 其代表性研究成果诸如《宋教仁与孙中山政见论略》（王晓华，1988年）、《浅析孙中山、宋教仁的政体主张》（鲁广锦，1993年）和《梁启超与宋教仁议会民主思想异同论》（杨天宏，1996年）、《宋教仁与孙中山民主宪政思想的比较》（迟云飞，1997年）等。

## 三、以日本为代表的国外宋教仁研究

宋教仁研究，不仅受到中国学者的关注，同样引起国外研究近现代中国的学者的研究兴趣，进而在国外逐步形成宋教仁研究的第三支力量。也许是由于宋教仁在日本生活、学习长达六年之久，以及近代中日历史关系，日本学者的宋教仁研究也有着自己的学术优势。（详见附录四：表 1.3《国外宋教仁研究成果辑录》）从研究内容上看，主要集中在：①宋教仁与日本的关系以及作为其历史见证的《我之历史》，向来受到青睐[①]；②宋教仁与辛亥革命、民初政治的关系；[②] ③对于宋教仁思想的专门研究，这虽是宋教仁研究的一个难点，但在国外也是比较活跃的。[③]

在英文研究著作中，比较有代表性的，如刘吉祥（Kit Siong Liew）的《为民主而奋斗——宋教仁与辛亥革命》[④]，[美] 普莱斯的《辛亥革命时期孙中山、宋教仁与资产阶级民主的困境》[⑤] 和《革命与宪法：宋教仁政

① 如松本英紀译注的《宋教仁の日記》、上村希美雄的《论宋教仁的日記》、木通泉克夫的《宋教仁〈我之历史〉について》，等等。他们组合为《我之历史》的研究系列。

② 比如，松本英紀的《中華民国臨時約法の成立と宋教仁》、《辛亥革命与孙文宋教仁——中国革命同盟会的解体过程》《宋教仁和同盟会资料》《民国元年の政治と宋教仁》，还有木岛淑男的《辛亥の春，孙竹丹赵声宋教仁》等。

③ 其主要成果有田中比吕志的《宋教仁の“革命”论》，狭间直樹的《宋教仁にみる伝統と近代》和片倉芳和的《宋教仁の经济思想》等。这些国外学者从不同于中国学者的分析角度丰富了宋教仁思想的研究。

④ Kit Siong Liew, Lecturer in East Asian History at the University of Tasmania. 据他介绍，始自 1962 年曾任国立澳大利亚大学远东史学系研究员（Research Scholar）时研究宋教仁，至 1970 年书就 *Struggle for Democracy*，此书为宋教仁传记，其主要内容依次为：Formative Years，Rebels in The Malking，The Theme of Unity，Education and Revolution，Intra-party Disputes，Prelude to a Storm，The Revolution of 1911，The Nanking Provisional Govemment，The Transfer to Peking，Cabinet Versus President，Strugge for Democracy.

⑤ 《孙中山和他的时代——孙中山研究国际学术讨论会文集》，中华书局 1989 年版。

治策略的发展》[①] 等。刘吉祥在搜集关于宋教仁的中、英、日文资料的基础之上，探讨了宋教仁的一生历程及其思想的演化过程，并就有争议的问题进行了讨论，例如宋教仁是否为“折中派”的问题，作者指出，“我们可以用任何名词来形容宋教仁，但绝非‘折中派’一词，因为宋氏决意削减袁世凯的权限并重振革命党的政治影响力量。”[②] 与吴著《宋教仁：中国民主宪政的先驱》一样，这也是一部研究宋教仁的传记性代表作。

## 第三节 对宋教仁政党政治思想研究的反思

毋庸置疑，宋教仁的政党政治思想是客观存在的。在清末民初的社会政治活动中，他总是依托一定的社会政治组织——政团、政党、政府机构、舆论宣传机关和议会等。

A. 政团或政党系列

华兴会（1904 年 2 月成立，副会长）—科学补习所（1904 年 7 月创办，文书）—中国同盟会（1905 年 8 月成立，司法部检事长，曾代理同盟会庶务干事）—同盟会中部总会（1911 年 7 月成立，总务干事）—国民党（1912 年 8 月成立，理事并代理理事长）……政党内阁（总理）。

B. 政府机构系列

中华民国南京临时政府法制院（院长）—中华民国北京临时政府农林

---

① 载于《纪念辛亥革命七十周年学术讨论会论文集》，中华书局 1983 年版。

② “Sung Chiao-jen was anything but a moderate. His determination to curtail Yuan’s power and to recapter the lost political influence of the revolutionary party proved that he was not.” 参阅 *Struggle for Democracy*. p.200。

部（农林总长）……政党内阁（总理）。

C. 宣传机构系列

《二十世纪之支那》杂志（1905 年创办）—《民报》（1905 年 11 月创刊，庶务干事兼撰述员）—《民立报》（1910 年 10 月创刊，主笔）—竞选演说会（1913 年初）……政党内阁（总理）。

相比较而言，A 类组织是第一位的，持续时间最长，而且，宋教仁在组织中一直居于领导层，并随着组织形式的变动，其地位呈上升趋势。对于 B 类组织，宋教仁则是以 A 类组织的身份参与其中的。A 类与 B 类组织的发展前景，共同表现为国民党“政党内阁”（总理）。C 类组织是 A 类组织的附属性舆论工具，而竞选演说会是暂时的，也无具体形式，更不是报纸杂志的替代物，它是宋教仁用来宣传 A 类组织的政见和主张，为竞选国会议员，进而实现政党内阁而运作的，在民初政党竞争和国会竞选的特定政治环境条件下起到了报刊所起不到的政治动员和宣传作用。A、B、C 三类组织间的关系表明，事实上宋教仁与政党的关系是宋教仁研究中的一个基本问题。这一关系的具体内涵表现在：①宋教仁的政党观念，宋教仁的政党活动；②近代中国政党观念与宋教仁的政治思想，政党组织与宋教仁的政治活动等。在近代中国政党兴起与发展的社会历史条件下，宋教仁与政党的关系是具有一定的时代内容与特征的。不仅如此，由于宋教仁在民初倡导和推行政党政治，这是我们在民初政治研究中无可回避的。因此，宋教仁的政党政治思想在近代中国民主政治思想史上，以其一定的历史地位、作用与影响客观地显示出它应有的学术研究价值，对此进行解析，不失为认识和研究近代中国政治变革与发展的一条重要途径。但是，反观宋教仁研究，尤其是对他的政党政治思想的研究，却是相当薄弱的，也存在着若干问题。①在传记类研究著述中，一般地，因偏重于对宋教仁生平业绩的记述，而对其政党政治思想的产生与发展过程缺乏历史考察。存在着不分时间或场合予以对待的现象，致使其中的一些思想认识或政治主张被肢解而失去应有的完整性；再者，即使是在对政党政治的专门论述中，也多是轻其思想而重其政治活动。如迟云飞著《宋教仁与中国民主宪政》，第九章的主要内容为“组织国民党”，第十章则是“为宪法流血”。②在专题类研究中，A类以宋教仁的政党或政党政治思想为中心议题者有之，但在研究内容上，其一，仍以宋教仁的政党活动为主；其二，对宋教仁政党政治思想的阐述，不是就其思想的整体性而是限于局部，甚至是片面的；其三，同样存在着对其思想认识的历史过程重视不足，研究缺乏历史性等现象。B类以与宋教仁的政党政治思想具有相关性的其他思想为主要研究对象者也有之，它包括宋教仁的宪政、法制、内阁制和议会民主思想等。应该说，从这些方面来审视宋教仁的政党政治思想是符合它们之间的历史实际和逻辑关系的。姑且不论这一方面的研究工作。因为宋教仁的政党政治思想毕竟是由宋教仁对政党政治各基本要素及其相互关系的认识所构成的，没有对宋教仁政党政治思想自身历史性和完整性的理解与分析，便失去了对这一思想作出公允评价的认识基础，由此也就在一定意义上难以通过对宋教仁政党政治思想的研究来探讨近代中国政党政治思想及其实践。

对宋教仁的政治思想进行认识和研究，不可避免地要推及对宋教仁的评价问题。宋教仁的功过是非，那时的人们论说不一，今人仍在争鸣讨论，“盖棺而论不定”。但是，对宋教仁的评价如若建立在上述研究基础之上，则难以做到公允。从学术史的角度来看，在1961年的辛亥革命五十周年学术讨论会上，多数学者认为宋教仁在辛亥革命以后，政治上倒退了，这表现在：（1）对袁世凯妥协；（2）改组同盟会为国民党，加速了同盟会的瓦解。后来，在学术界普遍将“武装斗争”与“议会斗争”决然对立起来，宋教仁更被指责为“议会述”。20世纪80年代以来，虽然宋教仁研究在多个方面有所推进，对于宋教仁的评价也逐步趋于基本肯定；但是，否定性的观点依然存在，如认为宋教仁在民初的政治活动破坏了孙中山所努力维持的政治局面；迷信议会斗争；建立国民党是一种倒退等。对宋教仁这一历史人物，不论肯定或否定，都属于正常的学术现象，问题在于：肯定，是否符合历史；否定，是否持之有据。那么，究竟应如何评价宋教仁及其历史地位呢？由于争议主要集中于宋教仁的民主政治活动，尤其是同盟会改组、国民党成立和议会斗争等，这就不能不对宋教仁的政党政治思想作进一步的研究，而这种研究是要从其思想的历史性和完整性出发的，只有这样，才有可能给予宋教仁符合历史的公允评价。因此，在宋教仁研究中，应该将宋教仁的政党政治思想相对独立出来，旨在具体地揭示其历史性、完整性，从而将宋教仁政党政治思想的历史性和完整性与对宋教仁评价的公允性统一起来。也就是说，以宋教仁政党政治思想的历史性与完整性为根本依据，力求公允评价宋教仁的功过是非及其历史地位。

综上所述，至此足可以这样说，系统研究宋教仁的政党政治思想仍是一个有待开垦的学术领域。宋教仁的政党政治思想是历史形成和客观存在的，并与近代中国政党政治思想的整体变动相联系的。它反映其时代特征，阐释其发展走势和历史命运，因此，研究宋教仁的政党政治思想，不仅能够推动宋教仁研究的进一步开展，同时也可以为研究近代中国政党政治的整个思想体系提供一个有益尝试。

# 第二章　宋教仁与西方政党观念在中国的传播

政党首创于欧美，是近代民主政治发展的产物。在中国早有“党”“会”等称谓，它们却无政党之义。政党一词来自拉丁文 Pars，原意为社会的一部分，引申之，可理解为一种社会组织乃至一种社会政治组织；至于中文的“政党”一词的由来，孙中山曾在《在东京留日三团体欢迎会的演说》中指出，“中国普通人之心理，对于党字之意义，不甚明了，以为古书上于党字之解释不甚良美，有所谓‘君子群而不党’之说，不知今日之政党的党字，在英语名词为 party，在中国文字别无与 party 相当之字，只有此党字较为近似，并无别字较党字确当者。故用此党字，究竟与古时所用之字大有区别。”① 近代中国人是在西学东渐中开始接触并介绍西方政党观念的。至 19 世纪末 20 世纪初，由过去的“忌党”“禁党”，转而“议党”“组党”。宋教仁在清末民初主张民主革命，要求实行民主共和。对于政党，一方面，他传播西方政党观念；另一方面，参与近代中国政党的创建活动。从中，他关于政党的基本认识及其政党政治思想逐步形成。

---

① 孙中山：《在东京留日三团体欢迎会的演说》（1913 年 3 月 1 日），见《孙中山全集》第三卷，中华书局 1984 年版，第 36 页。

# 第一节　西方政党观念在中国传播的社会政治条件

## 一、近代中国民主政治力量及其组织的发展

在世界近代化进程中，欧美近代化的启动与资产阶级的形成几乎同步，资产阶级充当了近代化的主导力量。中国的情形则与之不同。自19世纪40—50年代始，中国社会经济结构渐变，外国商品乃至资本强行涌入，社会政治危机日剧。面对数千年未有之变局，一批近代先进知识分子睁眼看世界，率先担当起介绍西方，传播西学和维新思想的责任。洋务思潮兴起之后，洋务官僚制器练兵，振兴商务，造就“洞达时势之英才，研精器数之通才，练习水师之将才，联络中外之译才”[①]。中国早期近代化由此开启。伴随近代资本主义在中国的发展，一批投资于近代工商企业者，逐步形成一个在社会阶级结构中要求发展资本主义的民族资产阶级。民族资产阶级为追求其社会经济利益以及利益最大化，相应地要求政治权利给予保障。尽管洋务变法思想的内涵不断扩充和发展，认为中国学习西方求富强，“当先究知其国政、军政之得失，商情之利病，而后可以师其用兵制器之方”[②]，洋务思潮的发展演变呈现出由低层次向高层次的政治领域提升的趋向，但囿于“中体西用”的思想模式，洋务渐由历史合理、积极进步而为消极滞后，步履维艰。洋务在嬗变分化中，一部分开始转向舍皮毛而求“本体”，认为“泰西富强之道在有议院通上下之情，而他皆所术”[③]。

---

① 《洋务运动》（一），中国社科院近代史研究所史料编辑室、中央档案馆明清档案部编辑组编，上海人民出版社1961年版，第259页。

② 郭嵩焘：《郭嵩焘奏稿》，第344页。

③ 王韬：《韬园尺牍续钞·拟上当事书》，清光绪间，铅印本（一函）。

在清政府也改变实业政策，设立商务局，允许招商引资的情况下，一部分官僚、地主、买办和商人投资或直接经营近代企业，中国资本主义缓慢发展。“器数工艺”已远不能满足其利益要求，维新思潮涌动，维新派也结集而成。维新思潮以研究学问，探讨新理开始，进行思想启蒙，要求兴民权，开民智，变官制，富国养民，它与救亡图存运动相结合，“以书报为起点，以学会为归宿”，维新力量不断扩大，并积极参与政治革新。维新运动所进行的是一种自上而下的有限变革，它主张发展资本主义，“请设上下议院”，为民族资产阶级参政议政而广开言路。戊戌新政则具体表达了民族资产阶级的这种政治要求，体现了民族资产阶级在政治上的能量。维新之下，“人慕欧风，多讲求西学”；“家家言时务，人人谈西学”[①]，此有政治动员之功，达民智开启之效，民族资产阶级的公共意志，通过代表其利益的维新派而得以表达。

尽管戊戌新政被扼杀，“然八股既废，学堂、学会、报馆，云滃波沸，数千万人腾奋踊跃，意共讲求，即使复废，而开数千万人士之智，成效既睹者，不能得抑，中国一线之不亡，或赖于此。”[②] 维新思潮并没有因变法的失败而终止。20世纪初中国社会再度兴起改革思潮，其原动力就是民众和资产阶级各派要求变革，呼唤维新。清政府不得已而实行变法新政，却事实上赋予了变法维新合法化。当时的社会舆论一改“自甲午以至戊戌，变法之论虽甚盛，然尚未有昌言立宪者”[③] 的局面，先进知识分子以至开明官僚在西方社会政治学说日益深入传播中，比较政体优劣，认为“民参其政，君综其成，各有权利，各负义务”，“振兴中国，变专制为立宪，实

① 《戊戌变法》(三)，第156—157页。

② 梁启超：《光绪圣德记》，《饮冰室合集·专集》第1册，中华书局1989年影印版。

③ 《辛亥革命》(四)，《中国近代史资料丛刊》，中国史学会编，柴德赓等编，上海人民出版社1957年版，第3页。

为当务之急焉。”① 立宪思潮的兴起和传播，“时势所趋，国民渐有合群力结团体之观念。”② 立宪团体便应运而生。从 1906 年至 1908 年间成立的立宪社会团体就有 51 个。③ 个人的言论“不能代舆论而认其价值”，只有团体的舆论才能形成有价值的社会舆论。当时立宪派组织政治性团体，进行立宪宣传和立宪政治活动，发挥了政治组织的功能与作用。政治性团体能够承担改造政府，教育国民，增长国民的政治知识，赋予国民政治判断力，提高国民程度，唤起国民的政治积极性的任务。④ 立宪团体创办报刊，进行舆论宣传培养宪政人才；和平立宪请愿，为社会开风气。这些也敦促清政府先后对中央官制和地方官制进行了一定的整饬，中国传统社会政治体制开始松动，进而引起社会变迁，在一定意义上推动了中国近代化的进程。维新与立宪，作为社会思潮，是有着持久而深远的影响，但作为政治运动，它们在现实政治生活中则受制于清政府及其政权体制——皇权政治。自上而下，清政府对来自维新、立宪的利益要求和政治压力，有其允许的范围与承受的限度；自下而上，维新、立宪向清政府的政治诉求是清政府所满足不了的。这种和平式的双向交流存在着障碍，即制度的稀缺，尽管不断有新的制度设计，却总是在体制内的，而且难以付诸实施。民族资产阶级在利益表达中，以维新、立宪开启了中国政治民主化的闸门，培育了社会政治革新力量；而在利益表达受挫时，则分化组合，一部分转而寻求新的政治参与渠道。由于民族资产阶级内存在着不同阶层，它们的社会经济地位是有差异的。因此，在维新、立宪发生和发展过程中，

① 《大公报》1905 年 4 月 21 日。

② 《辛亥革命》（四），第 67 页。

③ 吴雁南等：《清末社会思潮》，第 268 页。

④ 《政闻社宣言书》，《辛亥革命》（四），第 108—110 页。又，吴嘉勋、李华兴编：《梁启超选集》，上海人民出版社 1984 年版，第 537—547 页。

民主革命思潮也在悄然兴起，“从和缓的立宪里扭转而走向激烈的革命途径。”① 维新、立宪和革命，是民族资产阶级在近代社会变迁中三种主要政治参与方式，承载着相应的政治革新方案，它们之间既是历时的，又有共时性特征。一种近世社会思潮发生的过程是新旧思想更替的过程，也是多种思想交流、渗透和融汇的过程。民主革命思潮，以维新、立宪及其影响下的社会政治环境为历史背景和存在条件，伴随民族资产阶级的不断壮大和清政府的政治衰败，逐渐成为清末影响最大的一种进步社会思潮。从社会近代化的角度来说，社会发展的总趋势是随着工业化的进程，从无凝聚力的同质社会变为整合的异质社会的过程；社会成员因高度的分工而各成一群，但彼此依赖，那些有共同的社会经济地位、生活习惯、社会态度和价值标准者，便通过社会团体和各种政治手段实现行动组合，发挥社会整合作用。与维新、立宪及其发展形态相比较，民主革命者在从分散到整合的过程中，则要以革命手段谋求国家政权。孙中山在创建兴中会时就指出，“是会之设，专为振兴中华、维持国体起见”②，他在会员秘密入会誓词中，提出了“驱逐鞑虏，恢复中华，创立合众政府”这一初具民族主义和民权主义思想的政治主张。孙中山在宣传民主革命思想的同时，积极联络华侨、会党和新军，组织武装起义。随着新型知识分子的壮大和民主革命思想不断传播开来，革命团体相继出现在长江流域及东南沿海地区，如华兴会、科学补习所及光复会等，这些区域性团体起初“不相联络，各自号召”，残留有民间会党的痕迹，但为大造革命舆论提供了一个组织形式和活动场所。民主革命者以组织革命团体为依托，是要“创立合众政府”的，他们认为中国富强首先要排除清朝君主专制。但是，此前的政治性团

① 《辛亥革命回忆录》（八），文史资料出版社 1982 年版，第 223 页。

② 《檀香山兴中会章程》，《孙中山全集》，中华书局 1981 年版，第 19 页。

体无能力胜任这一职责，也无明确的主观动机去承担这一政治任务。而民主革命者一开始就将政治组织与国家政权具体而直接地联系在一起，当然不能因袭过去在中国社会中存在或出现过的组织形态，欲达到制度创新，必须首先进行组织创新，实现其组织形态合乎近代化，并在抗衡和寻求国家政权的过程中，在无议会可循的情况下另辟民主革命之途，政党组织呼之欲出。

## 二、西方政党观念在中国传播的早期成果

就世界而言，17 世纪中叶，英国发生资产阶级革命，政党以政治派别为基核，分别在英、法、美等欧美国家产生。中国有清一代，思想禁锢，集会结社被“悬为厉禁”，在西方资本主义文明对中国传统农耕社会的冲击之下，近代中国人开始应变求存，以西方社会为摹本求中国传统社会近代化，从筹海，到自强，从洋务，到维新变法、立宪，乃至革命，在不同层面传播了西方社会政治思想，其政党观念也随之在中国传播开来。西方政党的产生，以一定的社会经济为基础，也与一定的思想文化相联系。西方政党观念在中国的传播与此有着同样的历史逻辑。作为信息宿主的中国社会，在其经济、文化变革以及民族资产阶级产生和发展的过程中，逐步奠定近代中国人接受西方政党观念的社会物质基础；西方资产阶级启蒙思想家的民主政治学说，如天赋人权、自然法、社会契约论等，在西学东渐中传入到中国，促使新知识新思想不断生成，新型知识分子队伍壮大，西方政党观念在中国传播便有了思想文化的土壤和社会政治气候。中国资产阶级的维新立宪派和革命者，各以其政治理念向西方寻求政治发展模式。西方政党活动的情况和政党观念在近代主要是以书刊、译著为媒体传播开来的。

西方资产阶级在与封建统治阶级争夺国家政权中创立了资产阶级政党；资产阶级夺取政权后展开了内部的权力争夺，为设计政党参与国家管理的具体形式，就产生了政党政治，政党制度乃是这种政党政治的法律化、规范化和程序化。中国近代化开启时，西方的政党及其政党制度已基本成熟，一批涉足洋务者对此较早地作了介绍。薛福成在《出使四国日记》中指出，“英国上下议院，公保两党，选为进退，互相维制。”清朝首任驻英公使郭嵩焘在《养知书屋文存》中称赞说，西方国家“设朝党野党，使各以所见相持争胜”。洋务自强，重在器物，因此，这一时期对于西方政党观念的认识是朦胧的，而且传媒限于书信、日记等，影响式微。

戊戌变法运动期间，维新派重要刊物《时务报》[①]以宣传维新变法、救亡图存为宗旨，载有论说、上谕、奏折、中外杂志和域外报译等，对西方政党情况颇多关注。《时务报》第三册上的《美国共和党宣论新政》说，“美国统领，定制4年一举。国有两党，一曰合众，一曰共和，各愿举其党人从任斯职。”[②]对于英、美两党政治，《时务报》给予了积极评介，在其17册的《政党说》中指出，英国立宪政治，“上有万乘之君，下有二大政党，或进而群聚政府，或退而伏在草野，一去一就，相与授受政权。”[③]在北美合众国，“分为合众、共和两大政党，四年一次选立总统，上自全国之大权，下至一村之行政，所争之宗旨主义，秩序不乱。”[④]《时务报》还兼有对加拿大、巴西、日本等国政党概况的介绍。这一“为中国有报以来所未有”的报刊，“数月之间，风靡海内，销至万余份”[⑤]，它以这样的

① 时务报条，《中国近代史词典》，上海辞书出版社1982年版，第332页。

② 《时务报》第3册，总第171页。

③ 《时务报》第17册，总第1146页。

④ 《时务报》第17册，总第1146页。

⑤ 时务报条，《中国近代史词典》，上海辞书出版社1982年版，第332页。

报刊发行量和读者覆盖面，促使西方政党观念输入中国人的视野。当时的维新知识分子作为文化载体和传播媒介，也是西方政党观念得以传播到中国的重要渠道。唐才常在《湘学报》上发表《各国政教公理总论》，认为英国"政以党成，其党二：一曰公，一曰保。公党者，因时变通；保党者，守旧勿坏。二者视宰相新旧进退之，一出一入，循环无穷，而事乃济于平。"在法国，"共国之党三：曰君党，志复君权者；曰民党，志保民权者；曰中党，中立二党间，无成见者。三党遇事辄龃龉，然以可否之多数定议。"①《新民丛报》在初期着重介绍西方资产阶级的社会政治学说，输入欧美资产阶级各派思想。梁启超在其上面发表《新民说》强调，"政党政治，凡国必有两党以上，其一在朝，其他在野。"②蒋智由在政闻社的机关刊物《政论》第一期上发表《政党论》指出，"政党者，一国政治之明星也，指南针也，司令官也"；"政党者，可以为政府之大敌，虽然，亦可以为政府之益友也。"但他同时认为，"政党者不主革命之事，不为暗杀之行，常以一种合理的出众之力，而制服其政府者也。"③在他们的认识中，不仅贬称革命党，并与之论争，而且将革命党排斥于政党之外。尽管如此，这一时期对于西方政党观念的传播，在社会舆论上突破了清政府的党禁，各类政治团体的建立也就有了一定的理论依据和引导。而且，这也是与当时中国思想界鼓吹建立政党的政治氛围相投合的。维新或革命，都从西方各国政党与国家政治的关系中受到启示，认为非立大党不足以挽救将要灭亡的中国。康有为在构思大同世界时，主张改造现存社会。针对唯帝王独尊独

---

① 唐才常：《各国政教公理总论》，《湘学报》，第9册。

② 《新民丛报》第10号，第34—35页。

③ 蒋智由：《政党论·政党之性质》，《政论》1907年10月7日，第1年第1期。蒋智由，字观云，浙江诸暨人。1902年参与发起中国教育会，任爱国学社教员。1903年初，东渡日本，为《新民丛报》撰述，又曾任《浙江潮》总编辑。1907年，与梁启超等组织政闻社。

乐，他指出，“结党而争胜，从强而自保者，人情之所不能免也。”[①]梁启超也从现实角度认识到组织政党的必要性。他在《清议报》上发表文章分析说，“政党者，聚全国爱国之士，以参与一国之政；聚全国舌辩之士，以议论一国之政者也。”政党“用以抵抗暴政，则暴政绝迹而不行；用以代表民情，则民情无微而弗达。故文明之国，但闻有无国之党，不闻有无党之国。”中国社会政治有了对政党的需求，西方政党观念从知识储备状态转化为中国政治思想的一种现实资源便有了内在驱动力和社会基础。

在西方政党观念在中国的早期传播过程中，传播者主要是：(1) 清之驻外使节，他们以日记、书信等基本形式记述了对西方国家的游历和考察的观感；(2) 在中国创办报刊的外国人；(3) 近代留学知识分子，他们通过创办刊物，译介外文著述，传播西方近代思想；(4) 清之出洋考察宪政大臣，尤其是他们，与近代留学知识分子在一定意义上实现了结合。如梁启超曾撰写《代五大臣考察宪政报告》[②]，杨度所写的《中国宪政大纲应吸收东西各国之所长》和《实施宪政程序》等被考察宪政大臣上奏，成为清政府下诏预备“仿行立宪”的基本依据。[③]在传播西方政党观念的过程中，中国人对于政党的基本问题有了一些初步认识。(1) 政党是反抗专制主义而实行民主立宪政治的产物。《二十世纪之中国》认为，“法国复大革命，

① 康有为：《大同书》，周振甫等校，中华书局1959年版，第6页。

② 梁启超：《代五大臣考察宪政报告》(1905年秋冬间)，《梁启超选集》，上海人民出版社1984年版，第439—449页。梁启超在报告中提出五项主张：a. 上议院之组织宜参酌各国，务求完备；b. 司法极宜独立；c. 宜定责任内阁之制，以长保皇室之尊荣；d. 地方自治范围宜加意扩充，务求完备；e. 将来改正宪法之规则，不可不早定。

③ 考察宪政五大臣的随员熊希龄向五大臣建议，请在日本的杨度代为撰写关于东西各国宪政情况的报告。于是，杨度写成此两篇文章。后来发表在《中国新报》上的《金铁主义说》反映了杨度当时较为系统的政治思想。

影响所及，列国民主党，一时并起，谋覆专制之政府，有沛然莫御之势。”《虚无党》进一步指出：“专制者党派之母也。有专制然后有党派，有党派即以倾专制，相生而相克，功用良不诬也。”梁启超就美国政党产生情况指出，华盛顿任大总统，组织内阁，“而阁员之中，两派生焉”，召集议院，“而国会中之此两党也划然分明。”[①] 近代政党与朋党迥然不同。梁启超认为，“政党者，以国家之目的而结合者也；朋党者，以个人之目的而结合者也。”[②] 朋党是封建专制政治的产物。(2) 政党与议会互动而不可分。《时务报》发表的《政党论》认为，“政党之与立宪政治，犹如鸟有双翼。非有立宪之政，则政党不能兴；若立宪之政，无政党兴起，亦犹鸟之无翼耳。”《论中国现在之党派及将来之政党》分析西方政党政治，也指出，“宪政之运用，所以能完全者，恃有议会，而议会之职务，所以能进行者，恃有政党。故宪政与议会的关系犹之议会与政党之关系也。”[③] 这从政党与议会的关系角度进一步阐明了近代政党的属性。(3) 政党及其政治纲领的重要性。在国家政治生活中，“天下者，党派之天下也；国家者，党派之国家也。欧西各国政治，皆操之于政党。”而且，“政党可以长国民之风，保和平之局，增国民政治上之智识，养国民政治上之能力，复可便宜民生，高尚人心，振国民之精神。”因此，康有为认为，“欲中国之强与亡乎，在今之党人。”[④] 在近代社会思潮涌动中，西方政党观念输入中国并传播开来，为在中国创建政党作了一定的知识准备和政治动员。具体到在中国近

---

① 梁启超：《美国政治略平》，《辛亥革命前十年时论选集》，第 797 页。

② 梁启超：《敬告政党及政党员》，《饮冰室合集・文集》，中华书局 1989 年版，影印版。

③ 与之：《论中国现代之党派及将来之政党》，《辛亥革命前十年间时论选集》，第 615、608 页。

④ 康有为：《中华救国论》，《康有为政论集》（下册），汤志钧编，中华书局 1981 年版，第 723 页。

代社会历史条件下应该如何组织政党，则需要在实践和认识上的进一步探索，但西方政党观念和政党组织形式，对于中国人来说，至少不失为一种可资参照和借鉴的对象。

## 第二节　宋教仁对西方政党观念的传播

传播西方政党观念，是近代中国人接受西方资产阶级政治学说的应有之义。从历史上看，中国的维新立宪派和民主革命者都是不拒政党的，但在主导社会思潮上，二者之间存在着一个此消彼长的历史过程。民主革命者的构成及其政治思潮的发展与维新立宪者在一定时期历史地形成一定程序的同源而后分流状态，在民主革命思想兴起的原初阶段，民主革命者是能够享有维新立宪者对西方政党观念传播的信息资源和认识成果的。维新变法先于民主革命而发生，而且维新立宪作为伦理规范内的政治诉求，在思想传播和社会心理接受上，相对于民主革命早期，占有一定的优势地位。起初，人们“闻革命思想而生畏”，而“其闻革命排满之言而不以为怪者，只有会党中人耳”。[①] 因此，民主革命者在早期对于西方政党观念的传播之势不及维新立宪者，是可以理解的。但维新立宪者局限于对旧体制的改良，碍于清政府的党禁，只是争取议会民主；而民主革命者则致力于武装斗争，大倡革命排满，不仅参与，而且与维新立宪政治力量共享西方政党观念在中国的传播成果，因而也是有条件先于维新立宪者在近代中国社会变革中组织政党的。这一时期，宋教仁一方面参与中国同盟会的政治活动；另一方面主要是在日本接触并翻译了一些关于西方政治学说和介

① 《建国方略·孙文学说》，《孙中山选集》（上卷），第170—173页。

绍社会政治制度的书籍。其中，在 1906 年，他完成有关宪政制度的译著就有九种（详见表 2.1）。随着政党活动对政党理论的需求，以及宋教仁对西方政治制度认识的积累，他在传播西方政党观念的同时，也对政党有了一定的认识。

表 2.1　宋教仁的宪政译著一览表（1906 年）

| 完稿时间 | 译著名称 | 备注 |
|---|---|---|
| 1 月 11 日 | 《日本宪法》 | 约 4.5 千字 |
| 4 月 7 日 | 《英国制度要览》 | 约 60.4 千字 |
| 4 月 17 日 | 《万国社会党大会略史》 | 计 14 页 |
| 5 月 3 日 | 《各国警察制度》 | |
| 6 月 6 日 | 《澳匈制度要览》 | |
| 6 月 14 日 | 《美国制度概要》 | 计 60 页 |
| 6 月 17 日 | 《澳匈国财政制度》 | |
| 11 月 3 日 | 《德国官制》 | 约 10 千字 |
| 11 月 30 日 | 《普国官制》 | |

资料来源：1.《我之历史》，见《宋教仁集》（下），中华书局 1981 年版，第 497—728 页。
2.《宋教仁日记》，湖南人民出版社 1980 年版，第 258—371 页。
3. 参见附录四：表 1.2《宋教仁佚文存目》。

## 一、对民国前宋教仁文献中“革命党”的释读

宋教仁对政党的理解，经有一个能动的认识过程。在宋教仁的认识中，同样是先有“党”，而后才有“政党”的。他关于“党”或“政党”的认识离不开其所处的社会政治环境，并受当时政治话语体系的影响。检索宋教仁的早期文献著述，其政治言论有文字可考者，大致起于宋教仁在

武昌求学时期。留学日本期间，是他的政治实践与思想发展较为活跃的一段时期。在宋教仁的著述中，在字面上类似于表述“政党”的专门术语，较早出现的是“会党”“民党”“革命党”等。宋教仁在《呜乎湖南与端方》中，就湖南一隅指出，在 1904 年，“湖南学生与会党合谋发难于湖南，以出长江，虽皆不成，要为湖南人反对满族之萌芽矣。”①“会党”是一种秘密结社组织，受其影响，晚清其他社会政治团体颇具会党色彩。即使是孙中山等民主革命者也曾将会党作为进行武装斗争的一种依靠力量，而且他所创办的兴中会在很大程度上是沿用了会党的秘密组织形式而建立起来的。在《二十世纪之梁山泊》中，宋教仁在阐述“马贼”的由来时，具体指出了“会党”的基本特征。他说，“满洲人民不堪其虐，乃相与团结屯聚，据塞堡，备器械，习技艺，以为卫身家保妻子之计。其后聚众日多，良莠不一，习为掠财杀人之举者，往往有之，于是满洲官吏指之曰‘会党’。”② 在关于“民党”问题上，宋教仁则表现出对西方政治现象的关注，并以此为参照来探讨中国问题。他指出，“欧西各国之防制民党也，首恃警察，其次则兵力，盖民党之行为，不外乎阴谋与暴动之二途。”③“会党”“民党”是“结社”意义上的概念，而宋教仁在其文中所称的“日本党”与“俄国党”却是“邦派”意义上的。

在封建专制时代，“党”被视为不祥之物。清朝统治者认为，汉唐宋明四代，皆乱于朋党。19 世纪末 20 世纪初，一些政治力量，无论是革命派还是改良派，则是在互相攻击中指斥对方为“党”，并分别以“保皇党”或“革命党”相贬称。改良派贬称革命派为“革命党”，不仅受到当时关于“党”的社会政治文化心理和观念的支配，而且与对革命的偏见不无关

① 宋教仁：《呜乎湖南与端方》，《宋教仁集》（上），第 10—11 页。
② 宋教仁：《二十世纪之梁山泊》，《宋教仁集》（上），第 11 页。
③ 宋教仁：《二十世纪之梁山泊》，《宋教仁集》（上），第 11 页。

系。梁启超就曾认为，“复仇则必出于暴动革命，暴动革命则必继以不完全的共和，不完全的共和则必至于亡国。”① 当时，清政府也以“革命党”指称革命派，则是指革命派结党反叛。宋教仁在中国同盟会成立不久所写的《清太后之宪政谈》中是这样援引的，他说，“近日满政府有立宪之议，有某大臣者谒见西太后，西太后语曰：‘立宪一事，可使我满洲朝基础永久确固，因在外革命党亦可因此消灭，候调查结局后，若果无妨害，则必意实行’云云。”② 虽然，孙中山早在1895年流亡日本时曾就日本报纸的报道《中国革命党领袖孙文抵达日本》，对陈少白说，“革命党三字最雅善，此后吾辈皆用革命党，取消前曰所谓造反字样。”③ 但至同盟会成立前夕，宋教仁在其日记中仍然使用“吾团体”“孙逸仙会”，而未自称“革命党”。他在记述与陈天华、黄兴等“商议对于孙逸仙之问题”④ 的情景时说：“星台则主以吾团体与之联合之说，庆午则主形式上入孙逸仙会，而精神上仍存吾团体之说，刘林生⑤则主张不入孙会之说，余则言，既有入会不入会者之别，则当研究将来入会者与不入会者之关系如何。”⑥ 这里，个中原因主要是：其一，孙中山流亡海外，在对外宣传上，并未公开以“革命

① 饮冰：《申论种族革命与政治革命之得失》，《新民丛报》第76号。

② 宋教仁：《清太后之宪政谈》，《宋教仁集》（上），第16页。

③ 刘成禺：《先总理旧德录》，《辛亥革命史料选辑》（续编），湖南人民出版社1983年版，第11页。参见金安平：《20世纪前半期中国知识分子与政党政治》（北京大学博士学位论文），第44—45页。

④ 1905年7月，孙中山到达日本，主张“现今之主义，总以互相联络为要”，孙中山会晤黄兴等，“欲联络湖南团体中人”，即是筹备成立后来的中国同盟会。见《宋教仁集》（下），第545—546页。

⑤ 即刘揆一（1828—1950），1904年2月，与黄兴等发起组织华兴会，被推为副会长。1905年同盟会成立时，因持异议，未参加，至1907年1月始加入，2月代理执行部庶务干事。

⑥ 宋教仁：《我之历史》第二卷，《宋教仁集》（下），第546页。

党”相自称。他在《伦敦被难记》中[①]以“吾党”、“我党”或“少年中国党”代称兴中会等组织，而这里的“党”也不是西方严格意义上的政党。梁启超当时对于政党的态度则反映了人们的一种较为普遍的心理，他说，“政闻社其即今世立宪国之所谓政党乎！曰：是固所愿望，而今未敢云也。”[②]其二，在同盟会成立前，兴中会、华兴会是各自独立的，孙中山与陈少白自称“革命党”，并不直接涉及华兴会等，而且至1905年8月19日，宋教仁“与程润生同赴宫崎滔天[③]之约”时，滔天尚“言孙逸仙不日将来日本，来时余当为介绍君等云云”[④]。可见宋教仁与孙中山的直接交往始自同盟会筹备之时。同盟会成立后，“革命党”一词在宋教仁的著述出现的频率仍是相当低的。就《宋教仁日记》而言，“革命党”较多出现在宋教仁转述报刊或来函内容的语境中，逐渐地，他已有意识地交叉使用“革命党”“吾党”等词语，并用以陈述己见。但有一种现象是，宋教仁似乎并不严格区分“革命军”与“革命党”两个概念。如，1906年12月13日，“阅报谓湖南革命党已围攻浏阳县城”；14日，“阅报载湖南革命党益盛”；16日，“阅报载湖南革命军占领醴陵、浏阳一带为根据地。”[⑤]宋教仁在关于同一个人政治角色的称谓问题上，也有与之相类似的互用情况。如1907年1月29

① 即《Kidnapped in London》，或译作《伦敦蒙难记》，孙中山1896年写成。1895年，孙中山因广州起义失败，被迫流亡国外，1896年10月抵英国伦敦，不久被捕，孙中山求援于康德黎而获救脱险。参见邓丽兰编著：《临时大总统和他的支持者——孙中山英文藏档透视》，中国文史出版社1996年版，第80—93页。

② 《政闻社宣言书》，吴嘉勋、李华兴编：《梁启超选集》，上海人民出版社1984年版，第545页。

③ 宫崎滔天，日本人，孙中山、陈少白等的知交。他支持兴中会的反清革命活动，1902年著《三十三年落花梦》，介绍孙中山的革命活动。1905年入同盟会，任该会日本委员，1906年创办《革命评论》等，后参加筹划中华民国南京临时政府。

④ 1905年8月19日记，《宋教仁日记》第二卷，湖南人民出版社1980年版，第87页。

⑤ 1906年12月13、14、16日记，宋教仁：《我之历史》第五卷，《宋教仁集》（下），第698—699页。

日，他说，“有一人来，言湖南革命军中有一人来东，住东京馆，言语不通，甚为穷困云云，余拟明日往访之”；30日，“下一时至东京馆访湖南新来之革命党员一人，不遇”①，等等。这是因为，同盟会当时以武装起义为主要政治活动方式，至于“革命军”和“革命党”则是从事这一活动的政治力量及其政治组织形式。

据宋教仁的日记所载，在日本，宋教仁对其所属的中国同盟会及其会员已有以“革命党”“革命党员”相称的思想意识，但不能就此认为宋教仁已有向社会公开标榜“革命党”的自觉认识。除此之外，还需要考察宋教仁在同一时期所公开发表的著述内容。现有资料表明，宋教仁比较明确地表达这一认识的著述是1911年10月的《上海市面无意识之恐慌》。他在文中为“革命党”公开辩护说，“无论鄂中革命之势力尚未至于上海也，即已至于上海，然革命党之主义即声言在推覆恶政，出人民于水火之中，断不至有骚扰之事。”② 他进而指出，“吾国人往往以前此之叛乱举动视革命党，误谬之甚者也，此无意识之结果也。”③ 由此也可以看出，“革命党”对于不同的认识主体——改良派、清政府、宋教仁来说，名称未变，却是内涵不同，性质各异的。而宋教仁公开以“革命党”自称，则经历了一个由模糊到明确的认识过程。

## 二、宋教仁对“革命党”的认识与对西方政党观念传播的关系

民国前，宋教仁一方面传播西方政党观念，另一方面已公开标榜“革

① 1907年1月29、30日记，宋教仁：《我之历史》第六卷，《宋教仁集》（下），第710页。

② 宋教仁：《上海市面无意识之恐慌》，《宋教仁集》（上），第346页。

③ 宋教仁：《上海市面无意识之恐慌》，《宋教仁集》（上），第346页。

命党”。那么，这两方面有何历史联系呢？在发表《上海市面无意识之恐慌》之前，宋教仁关于“政党”的著述可分为两类：(1) 译介。1906 年上半年，宋教仁从日本东京的《日日新闻》和日本《社会主义研究》分别译出《一千九百〇五年露国之革命》和《万国社会党大会略史》，并发表于《民报》。从前文，宋教仁认识到“露国人民对于政府之方法，总不外革命。此革命专指暴动、暗杀、同盟罢工等之一切以强迫力反抗政府者而言。”① 尤其是从后文，宋教仁了解了社会党的“起原”，六次大会的基本内容以及社会党的主义等，并对此表示了关注。他在编者注中指出，“万国社会主义进行之势方兴未已”，“吾人暂搁笔，以试日候之焉可也。”② 加之，宋教仁在日本期间所翻译的关于西方国家政治制度方面的书籍，它们在有助于宋教仁认识和传播西方政党观念的同时，也成为宋教仁政党思想的重要来源。(2) 著文。具有代表性的是 1911 年 6—7 月连载于《民立报》上的《近日各政党之政纲评》③。宋教仁在交代此文的写作背景时指出，“比年吾国朝野上下，鉴于世界之大势，奋发兴起，汲汲焉竞言立宪矣。于是乎有热中功名之政客辈，挟其所简练揣摹之法政知识，欲以问世，藉取卿相，窥知凡立宪国不可无政党而可以利用之也，则奔走呼号，若狂若醉，以致力于政党之运动。”④ 但是，“近日京中所谓各政党，其举动之不洽人意，无大政党态度已不论，而其所发表之政纲，往往刺谬不通，即文字间亦多作外行语，于此已可知其所具知识与所抱政见之如何。”⑤ 在文中，他“单就

① 宋教仁：《一千九百〇五年露国之革命》，《宋教仁集》（上），第 39 页。
② 宋教仁：《万国社会党大会略史》，《宋教仁集》（上），第 56 页。
③ 宋教仁：《近日各政党之政纲评》，《宋教仁集》（上），第 230—242 页。
④ 宋教仁：《近日各政党之政纲评》，《宋教仁集》（上），第 230 页。
⑤ 宋教仁：《近日各政党之政纲评》，《宋教仁集》（上），第 230 页。

论理上略为评释”、“宪友会”[①]和“帝国宪政实进会”[②]的政纲，则是以西方政党观念为基本理论依据的，诸如政党的目的，政党的普遍原则等。此文比较集中地反映了民国前宋教仁对西方政党观念的理解与认识。

因此，可以这样认为，宋教仁公开宣称“革命党”的过程，是在革命力量不断壮大、革命条件日益成熟的社会历史条件下演进的，是与宋教仁认识和传播西方政党观念、近代中国创建政党逐步公开化的过程并行不悖的。也就是说，宋教仁关于“革命党”的认识发展有着一定的政党思想基础，并是在已有了政党活动的社会政治环境之中的。中国同盟会是近代中国的革命性政党，宋教仁渐次以“革命党”相称之，其所谓的“革命党”，具有一定的近代政党意义，却又是与其认识的西方近代政党在概念上不相统属的。这就有了在民初宋教仁要求改组同盟会并创建国民党，其历史上的认识根源即在于此。

## 三、宋教仁对西方政党观念的初步认识成果

### （一）政党的目的

在介绍西方政党现象，传播西方政党观念的过程中，人们对于政党的一些基本问题逐步有了一定的理解。其中，对于政党的目的问题，梁启超

---

① 宪友会是以谘议局为基础的全国性立宪政党。1911年6月14日成立，雷奋、徐佛苏、孙洪伊为常务干事。它以发展民权、完成宪政为目的，主张尊重君主立宪政体，督促联责内阁，厘定行省政务，开发社会经济，讲求国民外交，提倡尚武教育。参见宗方小太郎著：《一九一二年中国之政党结社》，《近代稗海》，四川人民出版社1988年版，第68—70页。

② 帝国宪政实进会以资政院钦选议员为主，1911年8月9日成立，陈宝琛为会长，于邦华、姚锡光为副会长。它主张尊重君主立宪政体，发展地方自治能力，筹社会政治之改良，图法律制度之完善，讲求经济，振兴实业，注重国民教育等。参见宋教仁：《近日各政党之政纲评》，《宋教仁集》（上），第230—242页。

曾从区分"政党"与"朋党"的角度认为，与朋党"以个人之目的而结合"相对比，"政党者，以国家之目的而结合者"①。《时务报》译自《大日本的杂志》的《政党论》，从建党的主观动机分析政党的目的，认为"政党者欲把握国家权力，而遂行其志意，故联合同人为一党也。"②《清议报》发表的《政党说》则从组织构成方式指出，"政党者，聚全国爱国之士，以参预一国之政，聚全国舌辩之士，以议论一国之政者也。"③ 上述言论虽然观察事物的角度不同，却有一个共同之处，这就是它们皆将政党视为一种政治主体，并在一定意义上阐述了政党与国家的关系。

那么，政党与国家的关系，具体应如何体现呢？宋教仁在评论中国当时所谓的政党的政纲时，明确指出"夫政党者，其目的在欲得政权，以己党之政见，为国家之政策，而实行之者也。"④ 这有两层含义：(1) 政党以获得国家政权为目的；(2) 国家的政策源自政党的政见，即是由掌握国家政权的政党的政见提升、转化而来。从逻辑上看，政党获得国家政权，是第一位的，是政党的政见转化为国家政策的先决政治条件。而政党对于所获得的国家政权的行使与维护，是要通过将其政见上升为相应的国家政策并加以实施来达到的。于是，政党作用于国家，表现为先后继起的两个存在状态或发展阶段：(1) 获得国家政权；(2) 治理国家。而根据宋教仁的理解，政纲为政党组织之要素中"最重要端，且为政党作用之最大武力

---

① 梁启超：《敬告政党及政党员》，《饮冰室合集·文集》，中华书局1989年版，影印本。

② 《政党论》，《时务报》第17册，《时务报》终刊于1898年8月。参见金安平：《二十世纪前半期中国知识分子与政党政治》（北京大学博士学位论文），文中指出《政党论》虽是译文，梁启超应是对此赞成和认可的。又，1907年10月7日政闻社机关刊物《政论》（第一期）发表有蒋智由的《政党论》。这两篇《政党论》是同题异文的。

③ 《政党说》，《清议报》78号。

④ 宋教仁：《近日各政党之政纲评》，《宋教仁集》（上），第231页。

者。”[①] 就政纲的重要性而言，这也就是宋教仁之所以“取各政党所发表之政纲”进行评释的认识动因。

（二）政党的政纲

宋教仁认为，“政纲者，即为其一党政见之外形的纲领。”他在这里具体阐述了对政党的政纲、政见的认识。A. 制定政纲的条件。宋教仁认为制定政纲，至少必须有两个条件：“①其方法必为积极的，而不可为消极的；②其事项必为未来待行的，而非现在已成的。”[②] 他对此进一步解释说，这是理论上所应有者。对于“消极的方法”，“则任其自然进行已足”，对于“现在已成的事项”，“则听其依然仍旧已足”，这两方面“皆无有定为一党政见以谋实行之必要者也。”[③] 据此，宪友会的“尊重君主立宪政体”的政纲，在宋教仁看来，“意义甚为漠然”[④]。B. 政党政见的目的性。宋教仁从宪友会的“督促联责内阁”谈起，指出其“意义亦欠明，使人不知其目的何在。”[⑤] 在他看来，“凡政党之政见，皆必有目的存焉，苟无目的，则不成为政见。”[⑥]C. 政党政见与政府的关系。宋教仁认为，“政党之目的，既在欲得政权，以政府为主体而实行其政见，则凡非政府所当为之事，皆无有定为政见之必要，藉非然者，必其所谓政党，只有形式而无实质，不能别于学会、研究会、讲习会等者也，然此政党者尚有何存在之必要耶？”[⑦] 这就是说，其一，政党政见要由政府来实行；其二，政见是以政府的职能为基本内涵的；其三，具有这两方面因素的政见是政党之所以为

---

① 宋教仁：《近日各政党之政纲评》，《宋教仁集》（上），第 230 页。
② 宋教仁：《近日各政党之政纲评》，《宋教仁集》（上），第 231 页。
③ 宋教仁：《近日各政党之政纲评》，《宋教仁集》（上），第 231 页。
④ 宋教仁：《近日各政党之政纲评》，《宋教仁集》（上），第 231 页。
⑤ 宋教仁：《近日各政党之政纲评》，《宋教仁集》（上），第 232 页。
⑥ 宋教仁：《近日各政党之政纲评》，《宋教仁集》（上），第 232 页。
⑦ 宋教仁：《近日各政党之政纲评》，《宋教仁集》（上），第 236—237 页。

政党而非社会团体的质的规定性。

宋教仁关于政党政纲和政见的基本认识，从理论形态上看，主要来源于他所拥有的法政知识。宋教仁评宪友会之政纲，认为“其立词，遂遗本就末而多失体之处，要皆其会员之无政治常识，有以致之也。”[①] 在评说帝国宪政实进会之政纲时，他也指出，“总观宪政实进会政纲之全部，大抵尚不知政治法律为何物，其条项虽及于各方面，较宪友会为稍多，然亦非实感其必要，且能明其本末先后而以有组织的精神贯注之而审定之者，不过贸贸然扶拾世俗所流行之口头禅的法政名词，填于纸上，而又不能脱离咬文嚼字的笔法。”“于此已可知其所具知识与所抱政见之如何。”[②] 宪友会和帝国宪政实进会在法政知识上是缺乏的，而宋教仁用作批判的武器则正是关于政党的法政知识。这在《近日各政党之政纲评》中表现为如下方面。如前所述：（1）政纲的重要性。政纲是政党最重要的要素，政党“未有政纲不善，而犹能存立活动于政治界者也。”[③]（2）制定政纲的条件：其方法必为积极的，其事项必为未来待行的，“此理论上所应有者”。[④] 除此之外，还有：（3）实行政党政见的政府组织条件，即一个政党“既欲实行己党之政见，则己党以外之人所组织之内阁，无论为联责与否，其政见苟与己党异者，皆不可赞成之，此政党之普通原则如是也”。[⑤]（4）立法与行政对于国家政治的作用，“立法与行政为平剖的分类，各种政务者外交若财政若军事，为立剖的分类”，“而法律则为立法作用之目的物”[⑥]，等等。宋教仁为宪友会和帝国宪政实进会所开具的“进步”良方，也是要它们研习

---

① 宋教仁：《近日各政党之政纲评》，《宋教仁集》（上），第237—238页。

② 宋教仁：《近日各政党之政纲评》，《宋教仁集》（上），第242页。

③ 宋教仁：《近日各政党之政纲评》，《宋教仁集》（上），第230页。

④ 宋教仁：《近日各政党之政纲评》，《宋教仁集》（上），第231页。

⑤ 宋教仁：《近日各政党之政纲评》，《宋教仁集》（上），第232—233页。

⑥ 宋教仁：《近日各政党之政纲评》，《宋教仁集》（上），第240页。

法政知识。他指出，“噫，公等乎，今而后，其尚努力再学速成法政数年，再在资政院实地验习数次焉，庶乎其有进步乎！”① 但宋教仁的法政知识，并不是其主观想象出来的，而是从相应理论的接受和对有关世界政治实际的分析所得来。宋教仁明确指出，“既言政党运动，则必确有完全之组织要素，此因理论之所应尔，而亦东西各立宪之国历史所明示者。”② 当时的中国无健全的政党理论，也无“立宪之成功”的经验。事实上，已有的政党知识主要来自对西方政党观念的认识与传播，而且，政党知识的多寡和对政党认知能力的高低受制于西方政党观念在中国传播的程度。立宪在中国，在宋教仁看来，“满政府必不能实行立宪也明矣”，“即能行之，亦必非真正立宪”，③“不过欲假之以实行专制者也”④；而宪友会和帝国宪政实进会，“不禁令人大失望于中国政治之前途”。宋教仁所谓的“东西各立宪之国”主要是指日本、英国、美国等，其中，对于日本，宋教仁在《日本内阁更迭感言》中指出，“兹睹此次之政变，愈觉日本政治为非立宪的”，而且“世之论政体者，往往谓日本为半立宪国，其有以也夫”⑤；对于英国，宋教仁在《英国之国会革命》中称英国为“世界宪政模范”“世界君主立宪之母国”；⑥ 对于美国，宋教仁署名的《组织全国会议团通告书》认为，“美利坚合众之制度，当为吾国他日之模范。”⑦ 因此，宋教仁的法政知识，更多地表现为他对日本、英国和美国的近代政党观念和立宪理论的认识，同时，这也形成宋教仁政党思想产生的一个基本历史特征。

---

① 宋教仁：《近日各政党之政纲评》，《宋教仁集》（上），第 242 页。
② 宋教仁：《近日各政党之政纲评》，《宋教仁集》（上），第 230 页。
③ 宋教仁：《清太后之宪政谈》，《宋教仁集》（上），第 18 页。
④ 宋教仁：《希望立宪者其失望矣》，《宋教仁集》（上），第 255 页。
⑤ 宋教仁：《日本内阁更迭感言》，《宋教仁集》（上），第 305、307 页。
⑥ 宋教仁：《英国之国会革命》，《宋教仁集》（上），第 298—302 页。
⑦ 宋教仁：《组织全国会议团通告书》，《宋教仁集》（上），第 365 页。

# 第三章　宋教仁的政党观

宋教仁对政党的认识，在民国前，主要表现为对西方政党观念的传播；在民初，随着社会政治条件的变化，面对建设民主共和政体的政治现实，宋教仁除继续传播西方的政党观念之外，关心更多的则是如何在中国建立“政党”，以及建立什么样的“政党”。他以中国同盟会和国民党为主要认识对象，从多方面阐发了他在这方面的思想认识与政治主张，即他的政党观。这一政党观是其政党政治思想的立论依据。

## 第一节　宋教仁对“革命党”“政党”的识别

历史研究作为一种认识活动，表现于认识主体与客体相统一的过程中。我们研究历史，尤其是思想史，“我们”与历史人物间便形成一种认识与被认识的互动关系。历史人物是认识客体即研究对象，而历史人物的思想却是他们在其相应时代条件下进行认识的产物，相对于其时代，历史人物在具体认识活动中则成为认识主体。历史研究的一项基本任务就是要揭示我们所研究的历史人物对其时代认识的历史实际。为此，我们在研究工作中，就要有一种将历史人物作为相对于他们时代的认识主体的意识和立场。一般说来，我们在研究宋教仁的过程中，是把宋教仁所谓的“革命党”如中国同盟会与其所谓的“政党”一起纳入他的政党思想的应有内涵中来予以认识的，即“革命党”若用来指称中国同盟会，在我们看来，这“革命党”也属于我们观念中的政党范畴，是在一定社会历史条件下所存在和发展的一种形态。① 这一形态的政党在近代中国民主革命中的一个具体例子，如中国同盟会，实是一个革命政党组织。但在宋教仁的思想认识史上，“革命党”与“政党”是相区别的，二者虽有一定的历史联系，却是不相统属的，“革命党”不是宋教仁所说的“政党”，或者说，我们观念中的政党与宋教仁观念中的“政党”是有历史差异性的。

## 一、识别“革命党”“政党”的社会认识基础

民国前，在介绍与传播西方政党观念的报刊文章中，就已有了“革命党”非“政党”的议论。发表在1896年的《时务报》第17册上的《政党论》在界说“政党”“革命党”时指出，“政党者欲把握国家权力，而遂行其志，故联合同人为一政党也。偶有民人，结作一党，而反抗君主之权，以强逼君主是革命党耳，非我所谓政党也。”② 就是这篇译文，从“政党”与立宪政治的依存关系角度对“政党”作了强调，认为“政党之与立宪政治，犹如鸟有双翼。非有立宪之政，则政党不能兴；若立宪之政，无政党兴起，③ 亦犹鸟之无翼耳。”这说明，“政党”是被看作了立宪政治的伴生物。

① 《大英百科全书》（第15版）认为，“政党是在某个政治制度内，通过民主选举或革命手段，以取得和行使政治权力为目的而建立的组织。”就中国同盟会而言，它是一个具有近代政党规模和组织形式的全国性革命政党，具有三民主义革命纲领，拥有孙中山、黄兴、宋教仁等一批革命家，它开展推翻专制的革命活动。

② 《政党论》，《时务报》第17册，金安平在其博士学位论文中曾就这一材料的原始出处即日本《大日本杂志》作了说明。

③ 《政党论》，《时务报》第17册。

宋教仁在评论晚清朝野上下“竞言立宪”，“热衷功名之政客辈”“致力于政党之运动”的情形时，指出了当时人们较为普通的一种认识，即“凡立宪国不可无政党而可以利用之也。”① 可以看出，西方近代政党观念一传入中国，“政党”就基本上被理解成为具有特定内涵的概念。对于政党，康有为在清政府“预备仿行立宪”甫颁不久即指出，保皇会“此后当无所事事，而成立大党，遍于五洲，实居举国之先河，而为政党之前导者也。”② 他乃改“保皇会”为“帝国宪政会”。“帝国宪政会”名为宪政，以君主立宪为宗旨。康有为将早于“帝国宪政会”而成立的中国同盟会排斥在了“政党”之外。而梁启超则将“政党”与“革命党”实际上相对立起来。他认为，“今者我党与政府死战，犹为第二义，与革命党死战，乃是第一义，即有彼即无我，有我即无彼。”③ 形成这一认识的主要思想因素是由于梁启超反对革命，他认为“革命决非能得共和而反以得专制”，“与其共和，不如君主立宪，与其君主立宪，又不如开明专制”。但是，并非是“革命党”仅仅因“革命”而不被梁启超看作“政党”，其实，梁启超原本就不认为“革命党”是其所谓的“政党”。尽管他对“革命党”的理解，有一个从贬称到“革命党者，以扑灭现政府为目的者也”④ 的认识发展，却也没有将“革命党”归入“政党”之列。

以孙中山为代表的“革命党人”，在民国前曾主张改“中国同盟会会

① 宋教仁：《近日各政党之政纲评》，《宋教仁集》（上），第230页。

② 康有为：《布告百七十余埠会众丁未新年元旦举大庆典告蒇保皇会改为国民宪政会文》（1906年10月21日），汤志钧编：《康有为政论集》（上），中华书局1981年版，第600页。

③ 《光绪三十二年十一月与夫子大人书》，《梁任公先生年谱长编初稿》，卷15。又，《梁启超年谱长编》，第373页。

④ 梁启超：《现政府与革命党》，《新民丛报》第89号。杨度曾在《致卓如我兄足下书》中说，“兄近作《现政府与革命党》一文，赞成者颇多，以其骂政府故也”。

员”为“中华革命党党员”,[①] 即以“革命党”指代中国同盟会。民初，孙中山提出以“世界上最完全政党之国”[②] 英、美等为模范，虽仍强调中国同盟会为“革命党”，却不称之为“政党”，而是在同盟会改组为国民党时才称国民党为“政党”，并认为“今日之政党，比较从前之革命党实大有不同。”[③] 这是因为在他的认识中,“政党”与“革命党”是性质不同的。也就是基于这种带有普遍性的认识，并为适应民初政治变革与发展的实际需要，革命党人提出了关于中国同盟会的存续问题，这在当时主要有如下三种主张。笔者以它们关于同盟会在“革命党”与“政党”间的定位认识而分别称之为“取消论”“改组论”和“保存论”。

（一）“取消论”

刘揆一[④] 早在 1911 年 12 月 10 日曾发表《布告政党请取消从前党会名义书》，主张从前的党会“应请一律取消，化除畛域，共建新猷”，而且“自今以后，务皆以提倡共和民国政体，组织中华民国政党为共同统一之宗旨。”[⑤] 章太炎更明确提出，“革命军起，革命党消，天下为公，乃克有济。”[⑥] 随之，他在 1912 年 1 月 3 日创立中华民国联合会[⑦]，并于 3 月 1 日

---

① 孙中山 1910 年 2 月在旧金山建立同盟会分会时，曾拟订《中华革命党盟书》，落款为“中华革命党党员押”。孙中山在《复邓泽如函》(1910 年 8 月 24 日）中，指出,“其前之‘中国同盟会会员’字样，今改为‘中华革命党党员’，以得名实相符，且可避南洋各殖民地政府之干涉。”《孙中山全集》第一卷，中华书局 1981 年版，第 439—440、476—477 页。

② 孙中山:《在北京共和党本部欢迎会的演说》,《孙中山全集》第二卷，第 441 页。

③ 孙中山:《在东京留日三团体欢迎会的演说》,《孙中山全集》第三卷，第 35 页。

④ 刘揆一，在同盟会 1912 年 3 月公开宣布为政党后，是十干事之一。

⑤ 《神州日报》1911 年 12 月 10 日。

⑥ 《章炳麟之消弭党见》，天津《大公报》1911 年 12 月 12 日。

⑦ 中华民国联合会,1912 年 1 月 3 日在上海成立，章太炎、程德全为会长，它以“联合全国，扶助完全共和政府之成立”为宗旨，主张共和政体，建设责任内阁，统一全国，厘正行政区域。参见《民立报》1911 年 12 月 14 日。

改组为统一党。[①] 统一党对中国同盟会持一种分离的态度。就其组织原则而言，章太炎指出，“本党本集革命、宪政、中立诸党而成，无故无新，惟善是与。只求主义，不涉危险，立论不近偏枯，行事不趋狂暴，在官不闻贪佞者。皆愿相互提携，研求至当。”[②] 而《统一党广告》却又强调，“本党招集党员，凡有公民资格者，无论在朝在野，皆得入党。惟曾任北廷、南京两政府人，有与他国勾串作奸者，或著名贪秽者，或借吏职以遂其暴乱欺诈之术者，皆应严行甄别，摈不入党。”[③]

（二）“改组论”

此论即主张改组同盟会为公开的议会政党。据胡汉民在其自传中记述，当时以宋教仁为代表，认为“武装革命已告终了，应改为公开政党，从事于宪法国会之运动，立于代表国民监督政府之地位，不宜复带秘密之性质。”[④] 当时，一些政治力量联合“非同盟党之力，以摧陷同盟党”[⑤]，如，“刘成禺、时功玖等则以地域意见，另组共和党，以拥戴黎元洪，皆不惮公然攻击同盟会。”[⑥] 在这种情况下，“改组论”在孙中山等也认为同盟会“有重新团结之必要时被得到一定的采纳，决定大加扩张，以实成

① 见《中华民国联合会改党通告》，《大共和日报》1912年3月1日。《大共和日报》，1912年1月4日创刊于上海，日出两大张，章太炎任社长，辛亥革命后，章太炎的言论多载于此。

② 《统一党宣言书》（1912年3月），《章太炎政论选集》（下册），中华书局1977年版，第588页。

③ 《统一党广告》，《国民公报》1912年5月7日。事实上，“统一党以罗致亡清官僚为事，久为他团体谬笑。”《闲评》，《大公报》1912年6月2日。

④ 胡汉民：《胡汉民自传》，《近代史资料》1981年第2期，第61—64页。

⑤ 《汤觉顿致梁启超书》，未刊稿，北京图书馆原件，转引自《中华民国史》第二编第一卷（上），中华书局1987年版，第42页。

⑥ 《胡汉民自传》，《近代史资料》1981年第2期，第61—64页。

民国之一最大政党"[①]。同盟会于1912年3月3日正式改组为政党。但这与宋教仁的政党主张尚有一定差距。宋教仁曾向《亚细亚日报》记者谈论他与统一党、同盟会的关系时指出，"惟同盟会分子复杂，本非政党组织，前此勉强改为政党，原非余之本意；且同盟会多有感情用事之举，尤非政党所宜出。然感情用事，统一党人亦有不免，如将来两党均不能化除意见，余意欲于两党外另求同志，更组织一党，以为国家效力之地。"[②]因此，中国同盟会这次改组为政党，实际上并未能满足宋教仁对于"政党"的要求。

（三）"保存论"

与"改组论"相对应，在同盟会内，有一部分人如胡汉民等主张，"革命之目的并未达到，让权袁氏，前途尤多危险，党中宜保存从来秘密工作而更推广之，不宜倾重合法的政治竞争而公开一切。"[③]从中，我们可以看出，"保存论"与"改组论"的主要区别在于：其一，政治活动的重心，要否由革命转移到以"合法的政治竞争"为主；其二，在组织状态上，是秘密工作还是转而"公开一切"。但这里并不能说，胡汉民等认识中的政党概念不同于当时所谓的"政党"，而只是出于对当时政治形势及其策略的考虑而不主张改组同盟会为"政党"。在"保存论"者与"改组论"者发生直接争论的1912年1月22日的"南京会议"上，胡汉民是代表孙中山出席的[④]，他时任总统府秘书长。因此，胡汉民与孙中山在这一方面的认识应该是基本一致的。我们可以在孙中山的有关思想认识中来进一步理

① 居正：《梅川谱偈》，罗福惠、萧怡编：《居正文集》（下），华中师范大学出版社1989年版，第525—527页。《梅川谱谒》，大约从1939年陆续写到1948年，1949年梓行。

② 宋教仁：《与〈亚细亚日报〉记者之谈话》，《宋教仁集》（上），第390页。

③ 胡汉民：《胡汉民自传》，《近代史资料》1981年第2期。

④ 《中华民国史》第二编第一卷（上），中华书局1987年版，第42页。

解胡汉民的思想认识倾向。孙中山认为，A.“中华民国成立之初，凡我同志，皆奔走国事，无暇顾及党事”；B.“当南京临时政府成立之时，中国无所谓政党，同盟会席革命成功之势，若及时扩充规模，改组政党，则风靡全国，亦意中事”；C.“政府之进步，在两党之切磋，一党之专制，与君主之专制，其弊正复相等。”在孙中山看来，改组同盟会为“政党”，不是不为，而是不宜也，时机尚未成熟，当时中国的政党条件还不允许这样做；否则，同盟会“自己已执政权，倘又立刻组织同盟会，岂不是全国俱系同盟会，而又复似专制?”[①] 因此，他主张保存同盟会。

上述三种意见，共同之处在于它们都不否定“政党”，不否定中国需要“政党”，争论的焦点是如何组建“政党”，包括方法、时机等。具体到中国同盟会，则涉及对两个基本范畴的认识，一是改组前的中国同盟会；一是“政党”。对于前者，它们基本上都称之为“革命党”，对于后者，却在“革命党”——中国同盟会——在民初社会政治环境下与它们所谓的“政党”的关联问题上，互有不同。“保存论”与“改组论”主张二者承接，“取消论”则要求割裂。再者，“保存论”与“改组论”在中国同盟会到“政党”的承接条件、速度以及转换程度与目标等方面也各抒己见，此二论对立与统一，在相应的社会政治条件下，共同作用于中国同盟会在民初的组织变迁，以及政治主张与行为的变动。宋教仁参列其中，倡导“改组论”，在关于“政党”和围绕中国同盟会的存续问题所进行的关于“革命党”与“政党”的认识活动中，他对于“革命党”与“政党”的基本认识得以逐步形成。

① 孙中山:《在横滨国民党支部欢迎会的演说》,《孙中山全集》第三卷，中华书局1984年版，第40页。

## 二、识别“革命党”“政党”的政党背景与条件

宋教仁对于“革命党”与“政党”的区分与认识，是具体的，它的产生不仅基于一定的社会认识，而且依据一定的政党实际，形成于近代中国政党创建的历史过程中，并以一种个体的认识反映这一历史过程。

历史上，中国同盟会在晚清社会政治变革和民主革命力量发展的基础之上，以民主革命立党，首辟在中国创建近代政党之路。从自组织理论审视，中国同盟会作为一个自组织，在其成立过程中，是以兴中会、华兴会、光复会等原始组织为基核，它们外与清朝政权、与维新派及其演化而形成的势力，以及它们之间在思想认识和组织构成等方面相互博弈，竞争与合作，主要以孙中山为代表的政治纲领及组织，通过辩论说服、意志强加和妥协退让，形成主导意识和力量，并完成了组织章程与政治纲领的确立、组织领袖的公举、会员入会程序，初步建立起了从总部到地方分会的组织系统。中国同盟会起源于各资产阶级革命团体，是它们在博弈中聚集的产物，资产阶级革命团体——中国同盟会，成为近代中国第一个资产阶级革命政党。相对于近代中国社会，政党是一种新生组织形态和政治参与主体。中国同盟会的诞生，便将政党现象和政党力量融进了中国社会政治近代化进程，为之增添了新的政治要素，从中渐次调整其政治资源的配置格局，使得近代中国社会政治内涵获致丰富和发展。

资产阶级维新立宪派与民主革命派一样，在近代中国社会历史条件下，相对于封建专制的民主政治力量而存在。二者的政治思想与社会实践活动，形成清末两股或缓或急的政治革新潮流。资产阶级维新立宪派为表达其利益和政治要求，在清末立宪运动中建立了预备立宪公会、政闻社、

宪政公会等，各地建立的立宪团体将近80个。①1908年至1910年末，它们开展了五次国会请愿运动。国会请愿运动失败，请愿代表团1910年11月发布《通知各省同志书》，提出："一政党各处函电，皆属改组政党。兹事体大，势不可不慎重将事。会议先拟纲要一通，已经举人起草，月底发表。大概作一底稿，至如何组织，均祈海内贤达指示方针。"②在1910—1911年间，宪政实进会、辛亥俱乐部和宪友会等相继成立。它们要求实行君主立宪，实行议会制度，也开辟了一条为争取议会民主而创建近代中国政党之途。这些立宪政党的出现虽迟于民主革命政党，却从其创建始，便与民主革命政党相比较而存在，初步呈现出近代中国政党的早期发展趋势和格局。中华民国建立，近代中国政党所依托的社会经济和政治环境条件发生历史性变革。政党，由被晚清政治体制拒斥到被民初共和体制吸纳，而且，"产业革命者，今也其时矣"，"几乎每天都有新公司注册。"③近代社会经济的发展为政党的建立和发展注入了经济动力。于是，"今中国共和立国，有志之士，群起相仿效，"④"集会结社，犹如疯狂，而政党之名，如春草怒生，为数几至近百。"⑤进而形成政党林立的局面。它与近代政党观念在中国的进一步传播交互为用。不仅在观念上，而且在实际政治生活中，当时的主要民主政治力量以政党为实现其政治参与和动员的一种基本组织形式。民初各政党在分化、组合中，在同盟会改组为国民党之前，基本形成同盟会、共和党、统一共和党、国民公党、国民共进会、共

---

① 参见张玉法《清季的立宪团体》中的"清季结社表"，第90—143页。

② 《东方杂志》第7年第11号。1904年3月11日在上海创刊。初为月刊，后改为半月刊，内容有社说、谕旨、内务、军事、外交、教育、实业、宗教、小说、译件、调查、大事记等，记载有相当多的辛亥革命史料。1948年12月停刊，共44卷。

③ 汪敬虞：《中国近代工业史资料》第2辑（下册），第862、849页。

④ 郭孝成：《民国各团体之组织》，《中国革命纪事本末》第3编。

⑤ 善哉（丁世峰）：《民国一年来之政党》，《国是》第1期，1913年5月。

和实进会等。其中，中国同盟会 1912 年 3 月 3 日正式改组为“政党”，4 月 25 日本部由南京迁往北京，8 月与统一共和党、国民公党、国民共进会、共和实进会等合并，改组为国民党。① 在这一政党组织变迁的过程中，宋教仁不仅是主要推动者之一，而且成为国民党实际上的主持者。② 在一定意义上，宋教仁是依其对“政党”的理解与认识来组建国民党的；而国民党的成立，则为宋教仁提供了一个关于“政党”的认识对象。宋教仁主要比较分析国民党与中国同盟会，从中具体阐述了它对“革命党”和“政党”的区别与认识。

## 三、对“革命党”“政党”识别的基本内涵与认识特征

宋教仁对“革命党”和“政党”的区别与认识，反映在文献上，主要集中在他为国民党的民初国会竞选所发表的演说中。据《宋教仁集》统计，现存有宋教仁从 1913 年 1 月至 3 月被刺间发表的演说辞 12 篇（参见附录四：表 6.2《宋教仁的竞选演说辞一览表》）。通过演说会和报刊，宋教仁的思想得到传播，并产生了一定的社会政治影响。

### （一）“革命党”与“革命的政党”

在《国民党鄂支部欢迎会演说辞》中，宋教仁就中国同盟会与国民党的组织属性问题提出了这样一对范畴：“革命党”与“革命的政党”。他说，“以前，我们是革命党；现在，我们是革命的政党。”③ 在这里，宋教仁认

---

① 宋教仁：《同盟会本部总务部通告海外书》，《宋教仁集》（下），第 418—419 页。

② 1912 年 8 月 25 日，在国民党成立大会上，孙中山在理事选举中，得票最多并被选举为理事长。因致力于铁路计划，无暇顾及党务，委托宋教仁为代理理事长，“于党事则一切不问，纯然放任”。参见宋教仁：《致北京各报馆书》，《宋教仁集》（下），第 420 页。

③ 宋教仁：《国民党鄂支部欢迎会演说辞》，《宋教仁集》（下），第 456 页。

为中国同盟会是“革命党”，而不是“政党”；国民党不仅是“政党”，而且是“革命的政党”。宋教仁之所以以“革命”限定“政党”，强调“政党”的“革命”性质，原因之一，宋教仁仍认为“革命”是国民党应保持的精神。关于“革命”，宋教仁在1913年1月8日曾与他在漳江书院就读时的老师黄彝寿即黄山长有这样一句对话，“黄山长第一句话问他：‘钝初，革命何如?’教仁说：‘不彻底’。”[①] 在《国民党鄂支部欢迎会演说辞》中，他也指出，“民国虽然成立，而阻碍我们进步的一切恶势力还是整个存在，”[②]“今革命虽告成功，然亦只可指种族主义而言，而政治革命之目的尚未达到也。推翻专制政体，为政治革命着手之第一步，而尤要在建设共和政体，今究其实，则共和政体未尝真正建设也”。[③] 因此，他认为，“我们要建新的国家，就非继续奋斗不可。”宋教仁所谓的“继续奋斗”主要是继续进行政治革命。但是，我们也应该认识到，宋教仁对于“革命成功”的理解，若就辛亥武装起义这一具体革命行动来说，是符合史实的，而从“种族主义”角度看待革命成功，这在其认识上仍存有反满的历史情结和思想意识。在宋教仁的政治思想中，具有对外国在华的利益纷争及其对中国国家利益侵害的认识，但没有发展到将“革命”同近代中国社会的帝国主义与中华民族矛盾的解决内在地联系起来的认识高度。他认为“列强对于中国问题，倡保全领土、机会均等之说，姑无论究出于诚意与否，而此所谓保全领土，机会均等之说，实足以维持中国之现状，故中国以十年以来，外交界即少绝大之危险，职是故也。故今日中国所应出之外交政策，当使列强对于中国此等关系维持不变，而维持之道又非出以外交手腕不为功。”[④] 宋教仁以列强

① 陈崧涛：《记宋教仁》，《湖南文史资料选辑》第10辑。

② 宋教仁：《国民党鄂支部欢迎会演说辞》，《宋教仁集》（下），第456页。

③ 宋教仁：《国民党沪交通部欢迎会演说辞》，《宋教仁集》（下），第459页。

④ 宋教仁：《国民党沪交通部欢迎会演说辞》，《宋教仁集》（下），第461页。

彼此间的利益冲突和矛盾关系，作为制定外交策略的现实依据，对此应予以肯定。但近代中国的半殖民地问题和外交问题是需要一个根本意义上的解决的。国民党以“维持国际和平”① 作为党纲之一，与公开后的中国同盟会的“力谋国际平等”② 相比较，“革命”色彩趋于弱化。但具有积极意义的是，宋教仁不拘泥于“种族主义”，而是明确认识到“政治革命之目的尚未达到”，这具体反映在他的政党观念上，仍将“政党”冠之以“革命”，并认为国民党是“革命的政党”。

原因之二，当时，孙中山从思想认识上对于同盟会曾主张“俟民国成立，全局大定之后，再订期开全体大会，改为最闳大之政党，仍其主义，别草新制，公布天下。”③ 在改组同盟会为“政党”的问题上，孙中山虽然没有宋教仁激进，但面对改组工作发展的实际，对改组也给予了一定的支持。他赴北京参加国民党成立大会，并发表演说，而且最终接受了国民党理事长一职。同时，他也希望国民党继承同盟会的革命精神，认为，“同盟会成立之始，其命名本含有革命同盟会意义。共和国初建改为政党，同人提议变名称者日益众，即此时而易之，可谓一举两得矣。”④“一举”：同盟会改组为国民党，“两得”：革命精神和政党组织——国民党。在当时的社会历史条件下，由于孙中山与宋教仁都居于同盟会的决策领导层，孙中山的这一思想和主张，不能不对宋教仁产生影响。

原因之三，宋教仁与孙中山都是以中国同盟会和国民党为实证研究对象来具体区分“革命党”与“政党”的。孙中山指出，“国民党原属革命党”，

① 宋教仁：《同盟会本部总务部通告海外书》，《宋教仁集》（下），第 419 页。

② 《中国同盟会总章草案》，《民立报》1912 年 3 月 6 日。

③ 《同盟会本部改定暂行章程并意见书》，《天铎报》1912 年 1 月 2 日。又，孙中山：《中国同盟会意见书》，《孙中山全集》第一卷，中华书局 1981 年版，第 579 页。

④ 孙中山：《致同盟会各支部电》，《孙中山全集》第二卷，第 395 页。

“为革命党改组”[①]。但是，国民党的“革命”性质却不是宋教仁、孙中山等主观自封的，国民党实际上是具有“革命”性的。从政党领袖看，孙中山、黄兴、宋教仁等民主革命派居于国民党的主导地位。宋教仁作为实际的主持者，是认为“我们的党是站在民众方面的”，是主张“遵照总理孙先生所指示的主义和方向切实进行”的。[②]就政纲而言，国民党以“巩固共和，实行平民政治”为宗旨，“舍其旧而新是谋，以从事于民国建设之事，以靳渐达于为共和立宪国之政治中心势力。”[③]在政纲内容上，国民党较之同盟会，变化明显者，一是“平均地权”改为“采用民生政策”；二是取消了“男女平权”一项；三是“力谋国际平等”改为“维持国际和平”等。对这些变化，应该如何认识？中国同盟会改组为国民党，是近代中国的一种政党大化合，它主要包含组织再构和政纲调整两个方面。为“使吾党发展于无穷”[④]，并在当下“实成民国之一最大政党”[⑤]，如此，则政党的组织规模便成为当时中国同盟会的迫切要求。但扩大吸收会员的范围，并与在一定程度上有着共同社会政治基础与政治利益的其他政党合并，都势必要对政纲提出调整或变更的要求，而同盟会“若不图改弦更张之策，为集中统一之谋，则是吾人放弃共和国民之天职。”[⑥]于是，组成统一体的各方为寻求和扩大共识，使政纲趋同，进而制定出共同的政党纲领，便成为各政党的一种客观要求。但中国同盟会相对于与之合并的其他政党而言，其固

① 孙中山：《在上海国民党茶话会的演说》，《孙中山全集》第三卷，中华书局1984年版，第4页。

② 宋教仁：《国民党鄂支部欢迎会演说辞》，《宋教仁集》（下），第456页。

③ 《国民党宣言》，《宋教仁集》（下），第749页。

④ 宋教仁：《同盟会本部总务部通告海外书》，《宋教仁集》（下），第418页。

⑤ 居正：《梅川谱谒》，载罗福惠、萧怡编：《居正文集》（下），华中师范大学出版社1989年版，第525—527页。

⑥ 《国民党宣言》，《宋教仁集》（下），第749页。

有政治理念和基本政纲是较为成熟和完备的，各方以中国同盟会的政纲为蓝本，进行合议，在互动中建立共信，这在近代中国政党不发达的历史条件下，就要求中国同盟会作出以均衡满足各方要求为限度的对其政纲的调适和修订。这是从中国同盟会政纲到国民党政纲变化的历史合理性。我们不仅要以中国同盟会的固有政纲为标准去评判国民党政纲的革命性。而在多党并存的情况下，更应该将之与其他政党相比较，并具体分析国民党政纲的基本内容及其政治行为表现。中国同盟会和与之相合并的四党“宗旨相同”①，国民党与其他政党一如同盟会的“反对党”共和党相比较，则仍保持了一定的进步性，继承了民主共和的基本精神与原则。单就“民生政策”分析，国民党实行“民生政策”，但不能说就放弃了“民生主义”。在实际政治生活中，孙中山坚持并宣传民生主义，认为，“今日满清退位，中华民国成立，民族、民权两主义俱达到，惟有民生主义尚未着手，今后吾人所当致力的即在此事。”② 黄兴也认为，“提倡土地国有，使多数国民皆无空泛之虑”。③ 就此而言，国民党仍不失为具有革命性的政党。它虽然组织松散，组织规模却扩大了，“党势日渐发达”，④ 政纲趋于稳健，却没有蜕变。可以这样认为，宋教仁认为国民党为“革命的政党”，不但合乎其认识逻辑，而且有着一定的社会现实根据。

（二）对于“政党”的理解及其论述

宋教仁认为国民党为“革命的政党”，偏正地强调国民党的“政党”性质与内涵，并以之示与“革命党”相区别。

---

① 宋教仁：《同盟会本部总务部通告海外书》，《宋教仁集》（下），第418页。

② 孙中山：《民生主义与社会革命》，《孙中山选集》上册，第84页。

③ 宋教仁：《国民党交通部公宴会演说辞》，《黄克强旅京记》，《民立报》1912年9月25日。

④ 孙中山：《致南洋同志书》，邹鲁编：《中国国民党史稿》第1编，第143页。

宋教仁比较分析“革命党”与“政党”的异同，有两种基本的论述逻辑形式：

1.今昔对比，异上求异[①]。中国同盟会与国民党有着内在的历史联系，处于近代中国政治生活中不同的历史发展阶段；反过来，不同的历史发展阶段相应地赋予中国同盟会与国民党不同的属性和特征。据《国民党鄂支部欢迎会演说辞》载，宋教仁认为，A.组织状态：“以前，是秘密的组织；现在，是公开的组织。”B.组织功能：“以前，是旧的破坏的时期；现在，是新的建设时期。”C.组织行为：“以前，对于敌人，是拿出铁血的精神，同他们奋斗；现在，对于敌党，是拿出政治的见解，同他们奋斗。”[②] 与上述认识逻辑与内容相类似的论述，还表现在宋教仁从“吾党与民国政治上之关系”对中国同盟会与国民党的论述。他在1913年3月18日国民党交通部公宴会上演说时指出，“本党今昔所持之态度与手段，本不相合。”这就是，“昔日在海外呼号，今日能在国内活动，昔日专用激烈手段谋破坏，今日则用平和手段谋建设。”[③] 整体看来，上述A、B、C三个方面是相互关联的。其中，组织状态影响和制约着相应组织功能的发挥和组织行为的实施；组织功能与组织行为则要求相宜的组织状态；组织功能表现相应的组织行为特征，组织行为产生相应的组织功能效应。中国同盟会与国民党各自在A、B、C三个方面是一脉相承的，即中国同盟会：秘密、破坏、铁血斗争；国民党：公开、建设、政见之争。同时，二者之间也存在着时间上的继起和发展阶段上的转换。这就是，秘密—公开，破坏—建设，铁血斗争—政见之争。

在上述认识基础之上，宋教仁进一步阐述了国民党作为“政党”在民

---

① 此概念援引自宁骚教授的“比较政治学”博士学位研修课程讲稿。

② 宋教仁：《国民党鄂支部欢迎会演说辞》，《宋教仁集》（下），第456页。

③ 宋教仁：《国民党交通部公宴会演说辞》，《宋教仁集》（下），第486—487页。

初的具体政治策略与目标。他指出，“我们此时要致力于选举运动”，若在国会“占得大多数议席”，国民党得以成为“有政治权威的党”，“我们的主义和政纲，就可以求其贯彻了。”制定这一策略与目标，宋教仁主要基于如下分析：A. 国会在民主政治中的地位：是政治权威集中的机关：B. 对国会选举的认同感，他认为，选举的竞争，是公开的，光明正大的；C. 国民党的政治优势，他认为，“我们的党是站在民众方面的，民众信赖我们”，那么，“政治的胜利一定属于我们。”① 这就是说，在宋教仁看来，国民党应该和能够赢得国会选举，并在国会中成为“有政治权威的党”。但是，在认识上，一方面，宋教仁过分推崇选举的公正性，过分自信民众对国民党的信赖；另一方面，虽认识到了国民党“没有掌握着军权和治权”②，却又将国民党的这一政治劣势置于次要性地位，在其话语中用“虽然——但是”的转折句式表述出他对民众信赖国民党的过分自信与强调。这用于演讲，虽然能够起到政治动员与激励作用，但它也反映出宋教仁在认识上的偏差。宋教仁的两个“过分”归结于对国会之政治地位与作用的理想认识。其实，这只是对国会选举以及国会本身的应然性的判断，缺乏的是对其实然性的分析。这具体地影响着宋教仁在民初的政党活动的基本特征及其历史命运。从其内容分析，宋教仁将“政党”与国会、选举等相关联在一起，即“政党”是要参加国会选举的，是要在国会中通过议席的多寡来确定政党在政治生活中的地位的，对于政府，“进而在朝，就可以组成一党的责任内阁，退而在野，也可以严密的监督政府。”③ 这进一步强化了宋教仁对“革命党”与“政党”的区分。就是说宋教仁观念中的“政党”实是议会式政党。

① 宋教仁：《国民党鄂支部欢迎会演说辞》，《宋教仁集》（下），第 456 页。

② 宋教仁：《国民党鄂支部欢迎会演说辞》，《宋教仁集》（下），第 456 页。

③ 宋教仁：《国民党鄂支部欢迎会演说辞》，《宋教仁集》（下），第 456 页。

2. 异中求同。在这里，宋教仁仍旧以中国同盟会和国民党为个案，进行实证分析。在他的认识中，“革命党”与“政党”是不同的，那么，这是在什么基础上的不同，这种不同是否是截然的？

A. 从组织的基本属性上看，宋教仁在《国民党交通部公宴会演说辞》中指出，“吾党昔为革命团体，今为政党，均同一为政治的生活。”其中，宋教仁引入“革命团体”这一概念来与“政党”相对应，由此推理，中国同盟会〈 = 〉“革命团体”，这与宋教仁已有的思维定式：中国同盟会〈 = 〉“革命党”相连接，“等量代换”，则“革命团体”〈 = 〉“革命党”。接下来，宋教仁又在同一个《演说辞》中，将“革命党”与“政党”相对应，“等量齐观”。可见，“革命党”与“革命团体”在宋教仁这里是可以互相转换的。一般而言，“革命团体”归属政团范畴。因此，“革命团体”代换“革命党”，从一定意义上明晰地表明宋教仁对“革命党”与“政党”的区分，即“革命党”与“政党”的区别，也可以用“革命团体”与“政党”的区别表示出来。但他又认为，不论是“革命团体”“革命党”，还是“政党”，都是政治的，因政治而客观存在。

B. 宋教仁“就先后事实上说，革命党与政党，本非同物”。他随之话锋一转，接着指出，“然就性质上说，革党与政党，其利国福民，改良政治之目的，则无不同。”① 这就是二者共同的政治思想基础。宋教仁认为，“革命党”与“政党”是在实现近代中国“改良政治”的目标体系下先后继起的两种政治组织，并标志着同一历史进程中的两个政治发展阶段。他进而推论，“故本党今昔所持之态度与手段，本不相合；然牺牲的进取的精神，则始终一贯，不能更易也。”② 从中，我们读出的是宋教仁对国民党

① 宋教仁：《国民党交通部公宴会演说辞》，《宋教仁集》（下），第486—487页。
② 宋教仁：《国民党交通部公宴会演说辞》，《宋教仁集》（下），第486—487页。

历史继承性的强调，强调国民党由中国同盟会而来的政治目的和革命精神。这不仅是宋教仁对国民党的一种传承定位，而且反映出当时的社会政治现实对国民党的要求。

宋教仁区分“革命党”与“政党”的“异”，同时强调二者的“同”，在此基础之上，他提出了对国民党应怎么办问题的两点思考：其一，国民党为“求达真正共和之目的，仍非奋健全之精神一致进行不可”[1]；其二，至于“吾党现今应有之党略”，“吾人只求制定真正的共和宪法，产出纯粹的政党内阁，此后政治进行，先问诸法，然后问诸人。”[2] 这里，“革命党”应让位于“政党”，在宋教仁的认识中是第一位的。但他并非对“革命”弃置不用，而是要在袁世凯“不久的将来，容或有撕毁约法背叛民国的时候。我认为那个时候，正是他自掘坟墓，自取灭亡的时候。到了那个地步，我们再起来革命不迟。”[3] 也就是说，宋教仁认为“革命”在一定的社会政治条件下是可以发生的。在中国近现代政党发展史上，“革命党”之所以在后来的政党作业中出现历史复归现象，宋教仁的这一认识不能说不代表着一种思想认识根源。

宋教仁比较分析“革命党”与“政党”，这在他对“政党”的认识中，蕴含着“政党”是一定历史阶段的政治现象的观念，并对“政党”与国家政权的关系问题也作了阐述，但总的看来，是偏重于“政党”的外部特征的。宋教仁所说的“政党”，作为政党的一种类型，有它的阶级基础，代表着一定的阶级利益和意志。无论承认与否，政党的这一本质特征都是客观存在的。虽然，宋教仁强调“我们的党是站在民众方面的”，却也没有将“政党”的阶级性问题认识清楚。不论是宋教仁，即便是孙中山也只是

① 宋教仁：《国民党鄂支部欢迎会演说辞》，《宋教仁集》（下），第456页。

② 宋教仁：《国民党交通部公宴会演说辞》，《宋教仁集》（下），第487页。

③ 宋教仁：《国民党鄂支部欢迎会演说辞》，《宋教仁集》（下），第456—457页。

认为，“政党者，所以巩固国家，代表的是人民心理。”[①] 这反映出宋教仁及其同时代人对政党的认识程度，它影响着他们的政党实践活动与其阶级基础的亲疏关系。[②] 由此，在一定意义上，决定了民初政党的发展及其历史命运。

## 第二节　宋教仁对政党基本要素的认识

全息现象是生物界的一条基本规律，而且是整个自然界以至人类社会的普遍性规律。[③] 自然界和人类社会的一切事物无论是在整体与部分之间，或者在类与个体之间，不同的类之间，既存在着结构形态上的全息，也存在着功能与发展过程、发展阶段之间，以及信息过程上的全息。[④] 政党在社会政治生活中是现实的和具体的，作为一种政治有机体，它的内在和外在因素是其整体的缩影。政党基本要素的完备与否，表明政党的成熟程度；而对政党基本要素的认识，则是对政党认识的细化和深化。宋教仁对于政党的认识，是注重对政党基本要素的考察的。他在民国前评论“宪友会”和“帝国宪政实进会”的政纲时就曾特别强调指出，“既言政党运动，则必确有完全之组织要素。”[⑤] 他并认为“此固理论之所应尔，而亦东西各

① 孙中山：《在北京国民党欢迎会的演说》，见《孙中山全集》第二卷，中华书局1982年版，第469页。

② 在近代中国，资产阶级因薄弱的经济基础而未能建立其政治统治，表现在政治上，则是近代政党与其本应代表的阶级主体相脱离。政党活动更多地局限于政治精英范围内。

③ 廖育群：《中国医学的全息理论问题》，《医学与哲学》1985年第10期。

④ 严春友、张晓、陈常松主编：《宇宙全息之谜——全息理论及其应用》，万国学术出版社1993年版，第67—71页。

⑤ 宋教仁：《近日各政党之政纲评》，《宋教仁集》（上），第230页。

立宪之国历史所明示者。”[①] 对于政党基本要素的认识，构成宋教仁政党观的一个基本内涵。

## 一、党纲

党纲，即政党的政治纲领，“它可进一步发展为将纲领中的要点或内容，强点或弱点具体化。”[②] 宋教仁在其文献著述中又将之称为“政纲”或“党议”。世界各政党，政纲内容各具特色，自不必说，而对于政纲的态度和做法又是不大相同的。如美国政党为能与不同势力结为竞选联盟，政纲较为明确；澳大利亚政党的政纲则措辞含糊和简短；在英国，“保守党总是把参与制定政纲作为一项给予那些曾经帮助它竞选的党派领袖作为酬谢”，而工党则把“政纲视为一种授权，一种权威性的全党成员的意愿”[③]。在民初的政党中，由某些政客为谋取官位利禄而组建的政党，其政纲基本大同小异，且实际政治行为与其政纲大相径庭，党纲成为空洞的招牌；为适应民主政治和政党竞争而创设的政党，如国民党等，虽为多党组合而成，但其政纲大体上还是较为明确和系统的，标志着国民党的相对成熟程度。宋教仁倡导和实际主持了国民党的成立，他关于党纲的认识，与国民党的党纲之间，存在着一定的历史联系。

### （一）对政纲的一般性认识

如前所述，宋教仁认为，“政纲者，即为其一党政见之外形的纲领”。政党政纲作为其政见的表现形态，在政党组织要素中是最重要的要素，“且为政党作用之最大武力”。政党，“未有政纲不善，而犹能存立活动于

① 宋教仁：《近日各政党之政纲评》，《宋教仁集》（上），第 230 页。
② 《布莱克维尔政治学百科全书》，中国政法大学出版社 1992 年版，第 534 页。
③ 《布莱克维尔政治学百科全书》，中国政法大学出版社 1992 年版，第 534 页。

政治界者也。”[①] 为保障政纲之善，政纲的制定必须有如下两个条件：①其方法必为积极的，而不可为消极的；②其事项必为未来待行的，而非现在已成的。这是因为，“苟其为消极的方法，则任其自然进行已是，苟其为现在已成的事项，则听其依然仍旧已足，皆无有定为一党政见以谋实行之必要者也。”[②] 在宋教仁看来，通过政党所发表的政纲，不仅可以了解相应政党“所具知识与所抱政见之如何”；而且可以测定“彼等果能任改革政治之事业与否”。[③] 宋教仁对于政纲一般性的认识，是在认识和传播西方政党观念的过程中逐步形成的，而且，因这一认识主要集中反映在他对“宪友会”和“帝国宪政实进会”等的政纲的评论中，可以说，它是由上述立宪政党所发表的政纲所具体引发的。随着民初中国同盟会改组为“政党”，乃至国民党成立，宋教仁对于政党政纲的认识相应地见诸国民党政纲的制定、阐释和宣传之中。这在他的思想认识上，一定程度地实现了政纲的一般性与国民党政纲的特殊性的统一。

### （二）对国民党政纲的认识

国民党筹备成立之时，宋教仁以同盟会本部总务部的名义向海外同盟会组织通告“议决大纲”。[④] 其中，“党纲”一款是这样的：“（甲）保持政治统一；（乙）发展地方自治；（丙）励行种族同化；（丁）采用民生政策；（戊）维持国际和平。”此后，他关于这一党纲的阐释存在于其文献中的就有三处，其中，两处是以组织的名义发表，一处则是以他的演说辞的形式出现的。（详见附录四：表 3.1《宋教仁阐释国民党党纲对照表》）

《国民党宣言》在党纲与党的宗旨的关系问题上指出，“党有宗旨，所

---

① 宋教仁：《近日各政党之政纲评》，《宋教仁集》（上），第 230—231 页。

② 宋教仁：《近日各政党之政纲评》，《宋教仁集》（上），第 231 页。

③ 宋教仁：《近日各政党之政纲评》，《宋教仁集》（上），第 230 页。

④ 宋教仁：《同盟会本部总务部通告海外书》，《宋教仁集》（上），第 418—419 页。

以定众志”，“众志既定于内，不可不有所标帜于外，则党纲尚焉。”① 从功能上说，党纲是外向的，“其目的是为了赢得更为普通的赞同。”② 因此，对于国民党“巩固共和，实行平民政治”的宗旨，“斟酌损益，义取适时，概列五事，以为揭橥”。而要实现政党的宗旨，政党不仅要有“巩固庞大之结合力”，而且要具备“有系统有条理真确不破之政见。”③ 在党纲内容上，《国民党宣言》以政策与目标相统一的原则，对党纲内容作了具体阐释，但尚未达到细化，而是主张“与时因应，不克固定”。针对“今日政治现象，既错乱而无头脑，而国民意思，亦无统系条理之可寻”的政治实际，宋教仁在《代草国民党之大政见》中认为，“建设良政治之第一步，首宜提纲挈领，发为政见，公布天下，本此纲领，以为一致之进行，则事半功倍之道矣。”④ 这里，国民党的政见由两部分组成：一是“对政体之主张”；二是“本党对于政策之主张”。⑤ 宋教仁对于国民党党纲的阐述便融入于这一系列政见之中。他主持国民党的国会竞选，宣讲国民党党纲，在 1913 年 1 月 8 日国民党湘支部的欢迎会上，对国民党党纲有针对性地进行了阐明。一方面针对他党的讥讽；另一方面针对具体实际问题。他进而概括认为，“今之要务，在整理内政。”⑥ 上述三种国民党党纲释文文本分别以不同的形式出现，从不同层面——组织与个体，政党文件与个人演说——反映了宋教仁对于国民党党纲的态度与理解，尤其是在国民党党纲形成过程中的历史地位和思想贡献。他不仅是国民党党务的实际主持者，而且在党纲和政策制定上发挥了一定的主导作用。

---

① 《国民党宣言》，《宋教仁集》（下），第 749 页。
② 《布莱克维尔政治学百科全书》，中国政法大学出版社 1992 年版，第 534 页。
③ 《国民党宣言》，《宋教仁集》（下）第 747—750 页。
④ 宋教仁：《代草国民党之大政见》，《宋教仁集》（下），第 488 页。
⑤ 宋教仁：《代草国民党之大政见》，《宋教仁集》（下），第 488—496 页。
⑥ 宋教仁：《国民党湘支部欢迎会演说辞》，《宋教仁集》（下），第 445—447 页。

## 二、党魁

党魁即党首，可泛指政党的主要领导者，他们与普通党员之间形成领导与被领导的政治关系。

在宋教仁的观念中，党魁，首先应是政治家而非政客。民国前，对“宪友会”和“帝国宪政实进会”及其政纲，他持一种批评和否定的态度，并将这些所谓立宪政党的组织者称之为“热衷功名之政客辈”。他认为，政客虽以“政党”相标榜，却是为了功名，① 而“政治家之生活，以政见为要素者也”。② 这里，他又认为，政党组织的最基本要素是政纲。因此，在他看来，能够实际担负起组织政党责任者，是政治家而不是政客。

但是，并不是一切政治家都能成为党魁。具体到国民党，宋教仁以孙中山、黄兴为主要分析对象，提出了国民党党魁所应具备的基本政治条件。基于对孙中山、黄兴在党内的历史地位和政治作用的认识，他称孙中山、黄兴“同为吾党泰斗”③。在国民党内，孙中山、黄兴相对于普通党员，“党员无论新旧，对于孙、黄二公皆非常爱戴”④。这其中的原因是，宋教仁认为，“中华民国，是本党同志在孙中山先生领导之下，不避艰险，不恤任何牺牲，惨淡经营，再接再厉，才能够缔造起来的。”⑤ 而且，“此次国民党之合并成立，全出于孙、黄二公之发意。”⑥ 孙中山“功

---

① 宋教仁：《近日各政党之政纲评》，《宋教仁集》（上），第 230 页。
② 宋教仁：《复孙武书》（1912 年 7 月 4 日），《宋教仁集》（下），第 404—406 页。
③ 宋教仁：《致北京各报馆书》，《宋教仁集》（下），第 420 页。
④ 宋教仁：《致北京各报馆书》，《宋教仁集》（下），第 420 页。
⑤ 宋教仁：《国民党鄂支部欢迎会演说辞》，《宋教仁集》（下）第 456 页。
⑥ 宋教仁：《致北京各报馆书》，《宋教仁集》（下），第 420 页。

高望重”,[①] 黄兴“威望素著”。[②] 从宋教仁对孙中山、黄兴的评价中可以看出,(1)党魁是在政治实践中产生的;(2)从数量上来讲,党魁也不应是一个人[③];(3)作为党魁,无论在历史上抑或现实中,都应发挥着政治领导作用。宋教仁认为:“国民党新立,正赖有功高望重如孙先生者为之主持”。[④] 他也自信,“如若遵照总理孙先生所示的主义和方向切实进行,一定能够取得人民的信赖。民众信赖我们,政治的胜利一定属于我们。”宋教仁对于国民党党魁的认识,对处于草创时期的其他近代中国政党而言,是不完全具有普遍意义的。以与国民党并存并相抗衡的共和党为例,共和党以历史上的立宪党人为主,由统一党、民社、国民协进会、民国公会和“国民党”[⑤] 合并成立。这些政党在酝酿成立时,“无敢以康梁标旗帜立壁垒。”转而主张联袁或拥黎,认为联袁则可以“造成一大党”[⑥];而“黎任党魁,其党必大发达”[⑦]。其结果是,共和党在成立时选举黎元洪担任了理事长。共和党与国民党,在党魁问题上,是情形不同的。黎为共和党党魁,只能说明,成为一党党魁不只一途,而是多样化的。倒不是说,成为国民党党魁,不需要选举,国民党在成立时选举理事,“孙先生得票最多”[⑧]。选举是一党确立其党魁的法定形式。这里的根本区别在于,

---

① 宋教仁:《致北京各报馆书》,《宋教仁集》(下),第 420 页。

② 宋教仁:《答〈民立报〉特派员问》,《宋教仁集》(下),第 422 页。

③ 宋教仁:《国民党鄂支部欢迎会演说辞》,《宋教仁集》(下),第 456 页。

④ 宋教仁:《致北京各报馆书》,《宋教仁集》(下),第 420 页。

⑤ 这里的国民党非为由同盟会改组后而成立的国民党。它于 1912 年 2 月由潘昌煦等人在上海组织成立,5 月,与统一党等合并为共和党。

⑥ 丁文江、赵丰田:《梁启超年谱长编》,上海人民出版社 1985 年版,第 600 页。

⑦ 丁文江、赵丰田:《梁启超年谱长编》,上海人民出版社 1985 年版,第 599 页。

⑧ 宋教仁:《致北京各报馆书》,《宋教仁集》(下),第 420 页。当时国民党九个理事中,孙中山得 1130 票,黄兴得 1079 票,宋教仁得 919 票。参见张玉法:《民初国会中的激进派政党》,《国立台湾师大历史学报》第七期,第 459 页。

黎元洪作为共和党党魁，不是在这一政党的历史发展过程中确立起来的。与其说黎元洪为共和党的党魁，不如说是一块招牌，是共和党的实际组织者想借助黎元洪为该党争得一定的社会政治声誉或将之作为一种政治依靠。

宋教仁认同孙中山、黄兴的国民党党魁地位。孙中山、黄兴尽管同为国民党党魁，由于他们在党内所处的地位有区别，对于党魁的认识角度不完全相同，那么，作为国民党党魁，孙中山、黄兴对党魁又是如何认识的呢？黄兴认为，“党只有国民党，领袖惟孙中山，其他不知也。”①孙中山在后来创建中华革命党时，对于政党活动的教训作了总结。他指出，“同盟会、国民党之组织，徒以主义号召同志，但求主义之相同，不计品流之纯糅。故当时党员虽众，声势虽大，而内部分子意见纷歧，步骤凌乱，既无团结自治之精神，复无奉令承教之美德，致党魁则等于傀儡，党员则有类散沙。”究其原因，他认为，这是“当时立党徒眩于自由平等之说，未尝以统一号令，服从党魁为条件耳”。②鉴于此，中华革命党规定，入党者须“附从孙先生”③。作为国民党党魁的孙中山，尚且认为在同盟会、国民党时期，“党魁则等于傀儡”，这不能不折射出宋教仁在对待党魁问题上的另一种思想倾向，即在承认孙中山、黄兴的国民党党魁之地位的同时，他有着努力成为国民党党魁的意识和要求。④应该说，宋教仁对国民党党魁的认识，是第一位的，上述思想倾向并不说明宋教仁要向孙中山、黄兴发起争夺党魁的政治挑战，而是由于当时特定的社

---

① 《黄克强手札》，《近代史资料》1962年第1期。

② 孙中山：《致陈新政及南洋同志书》，《孙中山全集》第三卷，中华书局1984年版，第92页。

③ 罗家伦主编：《国父年谱（增订本）》上同，（中国台北）中国国民党中央委员会党史史料编纂委员会1969年版，第540页。

④ 宋教仁：《答匿名氏驳词》，《宋教仁集》（下），第484—485页。

会政治条件以及宋教仁的思想特质，导致了这种倾向的潜在。(1) 孙中山、黄兴着力于“社会革命”和实业。其中，孙中山曾宣称“十年不预政治”，并接受袁世凯的委任，担任全国铁路督办，希望中国成为“世界第一富强之国”。[①] 在这种情况下，若宋教仁也随孙中山、黄兴而疏远当时的政治斗争实际，即使是在党中仅次于孙、黄的政治地位也会因此而削弱。(2) 事实上，宋教仁的政治态度和行为特征，与这一时期的孙、黄是不同的。他积极从事于政党活动，改组同盟会，成立国民党，在政党竞争中，具体参与并主持国民党的国会选举，这些无疑进一步确立了宋教仁在国民党内的实际政治领导地位。(3) 宋教仁之所以这样做，也是有其思想认识基础的。他认为，“国家既为共和政治，则国民人人皆应负责任。有人焉自信有能力，愿为国家负最大之责任，此国家所应欢迎者。”[②] 他提倡仿行“各国政党选举总统或组织内阁，其党魁之自负之运动之竞争”的做法，并指出，一个人想竞选总统或组织内阁，“人苟可以自信，则不妨当仁不让，世之人亦只问其有此能力与否，不能谓其不宜有此志。”[③] 因此，对宋教仁不因世人诬其运动总理而退缩，反而力争组织政党内阁，便不难理解了。宋教仁被刺，则从对立面角度证明了宋教仁在国民党中实际所达到的政治地位。他不仅是国民党事实上的主持者，而且成为当时袁世凯最主要的政敌。

## 三、党德

党德，一般是指政党的行为规范和准则。一方面，党德是政党存在

① 孙中山：《国民党及各界欢迎会上的演讲》，《民立报》1912 年 10 月 22 日。
② 宋教仁：《答匿名氏驳词》，《宋教仁集》(下)，第 484 页。
③ 宋教仁：《答匿名氏驳词》，《宋教仁集》(下)，第 484 页。

与发展的基本要素之一，孙中山指出，“党势之盛衰全视党员智能道德之高下。”[①] 另一方面，在两党和多党竞争中，政党之争应该遵循一定的党德规范。在民初，由于政党不发达，一些政党为竞逐权利，相互诋毁和倾轧，“大率以一党权力为前提，而置国家大局于不顾。甲党之所是，乙党必以为非；乙党之所非，甲党必以为是。”[②] 宋教仁入北京临时政府唐绍仪内阁，任农林总长，对于这一内阁的运转情形，他也评论说：“人自为战，互相掣肘”，“党见纷歧，心意各别。”[③] 在这种政治环境中，“民国政党，其大者为同盟会、共和党，与现与本会合并之四党”，国民党成为当时政党之争的重要一极，不免遭到来自他党的舆论攻击和谣言侵袭。见诸报端者，如《民视报》[④] 曾谓孙中山辞国民党理事长之职，是出于宋教仁的排斥；《新纪元报》[⑤] 则谓孙、黄有冲突。对此，宋教仁分别予以辟谣，同时引发出他对政党道德问题的具体阐述。

（一）宋教仁倡导政党道德

首先，他认为，“政党须有道德”[⑥]；其次，他希望政党“守政党道德”[⑦]。这里，宋教仁主要围绕如何处理党与党之间的关系问题，提出了关于“政党道德”的一些原则。这包括肯定式和否定式两种。就肯定式来

① 1913 年 1 月 10 日，孙中山在上海国民党南市新舞台恳亲大会上演讲时指出，党德的高下，系党之盛衰。见《民立报》1913 年 1 月 12 日。又，黄兴认为，“所谓大政党者，必党员均有责任心，以改造为精神，以促进为目的，以爱国为前提，其党德乃日高”。见黄兴：《在国民党湘支部大会上的演讲》，《黄兴集》，中华书局 1981 年版，第 293—294 页。

② 《国事维持会宣言书》，《独立周报》1913 年 7 号。

③ 宋教仁：《复孙武书》，《宋教仁集》（下），第 405 页。

④ 《民视报》，系民初袁世凯授意公民党在北京出版的报刊。

⑤ 《新纪元报》，1912 年 4 月 22 日创刊于北京，黄大暹主办，原名《北京日日新闻》，章太炎曾为它撰写《发刊词》，称其为“视他报犹颇质信”。

⑥ 宋教仁：《致北京各报馆书》，《宋教仁集》（下），第 421 页。

⑦ 宋教仁：《致北京各报馆书》，《宋教仁集》（下），第 421 页。

说，宋教仁明确指出，各党应互相奖励，“希望自党发达，同时并希望反对党亦发达”。他进一步解释说，应“平心静气，以评论国家事，扶持各党，使渐臻于健全之发达，庶几各党乃得日即稳固，从容研究”①。至于否定式，他认为，政党“总不宜猜忌离间，日望敌党之不发达”，因此，希望“不再事无谓之猜忌与离间”②。针对当时政党间无原则的冲突，黄兴提出了与宋教仁基本相类似的政党道德规范，他强调，“凡他党之所主张，不可为无意识之反对，只当以国利民福为前提，平心静气。为稳健之批评，以待国民之抉择。盖政党必具此党德，方能光辉发达，成极伟大之政党，否则亦终归失败而已。”③ 两相比较，所不同的是，黄兴尤注重了对于党争正当与否的评判原则，即“以国利民福为前提”，同时，“以待国民之抉择”。

（二）宋教仁重视党德修养

他在 1913 年 1 月 23 日的曲园宴会上演说时指出，“黄君④要求我辈注重党德，兄弟又代黄君要求诸君以‘党德’二字，时时隐记在心。”⑤在政党道德实践中，需要解决的一个根本问题是，如何对待权利与功名。权利心重与否是衡量一个人道德水准高低的一个重要方面，黄兴认为：“党有一党之道德，道德不完，则希望即不能达。权利心重，义务心即消亡于不觉”。⑥因此，他主张“我辈今日当提倡人人除权利心，以国家为前提。

---

① 宋教仁：《致北京各报馆书》，《宋教仁集》（下），第 421 页。

② 宋教仁：《致北京各报馆书》，《宋教仁集》（下），第 421 页。

③ 黄兴：《在国民党鄂支部欢迎会上的演讲》（1912 年 10 月 28 日），《黄兴集》，中华书局 1981 年版，第 289 页。

④ 即黄瑞祥，字吉亭，湖北武昌人，武昌基督教圣公会牧师。后任长沙圣公会会长。华兴会策划长沙起义失败，他帮助黄兴安全出走。后加入同盟会。

⑤ 宋教仁：《曲园宴会演说辞》，《宋教仁集》（下），第 455 页。

⑥ 黄兴：《在北京国民党欢迎大会上的演讲》（1912 年 9 月 15 日），《黄兴集》，中华书局 1981 年版，第 261—262 页。

党德既高，则希望可达。”[①] 对于功名，他提倡，“名不必自我成，功不必自我立，其次也功成而不居”。那么，宋教仁力主责任内阁，被他人诬之为“运动总理”，这是否就意味着宋教仁的政治道德水准是低的呢？首先，主张责任内阁，并不是宋教仁要“己为总理”，而是旨在为民主共和国设计：一种政权组织形式。其次，宋教仁在民初积极倡行政党内阁制，黄兴是给予了支持的。他主张，“依政党政治之常轨，求达利国福民之目的。”[②] 最后，对于权利，宋教仁指出，“吾人素来作事，不存权利之见，亦不畏强硬反对，吾惟行吾之素。”[③] 而且，更为可贵的是，他认为，人立志为总理，是一种善事，“盖为国服务，本非权利，共和国之职事，亦非专制国之官爵可比”。[④] 因此，与其说宋教仁与黄兴在政治道德水准上有高低之分，不如说他们因权利观的差异而在实际政治生活中表现出不完全相同的政治行为方式与特征。

① 黄兴：《在北京国民党欢迎大会上的演讲》（1912 年 9 月 15 日），《黄兴集》，中华书局 1981 年版，第 261—262 页。

② 黄兴：《在国民党上海交通部欢迎会上的演说》（1913 年 1 月 26 日），《民立报》1913 年 1 月 28 日，《黄兴集》，中华书局 1981 年版，第 309 页。

③ 宋教仁：《国民党交通部公宴会演说辞》，《宋教仁集》（下），第 486 页。

④ 宋教仁：《答匿名氏驳词》，《宋教仁集》（下），第 484 页。

# 第四章　宋教仁的两党制论

晚清至民初，近代政党兴起，形成多党并立、纷争的政治局面。但是，政党的发展客观上要求建立与之相适宜的政党关系和政治秩序。宋教仁主张两党制，对于在近代中国建立什么样的政党制度，进行了有益探索。

## 第一节　两党制的基本内涵

### 一、两党制主张的提出

国民党的两党制主张，集中反映在《国民党宣言》和《代草国民党之大政见》中。

《国民党宣言》是这样陈述的：

（1）从理论上讲，“一国政党之兴，只宜二大对峙，不宜小群分立。”

（2）就事实而言，“继自今，吾中国同盟会、统一共和党、国民公党、国民共进会、共和实进会相与合并为一，舍其旧而新是谋，以从事于民国建设之事，以靳渐达于为共和立宪国之政治中心势力，且以求符于政党原则，成为大群，藉以引起一国只宜二大对峙之观念，俾其见诸实行。”①

在《代草国民党之大政见》，中，虽无明文提出两党制的内容，但在“主张国务总理由众议院推出”中，以英国为例，对行责任内阁制之法作了阐述。由于历史上政党制度起源于英国，而英国实行的又是两党制。因此，这其中暗含有主张在中国实行两党制的思想内容。《代草国民党之大政见》指出：

“若英国，为行责任内阁制之国，虽无明定国务总理由国会推出之宪法，然英宪法为不成文法，其习惯则英王所任命之国务总理，例为下院多数党人之首领，不可移易，实不啻由下院推出，且不啻宪法中有此明文。”②

对于政党来说，组织意志的形成是以主导意志为主体，各相关因素相互作用的结果。由于宋教仁在国民党中所具有的政治地位与作用，如若分析国民党关于两党制的认识形成，则不可不将宋教仁作为一个分析单元。在这一方面，宋教仁参与并代为起草了上述两个文件，可以说，他的政治主张较多地上升到了国民党的政见或政治意志的高度。反过来，对于国民党的政治主张，他又是赞成，并积极推行的。这不仅从宋教仁在国民党政治活动中的政治作用，与国民党政治主张的形成之间的历史关系中得到体现，而且也反映在宋教仁对相应思想认识的具体阐述中。

据文献记载，宋教仁主张两党制，比较明确的，就是他在《致北京各报馆书》中所指出的，这就是，“吾人改组国民党时，宣言政党宜二大对峙，希望自党发达，同时并希望反对党亦发达，能至鼓旗相当而后已。”③这里，宋教仁援引国民党宣言的内容，并在一定意义上回答了两党对峙的基本态势和发展程度问题。这就是，一方面，两党在对峙中求“发达”；

① 《国民党宣言》，《宋教仁集》（下），第749页。

② 宋教仁：《代草国民党之大政见》，《宋教仁集》（下），第490页。

③ 宋教仁：《致北京各报馆书》，《宋教仁集》（下），第421页。

另一方面，两党对峙是要达到“鼓旗相当”，即一种均势。与之同时，宋教仁提出了“自党”与“反对党”的概念以及二者之间的矛盾关系。从逻辑形式上讲，这一认识本身可以看作是对两党对峙的另一种概括，也就是“自党”与“反对党”的两党对峙。

## 二、对于“反对党”的认识

“反对党”是在两党或多党竞争的政治生活中存在的一种政党现象。政党之间因历史关系，或基于一定的政见、利益等，可以结合为某种政治联盟，或彼此间形成不合作甚至是对立的关系。若将一党视为“本党”“自党”，与之相对应的他党，则因相互关系的性质不同而成为友党或敌党、联盟党或反对党等。而且，政党总是要与国家政权发生关系的，在不同的社会政治制度和政党制度下，政党关系表现出相应的具体类型和特征。议会民主制下的政党，相对于它与政府的关系而言，依其政治地位，一般可以划分为执政党、在野党，在野党又可称为“反对党”。这样，反对党不仅存在于政党关系之中，而且存在于政党与政府的关系之中。“反对党”的基本政治行为特征是“反对”。在政治过程中，“反对的目的可能是忠诚的，它的目的是在现行宪政容许的范围内实行政治变革；反对也可能属于原教旨主义式的（即原则性的反对），以主张废除或改变政治体制的方式否定政治一致性。”因此，“反对党实际上起着推动政治变革和进行政治监督的作用。”①

民初政党，良莠不齐，分化、组合盛行一时。宋教仁以同盟会和国民党为“本党”，视“同盟会之反对党为共和党”，并指出，国民党成立，

① 《布莱克维尔政治学百科全书》，中国政法大学出版社 1992 年版，第 507 页。

"民国政党，唯我独大，共和党虽横，其能与我争乎？"①但是，这不意味着宋教仁要实行一党专制，他的认识判断是基本符合当时政党的实力对比的。国民党成立时，民初政党尚没有达到宋教仁所希望的两党对峙的理想状态。宋教仁也没有否定国民党可以成为政党与政府关系中"反对党"的可能性，他表示，"若其他政党有建树之能力，则本党乐观成局"②。因此，反对党是具体的，又是相对而言的。同时，宋教仁主张获国会议席半数以上的政党"进而在朝，就可以组成一党的责任内阁；退而在野，也可以严密地监督政府"③。这样，两党对峙作用于政府，表现为一党执政，另一党在野，二者通过议会选举，实现政府更迭。只是就能力而言，宋教仁认为，"自然成一国民党政府"④，即国民党成为执政党而非反对党。

## 第二节　两党制论的认识来源

两党制是否适宜于民初社会政治，则要具体分析它因何制宜，何为其立论依据。就宋教仁的两党制论而言，它不是宋教仁所独创和主观臆造的，而是有其一定的思想认识来源的。宋教仁之所以主张两党对峙，他认为，"方今时事艰难，非有强大真正之政党作中流之砥柱"。他从"挽回危局"出发，主张培育"强大真正之政党"⑤。这一认识与《国民党宣言》中的相关论述是一致的。《国民党宣言》强调，"共和立宪之国，其政治之中

① 宋教仁：《同盟会本部总务部通告海外书》，《宋教仁集》（下），第419页。
② 宋教仁：《国民党浙支部欢迎会演说辞》，《宋教仁集》（下），第463页。
③ 宋教仁：《国民党鄂支部欢迎会演说辞》，《宋教仁集》（下），第456页。
④ 宋教仁：《国民党湘支部欢迎会演说辞》，《宋教仁集》（下），第446页。
⑤ 宋教仁：《致北京各报馆书》，《宋教仁集》（下），第421页。

心势力，则不可不汇之于政党”。但是民初政党林立，诸党虽“期利国福民，以臻于强健良善之境”，却“分道扬镳，艰于整肃”，是“不适于为运用政治之中心势力”的，因此，《国民党宣言》主张，“图改弦更张之策，为集中统一之谋”，即诸党合并，建立大党。①“强大真正之政党”在《国民党宣言》中被称为“大群”②，它是造成两党对峙的政治组织基础。

在民初，“千奇百怪之党，蔓延于国中，乃复演为千奇百怪之崇拜政党论，或毁谤政党论，以相政评于一隅。于是乃有党与党之争，有党与非党之争，更有一党之中一部分与一部分之争。”③毁谤政党论者虽不能阻止近代政党的兴起，但他们对政党的批判，使政党论者从中认识到了政党的某些弊端，加之，现实中政党的混乱局面，“群言淆乱，宇内云扰”，一并促使他们不得不对中国应形成何种政党关系，实行什么样的政党制度进行认识和研究。④在这一方面，西方的政党制度及其观念在清末民初渐被输入和传播进来。在描述英国两党制度的具体表现时，如前所述，薛福成曾在其《出使四国日记》中指出，“英国上下议院，有公保两党，迭为进退，互相维制”，“一出一入，循环无穷，而国政适以剂于平云”⑤。杨度认为，“英国以立宪最早之故，政党之势力极大，国中分自由、保守二党，在朝在野，迭为循环。”⑥在《英国之国会革命》中，宋教仁对“自由党”与“统

① 《国民党宣言》，《宋教仁集》（下），第 749 页。

② 《国民党宣言》，《宋教仁集》（下），第 749 页。

③ 黄远庸：《远生遗著》卷 1，第 209—210 页，载《袁世凯史料汇刊》，1968 年。

④ 《国民党宣言》，《宋教仁集》（下），第 749 页。

⑤ 薛福成：《出使四国日记》卷四。薛福成，1889 年出任驻英、法、比、意四国公使，得以对西欧等国家的政治制度进行考察。他称赞西方的君主立宪制度“无君主、民主偏重之弊，最为斟酌得中”。

⑥ 杨度：《金铁主义说》第六节“政治革命”，《杨度集》，湖南人民出版社 1986 年版，第 313 页。

一党”关于制限上院否决权问题上的政争作了介绍。① 他不仅认为这是英国“宪法上革命”，而且指出了它的普遍意义。他说，“英国国会法案之成立，为一千八百三十二年国会革命以来之大变化，其刺击于世界各国之立宪政治前途必不浅。”② 英国国会革命是由自由党与统一党之争相推动的。《英国国会之革命》反映出宋教仁不仅对这一政治过程具有一定的历史知识，而且从中得到一些启发。除英国外，美国的政党情形，也同时被介绍进来。《美国共和党宣政新论》这样说，“美国统领，定制 4 年一举。国有两党，一曰合众，一曰共和，各愿举其党人以任斯职。”③ 这些关于西方政党制度的介绍应该说是单薄的，其内容限于一些政党现象和政党活动的表现形式，未能深入到对政党制度产生、发展的过程和基本原则的认识。尽管如此，这对于不发达的民初政党来说，则提供了可资参照的思想资料和仿效对象。

更为根本的是，在社会政治生活中，近代中国政党对于政党秩序、行为规范乃至政党制度的要求，给予了近代中国人探索并解决政党制度问题的现实动力，一些意见和主张也由此提出。杨度曾指出，“世人见英、美之仅有二大党也，以为其党甚少，而不知至多不宜过二党，即此已甚，更多即不国矣。”④ 梁启超在《中国立国大方针商榷书》中就认为，中国“欲行完全政党政治，必以国中两大政党对峙为前提，英美之政，所以独秀于世界者，凡以此耳。”因此，他主张“我国将来政党，欲并合诸小党，使两大党对峙若英美。”⑤ 章士钊主张“毁党造党论”，指出，“毁党造党云者，

① 宋教仁：《英国之国会革命》，《宋教仁集》（上），第 298—302 页。

② 宋教仁：《英国之国会革命》，《宋教仁集》（上），第 298—302 页。

③ 《美国共和党宣政新论》，《时务报》第 3 册。

④ 杨度：《金铁主义说》第七节“君主立宪”，《杨度集》，湖南人民出版社 1986 年版，第 385 页。

⑤ 共和建设讨论会第一次发布：《中国立国大方针商榷书》。

乃今日政党悉自毁其党，相与共同讨论，以求其适于己之政纲，因新政纲而造为新党之谓也。”[①] 毁党造党系于政纲，他进一步指出，“开一绝大之政见商榷会，各本具括学家之态度，举国中所有政治财政种种大问题，至短以 50 年之眼光，至少以一、二载之时期，一一彻底而研究之，研究之结果，各问题总体核算，必致正负两面，各各有人，关于正面者就正面之主张，制为纲领，负面者亦就负面之主张，制为纲领，而政党始有可信。”[②] 章士钊虽未如梁启超明确提出两党对峙的主张，却是希望以“正负两面”之主张，制定政党纲领，进而“造党”的，这一认识实具有两党对峙的逻辑特征。对于两党制，康有为在《中华救国论》中也曾指出。“国宜有两政党，而不可多政党，宜有大政党，而不可多小党”。为此，他主张“小党则化合为大，多党则合为少。”[③] 不仅康、梁主张两党制，孙中山在民初关于两党制与多党制的争论中，也是主张两党制的。他指出，“党之用意，彼此助政治之发达，两党互相进”，并认为“两党在位、在野互相替代，国家之政治方能日有进步。”[④] 由于康、梁和孙中山在当时因其政治角色和作用而具有较强的政治影响力，他们在两党制问题上形成这样的共识，如此看来，两党制则预示着近代中国政党发展的一种趋势。同时，这也为宋教仁主张两党制提供了相应的社会认识基础。宋教仁作为实际主持者的国民党将两党制的认识内容写入其政党宣言中，则反映和证明了这一点。

---

① 行严：《毁党造党说》，《民主报》1911 年 7 月 29 日。另，行严，即章士钊。

② 行严：《毁党造党说》，《民主报》1911 年 7 月 29 日。另，行严，即章士钊。

③ 康有为：《中华救国论》，《不忍》第 1 册，1913 年 2 月 15 日。《不忍》为民初康有为创办，陈逊宜、麦华合编，月刊，1913 年 2—11 月共出八期。

④ 孙中山：《在东京留日三团体欢迎会的演说》，《孙中山全集》第三卷，中华书局 1984 年版，第 35 页。

## 第三节　两党制论的现实依据

民初政党格局，从地域分布上，据张玉法统计，北京，82个；上海，80个；广州，25个；南京，16个。它们主要集中于北京、上海等，其他城市均在10个以下。[①] 就主要政党组织而言，李剑农曾绘制有《民国初年政党变化示意图》,[②] 并长期以来被学界所普遍引用。这一示意图清晰地表明，民初政党的原初状态主要有四种：同盟会、预备立宪公会、宪友会和中华民国联合会等，它们在历史上经多次分化和再组合，至宋教仁被刺案发生后的1913年5月，则演化而为两大政党——国民党和进步党对峙的局面。在这个意义上说，对于民初政党组织形式的变迁，李氏《示意图》具有一定的解释和分析功能，但它却不能提供政党形成与变动的具体过程及阶段性发展状态。分析宋教仁的两党制论与政治现实的关系，这其中的政治现实主要存在于宋教仁被刺前。因此，以国民党的成立和宋教仁被刺案的发生为分界点，可以将民初近代政党的发展过程具体划分为两个阶段，如若要考察每个阶段的政党的变化发展，则是要揭示国民党成立时和宋教仁被刺时政党的基本状态的。李氏《示意图》因显示不出政党在时间维度上的变动情况，是满足不了对宋教仁主张两党制的现实依据进行分析、考察的学术需要的。在此，以国民党的成立为界，分解宋教仁被刺前民初政党变化过程，如附录四：图4.1《民初政党组织演革示意图》。

从图4.1所示可以看出，1912年1—4月是民初政党的第一个创立期，5—8月则是其第一个化合期。在国民党成立时，基本上形成国民党、共

---

① 张玉法：《民初政党的调查与分析》，（中国台北）台湾“中研院”《近代史研究所集刊》第5期。

② 李剑农：《戊戌以后30年中国政治史》，第156页。

和党、民主党和统一党等四党并存的局面。这样一种政党格局似有形成多党制的可能性。但左右政党发展趋势的主要不是政党的数量，而是政党的组织构成及其政见、党纲等，它们是经常要起作用的，并成为政党发展的组织和政治基础。（详见附录四：表4.2《国民党构成情况一览表》，表4.3《共和党构成情况一览表》，表4.4《民主党构成情况一览表》）

## 一、政党的组织构成

从组织构成上讲，①组建国民党的各政党是以同盟会会员为主干，或是从同盟会衍生出来的政治力量所组织。例如，以“第三党相标榜的统一共和党由共和统一会、国民共进会和政治谈话会等合并而成，特其党人大半为同盟会会员。”[①] 故而共和党“久谋与之合并”，却数议不果。[②] ②共和党各组成部分尽管有同盟会成员参加，却是以立宪党人为主体的。③统一党中的中华民国联合会，虽以章太炎为会长，实有梁启超“门下之英材，以作党中之唇齿”；[③] 预备立宪公会是清末立宪派组织的代表性团体。在民国前成立、民初入共和党的宪友会，是“谘议局联合会之脱胎。会员大抵多各省谘议局议员”；辛亥俱乐部[④] 在其成立之初，资政院议员与非议员几乎对半，它们在其演进过程中，尽管吸收了一些革命党人，却没有改变其基本构成。④民主党也以立宪党人士为主，与共和党、统一党有着相近

① 宋教仁：《同盟会本部总务部通告海外书》，《宋教仁集》（上），第419页。

② 宋教仁：《同盟会本部总务部通告海外书》，《宋教仁集》（上），第419页。

③ 章炳麟：《致梁启超书》，汤志钧编：《章太炎政论选集》，中华书局1977年版，第598页。

④ 辛亥俱乐部成立于1911年6月，在资政院中介于宪友会和帝国宪政会之间。它主张阐扬立宪帝国之精神，提倡军国民教育，发展地方自治能力等。参见宗方小太郎著：《一九一二年中国之政党结社》，《近代稗海》第十二辑，第70—72页。

似的组织基础。

国民党、共和党、统一党和民主党作为政党，在其组织构成上，除基础构成外，还有一个重要层面即领导构成。“政党通常是由最有威信、最有影响、最有经验，被选出担任最重要职务而称为领袖的人们所组成的比较稳定的集团来主持的。”① 这虽然是列宁对无产阶级政党与领袖关系的论述，却是对政党发展历史经验和基本特征的一种认识和总结。近代中国政党虽不可能完全达到这种组织上的严密程度，其主要领导者却是在一定意义上影响着相应组织的发展及走向的重要因素。

一是，国民党，孙中山为理事长，黄兴、宋教仁等为理事，宋教仁为总务部主任干事并代理理事长，他们是同盟会的主要领导者。作为统一共和党总干事的蔡锷“与同盟会籍的革命党人多所联系”。同盟会的陈其美、王宠惠、于右任、胡瑛则是共和统一会的主要创办人。王宠惠不仅作为共和实进会的领袖，而且也是国民共进会的发起人，他成为相应政党联合的一个中介，而国民公党则是先与统一共和党相合并，而后一并与同盟会合组为国民党的。

二是，其一，共和党，黎元洪为理事长，张謇、章太炎、程德全等为理事；其二，统一党，1912 年 5 月 9 日并入共和党。1912 年 5 月 17 日章太炎宣布统一党独立，8 月间，他“厌政党生活，宣告脱党”，9 月 2 日，王赓、汤化龙、朱清华等主持党务；其三，民主党，由立宪派汤化龙、林长民组织，汤任干事长，林长民、李经羲、孙洪伊等为常务干事，后由梁启超任党魁。民主党与共和党，加之统一党，在政党领导人方面是有一定的交叉的，不同于以孙中山、黄兴、宋教仁为领导者的国民党。

三是，当时的主要政党代表人物中，确曾存在着跨党现象。据以党籍

① 《列宁选集》第 4 卷，第 197 页。

相统计，如伍廷芳，11 个；黎元洪、熊希龄，9 个；唐绍仪、张謇、陈其美，7 个；汤化龙、程德全，6 个；章太炎。5 个。① 但总体看来，他们在政党活动中则基本上是以某个主要政党作为实际组织依托的。在上述四个政党，他们更多的不是在国民党与共和党、民主党之间横跨，而是在共和党、统一党或民主党之间。宋教仁在国民党成立前，曾被统一党举为理事，他在 1912 年 3 月 8 日《致〈民立报〉电》中说："统一党举鄙人为理事，在北京时已发电辞职，希登报声明是幸。"② 这表明，他对政党组织的倾向和界限是明确的。

邵元冲曾在《政党泛论》中这样认为，"吾国自改共和政治以来，其所号称为政党者总总林林，相此而立；然考其党纲，询其实义率皆漠然未能明了。"③ 如果这一论述成立的话，姑且不论政党党纲，那么，民初政党借相应的组织、干部基础，在主要由政党代表人物推动的政党组织的化合活动中，国民党得以成立；共和党和统一党曾合并一时：民主党中的共和建设讨论会、国民协会在民主党成立前曾与共和党谋求合并，在陆征祥内阁问题上，共和建设讨论会、国民协会认为"本会对于共和党并非绝对主张不合。"④ 而共和党"甚欲拿共和建设讨论会加入，以增强党势。"⑤ 乃至"共和党之名可改，其它条件皆可商量。"⑥ 由此可以看出，宋教仁在《同盟会本部总务部通告海外书》中，在通告国民党成立的同时，认为"同盟会之反对党为共和党"，这是有政党组织演化的现实根据的。

在随后民初国会竞选中，也主要是在上述各政党之间进行的，但它们

---

① 刘景泉：《北京民国政府的议会政治》，天津古籍出版社 1996 年版，第 195 页。

② 宋教仁：《致〈民立报〉电》，《宋教仁集》（下），第 380 页。

③ 邵元冲：《政党泛论》，《国民月刊》1 卷 1 号，1913 年。

④ 丁文江、赵丰田：《梁启超年谱长编》，上海人民出版社 1985 年版，第 638 页。

⑤ 《共和建设讨论会改组政党志详》，《盛京时报》1912 年 8 月 20 日。

⑥ 丁文江、赵丰田：《梁启超年谱长编》，上海人民出版社 1985 年版，第 649 页。

的政治力量对比却是不平衡的。其中，国民党，在宋教仁看来，“民国政党，唯我独大”；孙中山也指出，“合五大政党为一国民党，势力甚为伟大，以之促进民国政治之进行，当有莫大之效果。”[①]关于共和党的态势，正如杨度所分析的，共和党“发生适在国民党蓬勃之时，其势至逆而境至艰，故只能作防卫的方略而不能有特著的建白。目前共和党固力与国民党争地位，然争得到来恐更枯窘”[②]。统一党则是从共和党中重新独立出来并发生了组织内部分裂。民主党在“成立稍后，在事实上不得不为第三党”[③]。四党之争，其实主要表现为国民党与共和党之争，附之以统一党和民主党，而统一党与民主党却又是将国民党视为竞争对手的。这样就呈现出国民党“独大”，其他三党相靠近的格局和发展趋势。杨度也由此指出，“共和党有与民主党合并之议，积两党健全之分子，而加以深密宏毅梁任公之党魁为之指挥训练，将来飞腾可为预卜。”[④]历史事实是，在宋教仁被刺后不久，共和党与统一党、民主党便合并成立了进步党，进而在国会中形成国民党与进步党两党对立的局面。

## 二、政党的政治倾向

不过，民初政党的分野不仅表现在组织构成，还反映在它们的党纲和

① 《总理演讲新编》《解决民生问题》，《孙中山全集》第二卷，中华书局1982年版，第410页。

② 杨度：《与吴仲遥谈政党问题》，刘晴波主编：《杨度集》，湖南人民出版社1986年版，第550页。

③ 《时报》1912年12月13日。《时报》，1904年6月12日创刊于上海，由日本人宗方小太郎出面担任名义上的发行人，实际负责者为狄楚青，担任主笔和编辑者有罗普、冯挺之、雷奋、包天笑等，梁启超为该刊作“发刊词”。

④ 杨度：《与吴仲遥谈政党问题》，刘晴波主编：《杨度集》，湖南人民出版社1986年版，第550页。

政治倾向上。从逻辑上讲，政党与袁世凯是属于不同范畴的，而在民初政治生活中，却表现为有着一定政治关系的两个政治活动的主体。在相互作用过程中，民初各政党发生分化和组合。在政治倾向上：（1）在宋教仁的主持下，国民党力主政党内阁制，而袁世凯则是不允许和反对的。（2）共和党的“最大宗旨在国家统一主义”①，它认为“如提倡社会主义，将使游手好闲之辈人人脑中存一均财思想，诚恐中国不亡于专制政治，而将亡于社会主义也。”② 实质上，这是与国民党相对立的。③ 在内阁问题上，唐绍仪内阁解散时，共和党曾通电表示，“倘有不以国家为重，坚持政党内阁之议，是直以扶植党利之私，吾党决不承认。”④ 在现实政治生活中，“共和、同盟二家，日以心斗”⑤。（3）统一党主张“完成责任内阁制度”，但具体做法则如章太炎所说，政党内阁，“在今日有百害而无一利”，“主张建无党总理”。⑥ 统一党与袁的关系，据王绍鏊回忆，“随章先生到北京，从各方面的接触中，了解到一些政治内幕，才知道我们所花的，可以说完全是袁世凯的钱。”（4）民主党虽宣称“民主党之地位，为第三党之地

① 《时报》1913 年 4 月 16 日。

② 《共和党成立大会记事》，《大公报》1912 年 6 月 3 日。

③ 1911 年 12 月 30 日，孙中山与社会党的江亢虎谈社会主义问题时说，“余实完全社会主义家也”。(《孙中山全集》第 2 卷，第 794—795 页)。据冯自由在《革命逸史》中记载，“三民主义之民生主义，旧译为 socialism，总理在乙巳（1905 年）民报出版以前，初亦常用之。其后总理以此名，未能包括已所发明之意义，乃别创‘民生主义’一名以代之。”(《革命逸史》（三），第 209 页）民生主义与社会主义在近代中国社会政治思想中有着一定的内容关联和历史联系。孙中山后来也常谈论二者的关系。故而共和党仍以所谓的“社会主义”指代民生主义等内容。

④ 《申报》1912 年 6 月 28 日。《申报》，为 1872 年 4 月 30 日由英商美查（Emest major）在上海创刊，1912 年转让于史量才。张謇、应德闳、赵凤昌均为股东，是新中国成立前中国历史最久的报纸。

⑤ 章炳麟：《致江西统一党支部函》，汤志钧编：《章太炎政论选集》（下册），中华书局 1977 年版，第 619 页。

⑥ 章炳麟：《内阁进退论》，汤志钧编：《章太炎政论选集》（下册），第 608—609 页。

位”①。然而，共和统一会则谓民主党自俄蒙问题发生以来，“该党竟改变方针，隐图破坏，势非推翻现政府，分裂我民国不止。”② 它进而退出了民主党。这样，就政党内阁问题而言，形成以国民党为一方，而以接近袁政府的共和党、统一党和民主党为另一方的党争格局。

在民初，各主要政党在政党内阁问题上的政争，集中于国会选举。国民党致力于选举运动，“要在国会里头，获得过半数以上的议席”③。而从共和党独立出来后的统一党，以章太炎为代表，认为从国会选举总统计，“非统一党与共和党一致，则同盟会一致选孙，势遂无敌。”④ 面对国会选举形势，梁启超曾致信民主党的汤化龙和刘崇佑，指出“窃计中国存亡，决于今次选举，若激烈派竟占多数，则暴民政治之局遂定，国家决永沦九渊而不能自拔。今以吾党之力，势难独抗此逆潮。而与吾主义相近之共和党，其艰危之状又若彼，苟非有助之，恐其势遂一落千丈。”⑤ 因此，以共和党、统一党、民主党为主，在国会选举后合并成立进步党，不是偶然的，它是以一定的思想认识和政治主张为基础，并以国民党为政治对手，为满足政治斗争的实际需要而建立的。

民初政党的组织演化过程和基本走势，为宋教仁主张两党制提供了现实依据。在宋教仁被刺前，一党制没有现实政治基础，也与宋教仁关于建立“强大真正之政党”的认识内容不相一致；民初政党林立的现实状态，在政治变动中是有两党制的发展趋向的，但在当时的社会历史条件下，却仅表现为两党对峙的一种形式，而无相应制度之形成。国民党在政治斗争

---

① 《时报》1912 年 10 月 29 日。

② 《民立报》1912 年 12 月 9 日。

③ 宋教仁：《国民党鄂支部欢迎会演说辞》，《宋教仁集》（下），第 456 页。

④ 章炳麟：《致伯中书》，汤志钧编：《章太炎政论选集》（下册），第 650 页。

⑤ 《梁启超致汤化龙、刘崇佑函》，1912 年 10 月 15 日，《档案史料与研究》1991 年第 2 期。

中相对峙的，实质上主要不是其他政党，而是袁世凯及其政治力量，进步党依附于斯，政党则表现出比较低的自主性。因此，尽管存在着国民党与共和党、统一党、民主党乃至进步党相对峙的发展趋势，而宋教仁所主张的两党制却并没有在民初政治中得以具体实现。

# 第五章　宋教仁的政党内阁制思想

## 第一节　宋教仁对内阁制的认识

### 一、对晚清内阁制的认识

内阁，在中国始于明代，是废宰相制的产物。“明内阁主票拟，承旨撰敕，其在唐宋，特知制诰之职；以王命所出入，密勿献替，遂号为宰相。”① 有清一代，内阁作为一种制度范式而承传下来，并趋于完善。三殿三阁②，“掌天下之政，宣布丝纶，厘治宪典，总钧衡之任，以赞理庶务。凡大典礼，则率百僚以将事。”③“然其职权，仅票拟承旨，非如古所谓秉钧执政之宰相也。”④ 尤其是“议政王大臣会议”以及其后军机处的设置，内阁宰辅便仅有其名了。但这里所说的内阁，与近代意义上的责任内阁却是不同质的。

晚清“预备立宪”从官制入手。1911 年 5 月 8 日颁布《内阁官制》和《内

① 《清史稿》，卷 302。

② 保和殿、太华殿、武英殿，体仁阁、文渊阁、东阁。

③ 《光绪会典》，卷 2。

④ 蒋良骥：《东华录》，卷 92。

阁办事暂行章程》，裁撤旧设之内阁、军机处、会议政务处，进而组成以奕劻为首的“皇族内阁”①。晚清责任内阁之议寓于预备立宪之中，主要取自“五大臣”②1905年出洋和1907年宪政大臣三人③对日、英、德等国的考察。因此，内阁之名虽早存于中国，而晚清责任内阁之设，却并非由此演变而来。而且，晚清仿行日本，却有诸多保留，其责任内阁徒具近代内阁制之形式。

宋教仁关注晚清政局。具体到内阁问题上，他发表了《论近日政府之倒行逆施》④，认为，“国势之盛衰强弱，全视其运用国家权力之机关组织为准，而内阁则尤众机关之总汇，行政之首脑也。”而清行政组织“卤莽灭裂”，“吾人观于政府之内阁官制，则不能不令人绝望于立宪政治之前途。其全文大抵皆抄译日本之内阁官制，已不成体制，而稍有增减者，则无不成为笑柄。”如在内阁构成上，清设内阁，并不是如日本内阁只设总理一人，而是在总理大臣之外，又设两个协理大臣。宋教仁就此指出，“协理大臣无有专司之政务，不能独立自裁以定国家”，无国务大臣之实质，因此，“吾意所谓内阁者，将永蹈前此军机处之覆辙，为彼满人盘踞政权倒行逆施之伏魔殿，委弃国是而不顾，昧于政策而不知，非苟且敷衍以卸责咎，即滥作威福以擅权势，其结果必至国事益坏，民心益失，危亡之祸益不可救药而后止。”宋教仁从清之内阁官制中看到的不是中国立宪

① 《授奕劻为内阁总理大臣那桐徐世昌为协理大臣谕》，中国第一历史档案馆编：《清末筹备立宪档案史料》，第566页。

② 即载泽、戴鸿慈、徐世昌、端方以及绍英。其中载泽、徐世昌、绍英赴日、英、法、比，端方、戴鸿慈赴美、俄、意、奥。见《大清德宗景皇帝实录》卷546。又，《中国记事》，《东方杂志》第二年，第十期。

③ 据《大清德宗景皇帝实录》卷577载，1907年9月9日，清廷下谕：“命外务部右侍郎汪大燮，充出使英国考察宪政大臣，学部右侍郎达寿，充出使日本国考察宪政大臣，邮传部右侍郎于式枚，充出使德国考察宪政大臣。”

④ 宋教仁：《论近日政府之倒行逆施》，《宋教仁集》（上），第216—228页。

政治的前途，而是“倒行逆施速国家之亡”。

法国哲人孟德斯鸠在评论中华帝国的古代典章制度的由来时曾说，“人们曾经想使法律和专制主义并行，但是任何东西和专制联系起来，便失掉了自己的力量。”①晚清官制的变动没有动摇君主专制政体，反而，“自政府宣言预备立宪以来，无日不以筹备宪政为藉口，而行其集权专制之策略，甚至假政策之名，济其私利，视国事若弁髦，往往不惜犯大不韪而为之。”②其内阁制本以近代意义的内阁制为蓝本，却无有其实，成了“非驴非马误国殃民之制”③。

宋教仁对清之内阁官制是根本否定的，但他并没有因此而弃内阁制，而是在对清之内阁官制的批判中，表现出对内阁制肯定性的认识。宋教仁认为，“合全国上下所延颈待命之内阁官制，而立宪政治所托命者”。正由于清之内阁官制“不合政理”，故“不能不令人绝望于立宪政治之前途”④。所谓内阁制的政理，就国务大臣来说，宋教仁指出，“夫国务大臣须以宪法规定之，方为合理.其负担责任，既为辅弼君主而设，不得解为对于所辅弼之君主负担，而须解为对于议会负担，此理论上所必有者，而立法机关之议会，亦非因宪法不得发生者也。”⑤再者，“总理大臣职在为国务大臣首班，定政治方针，保持行政之统一，则不容有二焉以分其权，实理所当然者。”内阁之设“所以使政权统一、责任分明者也”⑥。

内阁制应为立宪政治而设，而在宋教仁看来，清之“暂行内阁之组织，

---

① 孟德斯鸠：《论法的精神》（上），商务印书馆 1995 年版，第 129 页。
② 宋教仁：《论近日政府之倒行逆施》，《宋教仁集》（上），第 216 页。
③ 宋教仁：《论近日政府之倒行逆施》，《宋教仁集》（上），第 218 页。
④ 宋教仁：《论近日政府之倒行逆施》，《宋教仁集》（上），第 216 页。
⑤ 宋教仁：《论近日政府之倒行逆施》，《宋教仁集》（上），第 217 页。
⑥ 宋教仁：《论近日政府之倒行逆施》，《宋教仁集》（上），第 218 页。

其不合乎立宪之原则”。在《希望立宪者其失望矣》[①]中，他指出，“夫立宪之根本，孰有大于宪法者？立宪之精神，孰有大于立法机关之作用与责任政府之组织者？”“岂有立法机关之作用与政府之组织不合宪法政治之原则，而犹谓之立宪者乎？”这里，“责任政府之组织”，被宋教仁看作了体现立宪之精神的重要方面之一。也就是说，宋教仁主张“推覆清政府，建设民主的立宪政体”[②]，就相应地包含有“责任政府之组织”的思想内容。

## 二、对西方内阁制的认识

宋教仁否定清之内阁官制，并从其来源中认识到，清“朝廷编定宪法，皆模拟日本之钦定主义，以为日本皇族万世一家，天下最有利安全之宪法，莫日本若也”[③]。而且，他指出，“彼辈之宣言设立内阁，为日已久聚东西洋游学之政客，于宪政编查馆而搜讨之。”[④]这表明，一方面，宋教仁对日本宪法是有所认识的；另一方面，清廷对内阁制的介绍也是宋教仁认识他国内阁制的一个途径。对于日本，宋教仁并非因否定清之内阁官制而否定其内阁制，相反，是基于对日本内阁实际的分析的。在《日本内阁更迭感言》[⑤]中，他认为，“日本此次之内阁更迭，既非由于两党主义政见之反对，又非由前内阁之失败为议院所不信任，不过为官僚党之私相授受，实无何等之价值。”[⑥]由此，他进一步指出，“日本为半立宪国”，“日本政治为非立宪的”。宋教仁对日本内阁乃至其立宪的否定认识，也在一

① 宋教仁：《希望立宪者其失望矣》，《宋教仁集》（上），第 252—255 页。

② 宋教仁：《中国同盟会中部总会章程》，《宋教仁集》（上），第 277 页。

③ 宋教仁：《钦定宪法问题》，《宋教仁集》（上），第 153 页。

④ 宋教仁：《论近日政府之倒行逆施》，《宋教仁集》（上），第 219 页。

⑤ 宋教仁：《日本内阁更迭感言》，《宋教仁集》（上），第 305—307 页。

⑥ 宋教仁：《日本内阁更迭感言》，《宋教仁集》（上），第 307 页。

定意义上说明，他主要不是被动地接受清廷对包括日本在内的内阁制的介绍，而是主动去认识的，即使从清廷或立宪派那里获得关于内阁制一定的知识，与之在理解上也是有差异的。清政府因立宪可以“皇位永固”“外患较轻”“内乱可弭”等才“抄译东邻岛国已成之条文，复不伦不类改纂增附而为之”，致使“各国因专制而立宪，中国反因立宪而专制也”。[①] 立宪派则将内阁制置于君主立宪之下，正如宋教仁所认为的，“立宪党是保皇党的变象，他们是要君主的，我们不要君主的，如何能相容，要容这个文妖讲君主立宪，我们理想的‘中华民国’就永远不能实现了！”[②] 因此，宋教仁在中国无责任内阁制成功经验，而又缺乏与民主共和思想相应的内阁制理论的条件下，若主张实行责任内阁制，却是要进行这一方面的知识准备和认识探索的。与对日本内阁制否定性的认识相比较，宋教仁在同一时期对“英国之国会革命”则给予了肯定。宋教仁从历史上英国自由党与统一党两党相争的事实论述了英国的国会革命，强调了政党、国会与政党的内在政治关系。他明确指出，“英国国体号为君主制，而其实际则兼有民主的精神。”其中，“下院之多数党依例有组织内阁之习惯，虽皇帝不能违之，则政府与下院即谓为一体焉亦无不可。”他对此作了具体阐述，认为“夫英国宪法与各国异，原为不文宪法，不作为国家之根本法，得以国会左右之（与普通法律同），故谓英国国会为统治权总揽者，即以是理由故。若以下院而独操国会之权，且与政府合为一体，是总揽统治权者实际上即为下院，而皇帝之裁可任命诸权，皆为有名无实。”如此，“以民选议员组织之下院，而有如是之大权，则与民主国体尚有何差异之点乎？这就是英国——“君主立宪母国乃变为民主的实质”。[③] 他将“藉立宪之名，

① 吞胡：《满洲政府之取缔报馆》，《辛亥革命》（二），第 186—187 页。

② 梅景文：《罪案》，《辛亥革命》（二），第 255 页。

③ 宋教仁：《英国之国会革命》，《宋教仁集》（上），第 301—302 页。

行专制之实，以皇族之阶级握政府之实权”的清之预备立宪与英国国会革命相对照，认为“较英国乃相去不可以道理计者，其国民亦知有所感动否耶?”① 而要以其作为政治主张并付诸实践，则较为完整地体现在他的《代草国民党之大政见》② 中。宋教仁主张国务总理由众议院推出，认为具体方案可援引英国的做法，即是“其习惯则英王所任命之国务总理，例为下院多数党人之首领，不可移易”。因此，举责任内阁之实，“盖必使国会占多数之政党组织完全政党内阁”，“而完全政党内阁则非采用此法不能容易成立也”。③ 英国宪法为不成文法，是由具有宪法性质的各种历史文件如宪章（Harters)、含有宪法内容的议会制定法（Statuoes）和法院判例（Decissoas)、宪法惯例（Conrentious）构成。应该说，宋教仁对英国宪法及其责任内阁制的认识是基本确切的，这是形成他的政党内阁制思想及其政治主张的主要认识来源。而将这一思想认识优势转化为对政党内阁制的提倡，则是民初建立民主共和政治的现实需要和宋教仁的责任内阁制思想发展之间相互作用的产物。

## 第二节　宋教仁的政党内阁制思想的形成及其内涵

### 一、关于宋教仁主张责任内阁制问题的讨论

在民初，关于中华民国政权组织形式和临时政府构建的认识与实践探索中，从历史发展来看，政党内阁制起初是表现为责任内阁制的。而责任

① 宋教仁:《英国之国会革命》,《宋教仁集》(上)，第 302 页。
② 宋教仁:《代草国民党之大政见》,《宋教仁集》(下)，第 488—496 页。
③ 宋教仁:《代草国民党之大政见》,《宋教仁集》(下)，第 490 页。

内阁制从一种政治主张到在《中华民国临时约法》中确立其政治、法律地位，在中国同盟会内却经历了与总统制主张的论争。

关于建立什么样的政府问题，孙中山早在兴中会时代就已提出要“驱除鞑虏，恢复中国，创立合众政府”①。陈天华也认为，革“旧政府之命，而求乎最美最宜之政体，亦宜莫共和若”②。邹容在《革命军》中阐述“中华共和国”思想时说，“谨模拟美国独立主义”，“立宪法悉照美国宪法，参照中国性质立定”。③民主共和是他们所追求的政治革命目标。对于民主共和制度的设想，孙中山指出，“将取欧美之民主以为模范”，“中国革命之目的，系欲建立共和政府，效法美国”④；而且，“将来中华民国的宪法是要创一种新主义，叫做‘五权分立’。”⑤效仿美国，实际上就是要在中国建立民主共和，实行总统制。1903年12月3日，孙中山在檀香山梯厘街戏院演说时指出，“我们必须倾覆满洲政府，建设民国，革命成功之日，效法美国，选举总统，废除专制，实行共和。”⑥因此，孙中山是在中华民国创立前就主张总统制的。在关于中华民国临时政府问题上，他主张

---

① 孙中山：《檀香山兴中会盟书》，《孙中山全集》第一卷，中华书局1981年版，第52页。

② 陈天华：《论中国宜改创民主政体》，《陈天华集》，湖南人民出版社1958年版，第13页。

③ 《辛亥革命前十年间时论选集》第一卷，下册，第676页。

④ 孙中山：《在欧洲的演说》，《孙中山全集》第一卷，中华书局1982年版，第560页。

⑤ 孙中山：《在东京〈民报〉创刊周年庆祝大会的演说》(1906年12月2日)，《孙中山全集》第一卷，中华书局1981年版，第330页。孙中山所说的“五权分立”，除“行政权、立法权、裁判权”外，尚有两权，一是“考选权”，“将来中华民国宪法，必要设独立机关，专掌考选权”；二是“纠察权，专管监督弹劾的事”。(前引书，第330—331页)“立法、司法、行政三权，为世界国家所有；监察、考试两权，为中国历史所独有。”见《与刘成禺的谈话》，《孙中山全集》第1卷，第445页。

⑥ 《国父年谱》(上)，第154页，转引自张玉法《国民党与进步党的比较研究》，《中央研究院近代史研究所集刊》，第十期。

采取总统制，并在解释其原因时说："内阁制乃平时不使元首当政治之冲，故以总理对国会负责，断非此非常时代所宜，吾人不能对于惟置信推之人，而复设防制之法度，余亦不肯徇诸人之意见，自居于神圣赘疣，以误革命之大计。"[①] 与之相对应的，则是以宋教仁为主要代表，在关于南京临时政府问题上主张采取内阁制。1911 年 12 月 26 日，上海同盟会本部干部于哈同花园宴请孙中山先生，共商组织临时政府大事，"中山先生与胡汉民主张不设总理，先生内审国情，外察大势，鉴于责任内阁之适于民国也，起而力争"[②]。在 27 日的各省代表会议上，"宋教仁仍持己见，反对甚力，主内阁制"[③]。但是，当时内阁制不为多数代表所支持。宋教仁等提出的《临时政府组织大纲修正案》也未获通过。这样，中华民国南京临时政府最终实行的是总统制而不是内阁制。

史学界在关于宋教仁主张责任内阁制问题上是有争议的，这主要有如下三种基本观点：

"一般说"。此种观点，只是一般地认为，宋教仁是力主内阁制的。[④] 宋教仁的思想与政治主张是发展变化的；而且，他主张内阁制是与当时的总统制主张相比较而存在的。因此，"一般说"对于问题的论述是不彻底

---

① 胡汉民：《胡汉民自传》，《近代史资料》1981 年第 2 期，中国社会科学出版社 1981 年版。

② 邹鲁：《中国国民党史稿》，《民国丛刊》第一编（26），第四篇列传《宋教仁》，上海书店 1989 年影印版，第 1491 页。陆丹林在《革命史谭》的《关于邹鲁〈中国国民党史稿〉的几句话》中指出，对于中国国民党史料，首推邹鲁著《中国国民党史稿》，它初由上海民智书局出版，风行一时。后改由商务印书馆印行，分洋装、平装两种。邹鲁在《复〈中央周刊〉函》中说："鲁著党史稿虽出版，系初稿，系为征集材料之初稿。"见《近代稗海》第 1 辑，四川人民出版社 1985 年版，第 524—525 页。

③ 章天觉：《回忆辛亥》。

④ 参见陈旭麓《论宋教仁》，《思辨留踪》，华中师范大学出版社 1997 年版，第 280—301 页；吴相湘：《宋教仁：中国民主宪政的先驱》，第 108—112 页。

的。这主要表现在，一是不完整，关于宋教仁是否曾主张过总统制，没有予以明确回答。由于内阁制与总统制之争在中华民国建立前夕才尖锐地表现出来，这势必存在着一个关于在此之前，宋教仁对于内阁制与总统制的态度与立场的学术问题；二是缺乏对历史阶段的具体分析，宋教仁对责任内阁制的主张不表现为一个静态的历史截面，而是一个动态的历史过程，它产生和存在于一定的历史条件和历史阶段。但是，在这一观点中，宋教仁关于内阁制的思想在历史上的具体表现状态，以及作为一种政治主张在实际政治生活中的实现程度，则没有得到相应的反映。

史学界关于宋教仁的研究著述，一般局限于以孙中山与宋教仁间关于内阁制与总统制的争论为主线来讨论宋教仁的责任内阁制思想，较少涉及宋教仁关于总统制的认识，而正是在总统制问题上，下面两种观点互持异议。

"从来说"。此说认为"宋教仁从来就主张内阁制"。这一观点显然明确回答了宋教仁对总统制的基本态度，并指出宋教仁未曾主张过总统制，而且对于内阁制，"直到被刺身亡之前，宋教仁也未改初衷"。这是陶季邑在《宋教仁从来就主张内阁制》的短论中所持的基本观点。姑且不论这一观点正确与否，就其内容而言，应该指出的是作者在文中出现一误读之处。据原文载，"早在日本留学期间，宋教仁就潜心研究了西方资本主义政治制度，并将内阁制与总统制作了比较研究，从而指出：'内阁制之精神，实为共和国之良好制'。"有史为证，宋教仁确曾在日留学期间翻译和研究过西方一些国家的政治制度，但认为他对内阁制与总统制已作了比较研究，却是证据不足的。宋教仁在这一时期的日记和著述仅能表明他对内阁制与总统制有所接触和认识，具体到内阁制与总统制孰优孰劣，而且何者适于中国，宋教仁在当时尚未达到这一认识高度。事实上，宋教仁是在1911年8月的《英国之国会革命》中才表达了英国国会革命"可谓为民主政治将普及之征候”这一思想观点。而“内阁制之精神，实为共和国之良好制”的认识，在宋教仁的文献著述中，最早出现于1913年3月宋教仁在《国民党宁支部欢迎会演说辞》[①]中。当然，不能借此机械地认为这一思想就产生于1913年3月。但是，将这一文献资料前移至宋教仁日本留学期间，则是犯了一种逻辑上的错误，并有悖于事实。这也表明，姑且不论总统制，宋教仁的内阁制思想产生的上线到底应划在哪里？这仍是一个有待进一步探讨的问题。有学者指出，宋教仁在1911年4月赴香港参加广州起义的准备工作时，曾草拟了有关文告、约法和中央与地方设施，共有厚厚三大本。[②]这或许能在一定程度上回答我们所要探讨的问题，却由于佚失而无从查考。在资料上，能给予一定补救的是1911年10月至11月间的《中华民国鄂州约法及官制草案》，它能够说明宋教仁主张的是内阁制吗？再者，作者没有对“宋教仁从来就未主张过总统制”这一命题作出论证，从现有文献资料看，尚未发现宋教仁在民国前曾明确否定总统制的资料，反而有一则材料显示，在载有“美利坚合众之制度，当为吾国他日之模范”内容的《组织全国会议团通告书》上，宋教仁是署名者之一。这与宋教仁主张总统制或内阁制存在着什么关系呢？

“转向说”。此说认为宋教仁一开始是同意实行总统制的，但不久之后，他变成了一个责任内阁制的坚决主张者。这一观点的特殊之处在于，它指出了宋教仁曾主张过总统制，并且在其思想认识的演进中，有一个从主张总统制到内阁制的转变过程。朱玉婷在《宋教仁与共和政治》[③]中指出，“他不愿将中央政府拱手让与袁世凯独裁，为此甚至不惜改变最初向

① 宋教仁：《国民党宁支部欢迎会演说辞》，《宋教仁集》（下），第465—467页。

② 伍国庆：《宋教仁血案·前言》。又，陈旭麓、何泽福：《宋教仁》，《附录：宋教仁生平大事年表》，江苏古籍出版社1984年版，第107—108页。

③ 载于《山东师范大学学报（人文社会科学版）》1997年第4期。

往的美国式总统制而坚持法国式内阁制”①；张卓帆在《评民国初年宋教仁的政治活动》中也认为，“宋教仁原是主张实行美国总统制的，但看到袁世凯将任临时大总统，意识到若再实行总统制必将使袁世凯集大权于一身，而改行责任内阁制则可供革命党通过内阁来掌握实权。”② 二者在宋教仁由主张总统制到内阁制转变的动因问题上，都认为是为了限制袁世凯。对此，仍是需要讨论的。

按照上述朱文、张文的认识逻辑，宋教仁由主张总统制转而主张内阁制，应该发生在筹组南京临时政府及其后。据考证，时人及学者关于宋教仁之所以主张内阁制问题的论述与记载有如下几则：

其一，胡汉民在自传中这样认为：

> 国内同志以先生既归，乃共谋建立政府，举先生为总统。时章炳麟、宋教仁已先在沪。章尝倡言若举总统，以功则黄兴，以才则宋教仁，以德则汪精卫，同志多痛其妄……钝初居日本，颇习政党纵横之术，内挟克强为重，外亦与赵、张、汤化龙、熊希龄相结纳，立宪派人因乐之以进，宋之声誉骤起，故章炳麟才之。然终以党人故，克强不敢夺首领之地位，钝初始欲戴为总统，己为总理，至是亦不得不服从党议，然仍主张内阁制。③

这里所记述的是1912年12月25日孙中山归国至沪后，同盟会内关于筹组临时政府问题的权力斗争和政见分歧。胡汉民认为宋教仁主张内阁

① 载于《山东师范大学学报》1997年第4期。

② 载于《上海社会科学院学术季刊》1989年第2期。

③ 胡汉民：《胡汉民自传》，《近代史资料》1981年第2期，中国社会科学出版社1981年版，第54页。

制，是出于私心，谋“己为总理”。宋教仁对于与之相类似的舆论或报道曾进行过申辩和反驳。[①] 或是一种误解，抑或门户之见，在宋教仁看来，胡氏没有完全理解或表达出他何以要主张内阁之制。宋教仁在受到他人非议的情况下，仍然坚持己见。应该说，他主张内阁制是存有“己为总理”之外的原因的。

其二，如前所述，邹鲁在《中国国民党史稿》中指出：

> 1911 年“冬月初。孙中山先生回国。先生偕张继回沪。主张举中山先生为总统。初八日同盟会诸巨子于会中山先生行辕。议决举中山先生为总统。克强为内阁总理。克强不允。中山先生与胡汉民主张不设总理。先生内审国情。外察大势。鉴于责任内阁之适于民国也。起而力争。中山先生认可。派张继与先生磋商。以克强不允任总理。拟请先生代之。先生不允。邀居正、田桐、吕天民至克强处力劝。克强始允。于是中山先生为总统克强为总理之议始定。同赴南京预备组织政府。”[②]

这告诉我们，宋教仁认为内阁制是适用于民国的，故主张此制。这里的“国情”不应理解为单指“袁世凯将任临时大总统”。宋教仁主张内阁制，

---

① 宋教仁:《致北京各报书》,《宋教仁集》(下)，第 408 页。

② 邹鲁:《中国国民党史稿》,《民国丛刊》第一编 (26)，第四篇列传《宋教仁》，上海书店 1989 年影印版。第 1491 页。另可参见徐血儿等编《宋教仁血案》，岳麓书社 1986 年版，第 6 页。又，据（日本）北一辉在《支那革命外史》,（日文版，第 115 页）载，宋教仁曾对北一辉说，“孙先生担任大总统成为革命的中心人物，黎、黄二人分别在武昌和南京负责军事，我担任内务总长即国务卿掌握政治实权，集中力量促进全国统一”。此与邹鲁记载多有史实出入。同盟会在上海的议决未获在南京的各省都督府代表会议通过。邹鲁指出，“代表有不知在沪所决议者，起而反对，致未通过。”

是“以期造成议院政治者也”。就是说，在宋教仁的认识中，如果有从总统制到内阁制的转变，其根本原因则在于责任内阁制对于民国的适用性。

其三，又据胡汉民在自传中记载他与宋教仁关于中央与地方建制问题的争论时说，

> 余谓：“中国地大，而交通不便，满清末造，惟思以集权中央，挽其颓势，致当时有中央有权而无责，地方有责而无权之讥，而清亦暴亡，则内重外轻，非必皆得。且中国变君主为共和，不能以日本为比。美以十三州联邦，共和既定，即无反复。法为集权，而黠者乘之，再三篡夺，我宜何去何从。况中国革命之破坏，未及于首都，持权者脑中惟有千百年专制之历史，苟其野心无所防制，则共和立被推翻，何望富强？”宋谓：“君不过怀疑于袁氏耳。改总统制为内阁制，则总统政治上之权力至微，虽有野心者，亦不得不就范，无须以各省监制之。”①

这里反映的是南京临时政府时期宋教仁关于内阁制的一种认识。就胡汉民提出的以地方分权保障共和、反对专制问题，宋教仁主张中央集权，并认为内阁制是可以制约欲行专制者的。由此我们可以看出，宋教仁主要的不是因袁世凯问题而主张内阁制，而是从内阁制的一般意义出发，指出了内阁制所应能发挥的政治作用，并认为这对于解决袁世凯问题也是有效的。

上述三则史料表明，宋教仁主张内阁制，是有多方面的原因的。其

---

① 胡汉民：《胡汉民自传》，《近代史资料》1981年第2期，中国社会科学出版社1981年版，第61—63页。

中，他对内阁制度本身的认识是第一位的，他立足于民国政治制度的建设和政治理想的实现；而袁世凯问题的存在，在他看来，只是增强了推行内阁制的合理性。

不仅如此，关于宋教仁主张总统制问题，朱文和张文均没有提出历史事实依据。根据他们的观点，宋教仁主张总统制发生在前，继而主张内阁制。若责任内阁制不是作为一种思想认识，而是作为一种现实政治主张，据笔者考证，现有文献资料反映出的宋教仁主张内阁制的最早时间，是辛亥起义中南京光复前夕。徐血儿在《宋先生教仁传略》中记述，"先生至沪，与各省代表会于江苏教育会，决定中国采统一制，立责任内阁，设政府于武昌。"① 而在南京光复前，有可能作为证明宋教仁主张总统制的依据大致有二：《鄂州约法》和《组织全国会议团通告书》，② 这些也是我们在分析"宋教仁从来就主张内阁制"的观点中所应给予考察的。第一，《鄂州约法》。《鄂州约法》"由先生草定"，并"通电至各省，举代表赴鄂，组织临时政府与湖北"③。《鄂州约法》规定，"鄂州政府以都督及其任命之政务委员与议会法司构成之"；"都督总揽政务。"④ 由此可知，鄂州约法采三权分立制，都督具有相当于总统的权限。但我们也应该看到，政务委员会却有着内阁制的某些特征。《鄂州约法》也规定，相对于议会，"政务委员提出法律案于议会，并得出席发言"；"政务委员编制会计预算、募集公债及缔结与国

---

① 徐血儿等编：《宋教仁血案》，岳麓书社 1986 年版，第 6 页。

② 陈旭麓在编辑《宋教仁集》时，没有确定《组织全国会议团通告书》的具体时间，只是认为"约一九一一年十月"。根据《革命文献》第一辑所载，《通告书》的时间署"马"，系辛亥年九月二十一日，即公历 1911 年 10 月 11 日。

③ 徐血儿等编：《宋教仁血案》，岳麓书社 1986 年版，第 5 页。另，据杨玉如《辛亥革命先著记》载："首义同志，因相与集议，制定《鄂州约法》，为各省倡。推宋教仁起草，公同审订。"

④ 《中华民国鄂州约法及官制草案》，《民立报》1911 年 12 月 2—6 日。

库有负担之契约时，须提出议会，经其议定”等；相对于都督，“政务委员依都督之任命执行政务，发布命令，负其责任”；“政务委员于都督公布法律及其他有关政务之制令时，就于主管事务，须自署名”；“都督公布法律，但对于议会议决之法律，有不以为然时，得以政务委员全体之署名”；“都督于紧急必要时，得以政务委员全体之署名”等①。这里，《鄂州约法》既有总统制又有内阁制的内容与特征，杂糅二者于一身，由此是不能单一地引申出宋教仁主张总统制而排斥内阁制的，反之亦然。第二，《组织全国会议团通告书》②。一方面，《通告书》认为“美利坚合众之制度，当为吾国他日之模范”，但它对此没有作具体解释；另一方面，《通告书》认为美国建国“赖十三州会议总机关有统一进行、维持秩序之力”，对此，“急宜仿照第一次会议方法，于上海设立临时会议机关，磋商对内对外妥善之方法”，这指出了“组织全国会议团”的目的所在，表明发起人要学习和具体援引的是美国“十三州会议”；而且，《通告书》所列“会议之要件”——公认外交代表，——对于军事进行之联络方法，——对于清皇室之处置。在中国要否实行总统制，《通告书》未予确定，是可以理解的，因为这些事项本应是由全国会议团所要议决的；加之，《通告书》是集体之作，发起人中，除宋教仁外，还有时任浙江都督汤寿潜，江苏都督程德全，组织预备立宪公会的张謇，共和统一会的伍廷芳等，他们的政治态度和主张是有差别的，在共和与君主立宪问题上，张謇、程德全、汤寿潜起初是主张君主立宪的，只是在辛亥革命各省独立之后，才表示拥护共和的。因此，

---

① 《中华民国鄂州约法及官制草案》，《民立报》1911年12月2—6日；又，第二历史档案馆整编《中华民国史史料长编》（辛亥年，第一册），南京大学出版社1993年版，第508—511页。

② 宋教仁是作为湖南代表参与发起组织全国会议团的。全国会议团即是其后的各省都督府代表联合会，简称各省代表会。

不能说他们在《通告书》中就已达成实行总统制的共识。由此，也是不足以直接推导出宋教仁主张总统制的结论的。不过，由于美国实行的是联邦制及与之相应的总统制，我们从中可以看出，在宋教仁的认识中，对于总统制却不是一概排斥的。谷钟秀对《组织全国会议团通告书》的内容，曾在后来有过这样的诠释：

> 各省独立响应武昌，虽目的相同而省自为制，各不相属，颇类于美利坚建国时十三州之独立，及各省感联合之必要，各派代表大会于沪鄂，亦犹美利坚各州联合会会员费勒德尔费亚会议，且联邦之形势既成，一时人心皆欲因其自然之趋势以铸成一联邦共和国，故各省代表会在汉口宣布之临时政府组织大纲，模仿美利坚而采用总统制，南京临时政府即施行此总统制时代。暨参议院讨论临时约法时，总统制与内阁制争辩甚多，鄙人即主张总统制最力者，以为各省原有联邦之势，因仍其旧，始足以巩固共和，且感于北方未光复各省仍为前清顽恶官吏所把持，非成就联邦之势，不足以伸张民权，廓清污秽，故主张联邦制，亦因之主张总统制。①

宋教仁对于总统制的态度，在《组织全国会议团通告书》发布不久召开的各省代表会议期间所提出的《中华民国临时政府组织大纲》修正案中也得到一定反映。据刘星楠的《辛亥各省代表会议日志》记载，“滇湘鄂代表吕志伊、宋教仁、居正提出临时政府组织大纲修正案，经议决如左：原文第一章‘临时总统’下加‘临时副总统’五字；原文第一条修正为：临时大总统副总统，皆由各省代表选举之，代表投票权，每省以一票

① 谷钟秀：《论总统制》，《正谊》第1卷，第二号，1914年。

为限；原文第五条修正为：临时大总统制定官制官规并任免文武职员，但任命国务各员，须得参议院之同意。”① （详见表5.1《宋教仁等建议修正〈中华民国临时政府组织大纲〉条文一览表》）应该说，这一修正案是对原大纲草案中所规定的总统制在一定意义上的完善。《民立报》刊登《中华民国临时政府组织大纲草案》时，“请先生加按语”②。宋教仁在其按语中认为，“此草案不适合者颇多，如人民权利义务毫不规定，行政官厅之分部则反载入，以制限其随时伸缩之便利。又如法律之提案权不明，大总统对于部长以下文官吏之任免权不具，皆其失处也。”③ 这里，宋教仁是以总统制的基本规范来评论《草案》的，“力求其完备”，“不使贻笑大方也”④。但这是宋教仁在其内阁制主张未获接受的情况下所表现出的对于总统制的态度。

因此，基于上述分析，笔者认为，就宋教仁对于总统制或内阁制的问题，应从两个方面予以理解：①一种思想认识；②一种政治主张。前者是后者的认识基础，后者则是前者具体转化的结果。在思想层面，宋教仁主张共和立宪，认为“今后吾国政治要素，结局虽不可知，然君主专制政体，必不再许其存在，而趋于民权的立宪政体之途，则固事所必至者。”⑤ 总统制与内阁制作为两种基本政权组织形式，其实质都是统一于立宪政治的。因此，在宋教仁的认识中，总统制与内阁制却不是对立的。从政治主张的角度来说，总统制与内阁制不相兼容，宋教仁针对民国共和政治建

① 刘星楠：《辛亥各省代表会议日志》，《回忆辛亥革命》，文史资料出版社1981年版。

② 骚心（即于右任——作者注）：《不堪回首——宋先生遗事》载：“先生南下，重至社中，主张组织临时政府。时约法之稿已邮递到沪，记者读约法竟，私以中华民国第一次之政府出现世界，必力求其完备，而各省代表之在鄂议决者，多不满人意，遂于发刊之前，商之先生，又请先生加按语于下。”参见《宋教仁集》（上），第371页。

③ 宋教仁：《〈中华民国临时政府组织大纲草案〉按语》，《宋教仁集》（上），第371页。

④ 宋教仁：《〈中华民国临时政府组织大纲草案〉按语》，《宋教仁集》（上），第371页。

⑤ 宋教仁：《论都察院宜改为惩戒裁判所》，《宋教仁集》（上），第281页。

设，是要在总统制与内阁制间进行选择和取舍的。他取内阁制，并欲在民初实行，而南京临时政府实行的则是总统制，宋教仁本被提名为内务总长而未成，并不是他自动退出，而是未获通过，旋被孙中山任命为法制院院长的。这与其说是宋教仁妥协让步，不如说是他对南京临时政府总统制运作的一种参与。

宋教仁由政治主张责任内阁制转而在政治生活中具体参与总统制的实际运作，在其思想中不仅有共和政治的认识基础，而且存在着一定的认识根源。他曾指出，“虽中国政治习惯特异，设立国家机关，不必尽符各立宪国常制，然墨守古习，不知变通之道，以致违背立宪政治之原则，则万不可者也”①。这就是说，宋教仁认为，立宪政治是根本，在此前提下，对于其他问题则是可以变通的。至《中华民国临时约法》“改总统制为内阁制”，而这种变动主要是在临时参议院对《约法》的立法过程中实现的。宋教仁虽曾拟定过一个《中华民国临时政府组织法》，但这一草案不是《临时约法》的初版。临时参议院认为，“临时组织法应由本院编定”，决定“将原拟临时组织法案五十五条咨还”②，“主张自行起草”③。据1912年1月28日《申报》载：“中华民国临时约法草案由景跃月、马君武、王有兰、吕志伊、张一鄂五君起草。”起初，《临时约法》草案采用的仍是总统制，后在审议中改为责任内阁制，“议决增第五章，改称国务员为内阁④，甲，议决内阁总理，参议院推举三人，总统得于三人中委任之；乙，议决任命内阁国务员经得参议院之同意”⑤。因此，《临时约法》不是“由宋教仁主稿”，

① 宋教仁：《论都察院宜改为惩戒裁判所》，《宋教仁集》（上），第281页。

② 《参议院议决案汇编》，甲部1—2册。

③ 王世杰：《比较宪法》，订正再版，商务印书馆1929年版，第684页。

④ 此处原文如此。

⑤ 《参议院议事录》，1912年2月13日记录。

由总统制改为内阁制是临时参议院的一种选择，其内阁制与宋教仁主张内阁制在立法中没有内在联系，内阁制之所以能确立起政治、法律地位，则是由临时参议院促成的。这种由总统制到内阁制的变更，相对于宋教仁来说，内阁制作为一种政治主张和具体方案的现实选择，它的实现是需要一定的社会历史条件，包括文化心理等因素。然而，总统制到内阁制变更的容易程度则表明：(1) 因人设法，而宋教仁是较注重法理的。他认为，"不能因人的问题以法迁就之，亦不能因人的问题以法束缚之。"[①] 当然，内阁制的确立是与宋教仁的主张相一致，是宋教仁所希望的。(2) 在共和政治体系中，总统制与内阁制在本质上是具有一定的统一性的。《临时约法》采内阁制，是南京临时参议院在共和政治下因应现实政治要求而作出的。由总统制与内阁制的这种统一性，我们反过来理解民初总统制与内阁制之争，可以这样认为，它的产生与存在具有其一定的历史合理性。总统制与内阁制适于立宪政治，并分别存在于当时西方不同的共和制国家中；具体到中华民国的创立，为建设共和政治，在政权组织形式上，总统制与内阁制都是可资选择的，即使是在同一个政治组织内，由于人们在认识上的一定差异，存在主张总统制和主张内阁制这两种意见应是不可避免的。

概括说来，宋教仁在思想认识——政治主张——政治现实间对于总统制与内阁制的基本态度与主张，表现为如下几种情况：(1) 在认识上，对二者皆持肯定态度，并统一于其共和立宪政治思想中；(2) 具体到民初政治现实，原则上主张内阁制；(3) 在内阁制主张与政治现实发生矛盾时，是能够接受总统制并求其完善的；(4) 一旦内阁制主张有了实现的政治、法律基础，则极力推行之。上述情况的存在，一方面表明宋教仁政治思想的复杂性；另一方面在一定程度上反映出社会现实与人们思想认识的矛盾

① 宋教仁：《国民党交通部公宴会演说辞》，《宋教仁集》(下)，第487页。

性，人们的思想认识转化为物质力量，是需要一定的社会历史条件的，它可以作用于一定的社会现实，而社会现实却是不以人们的意志为转移的。

## 二、政党内阁主张的提出

### （一）时间考述

宋教仁何时提出政党内阁主张。据现存资料分析，记载最早的时间是1912年1月3日各省代表会议通过临时政府中央各部总长名单后不久。居正在《梅川日记》中说，宋教仁在孙中山提名他任内务总长未获各省代表会议通过，“同志有为宋抱不平者，找宋说话。宋曰：总长不总长，无关宏旨，我素主张内阁制，且主张政党内阁。”① 这里，居正是否真实地记录了宋教仁当时的思想实际，却需要进一步论证。

从当时宋教仁的思想状况和宋教仁与居正的交往来看，这一记载是有其一定根据的。

若从作为政治主张的责任内阁制提出于1911年12月2日南京光复前夕的江苏教育会上始，到1912年1月1日中华民国南京临时政府成立前的总统制与内阁制之争，在这一历史过程中，宋教仁是力主责任内阁制的。而且，在孙中山根据《临时政府组织大纲》组织中华民国第一届临时政府时，据居正记述，黄兴与孙中山商议指出，“以遯初主张初组政府，须全用革命党，不用旧官僚，理由甚充足。”② 尽管宋教仁认识中的“革命

① 居正：《梅川日记》，载罗福惠、萧怡编：《居正文集》（上），华中师范大学出版社1987年版，第84页。《梅川日记》是居正早年积存手稿，曾在1950年连载于香港《民主评论》。

② 居正：《辛亥札记》，载罗福惠、萧怡编：《居正文集》（上），华中师范大学出版社1987年版，第73页。《辛亥札记》为居正在辛亥（1911）年所作，1928年曾连载于《江南晚报》，1944年出版单行本。

党"不是其观念中的"政党"，但从这一材料中可以看出，宋教仁有要以"革命党"即同盟会控制政府的态度和政治倾向。

居正与宋教仁的交往应该说是比较密切的。1905年秋，居正经由田桐[①]、陈乾[②]二人介绍，是由宋教仁主盟加入同盟会的。[③]1910年，与宋教仁、谭人凤等筹设中部同盟会。据居正记载，"迄六月，赵伯先自新加坡来，会谭石屏、宋遯初、林时爽、张简亭诸兄，日商革命进行事宜。"[④]1911年10月，革命党人在武昌起义前拟定的临时政府组成人员名单中，将宋教仁与居正同列外交部，分别为正长和副长。[⑤]中华民国南京临时政府成立时，宋教仁因内务总长未获通过而由孙中山提议改任法制院院长，而根据"总长取名，次长取实"[⑥]和"次长必用同志，不必由总长推荐"[⑦]的原则与方法，居正得以任内务次长。据此推论，居正对宋教仁思想与活动的记述应具有一定的直接性。而且居正对宋教仁

① 田桐，1903年留学日本，1905年与宋教仁等创办《二十世纪之支那》，同盟会成立时，被推为评议员兼总理书记，不久，与高旭、柳亚子等创办《夏报》。1907年赴南洋，任新加坡《中兴日报》记者，武昌起义时，任战时总司令部秘书长，随黄兴督战。1912年1月在南京临时政府任临时参议员。宋教仁被刺后，主张武力讨袁。

② 陈乾，1905年同盟会成立于东京，东渡入盟，师从章太炎习国学。1911年10月武昌起义后，赴沪、宁组织淮泗讨虏军，出师北伐。南京临时政府成立，先后任山东民军统领、陆军第三十九混成旅少将旅长，驻徐州。临时政府北迁，自请解散所部，改任总统府将军，晋中将。

③ 罗福惠、萧怡编：《居正文集·前言》，华中师范大学出版社1989年版。

④ 居正：《辛亥札记》，载罗福惠、萧怡编：《居正文集》（上），华中师范大学出版社1989年版，第11页。

⑤ 《革命文献》第四辑，第26页。参见王俯民：《孙中山详传》（上），中国广播电视出版社1993年版，第558—559页。

⑥ 居正：《辛亥札记》，载罗福惠、萧怡编：《居正文集》（上），华中师范大学出版社1987年版，第73页。

⑦ 居正：《梅川日记》，载罗福惠、萧怡编：《居正文集》（上），华中师范大学出版社1987年版，第83页。

关于“总长”问题的谈话的记述，就其内容而言，也是比较完整的，既有“政党内阁”的主张，又有可以看作是对这一主张的原因的说明，即宋教仁认为，“如今七拼八凑，一个总长不做也罢。共和肇造，非我党负起责任，大刀阔斧，革故鼎新，不足以言政治。旧官僚模棱两可，畏首畏尾，那里可与言革命，讲共和？以涂附涂，未见其有济也。”[①]不过，对于宋教仁当时所谓的“政党内阁”的具体内涵，居正的记述中却是缺乏的。又，考察同一时期宋教仁的文献著述，或许因资料缺失，现存的资料也未能予以反映，在《宋教仁集》中，宋教仁最早谈到“政党内阁”的材料是1912年7月12日的《致北京各报书》。他在反驳谓其“自运动为总理”的言论时说，“即同盟会间有主张政党内阁者，又何尝即指鄙人为总理耶？”[②]根据宋教仁提供的线索，整理同盟会关于“政党内阁”的文献材料，1912年6月22日的《政府公报》发表《大总统与同盟会代表之谈话》载，6月20日，张耀曾[③]、李肇甫[④]、熊成章[⑤]、刘彦[⑥]

① 居正：《梅川日记》，载罗福惠、萧怡编：《居正文集》（上），华中师范大学出版社1987年版，第84页。

② 宋教仁：《致北京各报书》，《民立报》1912年7月12日，《宋教仁集》（下），第408页。

③ 张耀曾，云南大理人，早年赴日本留学，加入同盟会，辛亥革命时辍学归国。在1912年7月当选同盟会政事部主任。后曾任众议院议员、云南都督府参议、北京大学法科教授。

④ 李肇甫，四川巴县人，曾在留学日本东京弘文学院时加入同盟会，曾任本部执行部书记科主持人。辛亥前归国，寄居济南，参与山东独立活动。南京临时政府成立后，任参议院议员，附和袁世凯企图，主张迁都北京，遭孙中山、黄兴等申斥。后曾任四川省议会议长。

⑤ 熊成章，北京临时参议院时，与李肇甫同为四川籍参议员，1912年4月29日到院，1913年3月24日辞职。参见《中国年鉴》，商务印书馆1924年版，第156—159页；李学智：《北京临时参议院议员人数及变动情况考》。

⑥ 刘彦，字式南，湖南醴陵人。同盟会会员。1907年前后，参与吴玉章等发起的各省同盟会有关人员联席会议。辛亥革命后，曾任众议院议员。

等同盟会代表向袁世凯陈述同盟会意见，认为“此次唐内阁成立以来，一切政务不能着着进行，实因党派混杂，意见不一之故。盖非纯粹政党内阁，当然有此弊端”。同时，指出“此后欲图政治之进行，非采完全政党内阁不可”①。不仅如此，同盟会本部于1912年6月28日召开全体会议，宋教仁在会上说，“此次国务院改组，本人向主张纯粹政党内阁，至他党组织（内阁），本会各员退出，本人早已发表②，刻即他人不欲退出，本人一人亦决辞职，即本会同志必不赞成，则余即出党亦可，决不使自己主张之宗旨致相矛盾也。”③正是在这次会议上，同盟会正式议决“绝对主张政党内阁”，并发表《同盟会之宣言》④。相比较而言，居正记述的只是一次非正式谈话，而且话题并不是围绕“政党内阁”展开的，而“政党内阁”在宋教仁那时的认识中尚处于萌芽状态，没有具体内容。此次同盟会本部会议上，宋教仁则阐述了对“政党内阁”的基本主张和原则立场，并进而上升为同盟会的政治意志及其决议，政党内阁的政治主张被正式提了出来。

（二）认识动因

宋教仁主张责任内阁制，但在南京临时政府时期并未得到实行。南北议和告成，北京临时政府唐绍仪内阁根据《中华民国临时约法》成立。内阁中，除唐绍仪外，蔡元培、王宠惠、宋教仁和陈其美为同盟会会员，其

---

① 《大总统与同盟会代表之谈话》，《政府公报》1912年6月20日。

② 参见宋教仁：《同盟会本部一九一二年夏季大会演说辞》，《宋教仁集》（下），第409—410页。

③ 《中央变局记》，《天铎报》1912年7月5日。《天铎报》，汤寿潜创办于1910年3月11日。日出两大张，发行达四千份。由于编辑人多为同盟会员或接近同盟会的进步知识分子，倾向于同盟会，成为辛亥革命时期上海地区仅次于《民立报》的重要舆论阵地。

④ 《同盟会之宣言》，原载于《正宗爱国报》1912年7月2日。

次是袁派人物赵秉钧、段祺瑞、刘冠雄，[①]熊希龄属共和党，陆征祥为无党人士。从形式上看，唐内阁表现为混合内阁。宋教仁“忝任国务，分治农事。”[②]国务院“每有要议，必就商于蔡、宋二君”[③]。而“袁世凯以每有设施，辄为国务总理依据约法拒绝副署，致不能为所欲为，深滋不悦”[④]。在这种情况下，唐内阁步履维艰，终无力负担起责任内阁之责而解散。

对于唐内阁的解散，同盟会将其归因于“党派混杂，意见不一”[⑤]。宋教仁也认为，“党见纷歧，心意各别，欲图和衷共济，更所难得”。具体到内阁本身，则是“国务院无全体一致，志同道合，实行大政方针之精神”；而且，“二人自为战，互相掣肘，不复成为有系统、有秩序之政见”[⑥]。唐内阁依内阁制而建，却难行责任内阁之实。在究其原因的同时，宋教仁提出要建立一个“集权政府”[⑦]。他认为，首先，“廿世纪之中国，非统一国家、集权政府不足以图存于世界”[⑧]；其次，中华民国，“外则列强未之承认，内则各省俨成封建，尤非速行军民分治，集中行政权力，整理军队，励行

---

① 参阅 Yuan set up a cabinet, in compliance with the constitution, but he insured his control over this body by appointing his old friend T'ang sthao-yi（q.V.）premier and naming tmsted subordinates to head the key ministries of war the navy, aJld the interior.SUNG CHIAO—ZEN Biographical Dictionary of Republican China（Ⅲ）, Columbia University, 1959。

② 宋教仁:《复孙武书》,《民立报》1912年7月4日,《宋教仁集》(下), 第405页。孙武, 1897年入湖北武备学堂, 毕业后任湖南新军教练官等。1900年参加唐才常自立军起义; 1904年入科学补习所, 后赴日本。1909年建立共进会。武昌起义时, 任湖北军政府军务部长。1912年1月组织民社。孙武曾致书宋教仁, 大意是劝勉宋教仁不宜遽萌退志, 并以不可负气灰心相戒。

③ 黄远庸:《远生遗著》卷2, 第9页。

④ 冯自由:《唐少川之生平》,《革命逸史》第2集, 第302页。

⑤ 《大总统与同盟会代表之谈话》,《政府公报》1912年6月22日。

⑥ 宋教仁:《复孙武书》,《民立报》1912年7月4日,《宋教仁集》(下), 第405页。

⑦ 不含有专制之意, 主要是指集中行政权力。

⑧ 宋教仁:《复孙武书》,《民立报》1912年7月4日,《宋教仁集》(下), 第405页。

救急财政计划，不足以治目前之危亡”[①]；最后，更进一步，“而欲行此种政策，更非国务员全体一致，志同道合，行大决心，施大毅力，负大责任，排大困难，坚忍以持之，忠诚以赴之，不足以见最后之功效。”[②]宋教仁主张在责任内阁制的基础之上，建立“集权政府”，实际上提出的是一个要建立什么样的内阁的问题。他认为，唐内阁之“混合内阁”“不足有为”[③]，并指出，“如是而求其成立集权政府，建设统一国家，岂非缘木求鱼之类乎？”[④]对于当时以政党相依托进行政治活动的宋教仁来说，“超然内阁”是不现实的，这样，“政党内阁”便成为他可以选择的一种内阁形式。在这一方面，除其责任内阁制的主张之外，则是由他相应的政党观所决定的。宋教仁曾就政党的普遍原则指出，“既欲实行己党之政见，则己党以外之人所组织之内阁，无论为联责与否，其政见苟与己党异者，皆不可赞成之。”[⑤]这就是说，“政党内阁”不仅可以解决唐内阁中存在的“党见纷歧”问题，而且从根本上则能够推行政党的主张，而这也是“超然内阁”难以做到的。应指出的是，宋教仁对于政党内阁主张的提出，不是因唐内阁的解散而突发，而是有其一定的认识过程的，而且，它也有其一定的社会认识基础。可以说，是唐内阁的运转情况及其解散，集中和具体反映出了责任内阁制实施中的一些实际问题，促使人们在已有认识基础之上分析这些问题，进而在试图解决这些问题的过程中，对于责任内阁制有了更进一步的认识。宋教仁从主张责任内阁制到提出政党内阁的具体主张，不仅具有这一认识运动的普遍性，而且表现出一定的个性特征。他所谓的“集权政

① 宋教仁：《复孙武书》，《民立报》1912年7月4日，《宋教仁集》（下），第405页。
② 宋教仁：《复孙武书》，《民立报》1912年7月4日，《宋教仁集》（下），第405页。
③ 宋教仁：《复孙武书》，《民立报》1912年7月4日，《宋教仁集》（下），第406页。
④ 宋教仁：《复孙武书》，《民立报》1912年7月4日，《宋教仁集》（下），第405页。
⑤ 宋教仁：《近日各政党之政纲评》，《民立报》1911年6月23日—7月15日，《宋教仁集》（上），第232—233页。

府”不是专制的，而是集中统一的、负责任和具有责任能力的。从具体组织形式上，则表现为政党内阁乃至纯粹或完全的政党内阁。

## 三、政党内阁制的类型辨析——关于法国式抑或英国式问题的讨论

在近代中国，本无政党内阁，而它作为一种观念，则是近代中国人从对近代西方政治制度的认识中所习得。在宋教仁由主张责任内阁制发展到政党内阁制的过程中，存在着一个要在中国实行何种类型的政党内阁制的认识问题。在史学界，普遍认为宋教仁所主张和推行的政党内阁制是法国式的。对于这一观点的基本内容，宋教仁曾作过回答。当时，有报载他“在南京时，截留湘款六万，运动总理，并主张采用法国制，大宴参议员，亲往鄂运动黎副总统”。[①] 对此，他在 1912 年 7 月 12 日的《致北京各报书》中明确指出，“至主张采用法国制，虽确有之，然中国究竟应置总理与否，识者皆知之。”[②] 同时，他进一步指出，“弟之主张，岂即自为谋耶？且当日在南京所拟之总理，实为黄克强君，岂尚不可以证明耶？”[③] 从中，我们可以得出这样的结论：(1) 宋教仁认为内阁制是适合于中华民国的。(2) 宋教仁主张法国制，是“在南京时”，即中华民国南京临时政府成立时。(3) 此时，宋教仁对于法国式的内阁制，没有指出其具体内涵，对“应置总理”和何为总理的回答，也没有涉及政党在其中的作用。那么，在时间上，主张法国制在此后宋教仁的认识中是否始终如一；在内容上，

---

① 宋教仁：《致北京各报书》，《民立报》1912 年 7 月 12 日，《宋教仁集》（下），第 408 页。

② 宋教仁：《致北京各报书》，《民立报》1912 年 7 月 12 日，《宋教仁集》（下），第 408 页。

③ 宋教仁：《致北京各报书》，《民立报》1912 年 7 月 12 日，《宋教仁集》（下），第 408 页。

从主张内阁制到主张政党内阁制的认识发展中，内阁制是法国式，政党内阁制是否仍为法国式？上述观点则对此没有作进一步分析。

迟云飞在《宋教仁与中国民主宪政》中提出了与之相反的观点，即他认为，“宋教仁主张的不是法国式的内阁制，而是英国式的内阁制，即与两党制相应的内阁制。”[①] 其理由是：①法国是多党制。迟氏认为，“作为内阁制共和国样板的法兰西第三共和国，自然形成的是多个党派，议会内政党林立，很难形成与内阁保持一致的绝对多数。因为内阁系两个或多个政党组成，只要议会内政党重新组合，便会导致内阁危机，使内阁更迭频繁，政局动荡”[②]。他还指出，“这种情况，宋教仁应该清楚。”[③] 迟氏所坚持的这一理由较多地表现为一种逻辑推理，如若成立，那么，宋教仁对法国多党制及其弊端的认识，应该是他不主张法国式内阁制的主要原因，但是，迟氏在文中未能就此作具体阐述。②文献依据，即宋教仁在遇刺前几天起草的《代草国民党之大政见》[④]。迟氏并加注旁证，指出“宋教仁漳江书院同学、宋教仁任农林部长时曾在农林部任职的罗蕺亦有回忆：‘钝初厘定政纲，宣布采用英国内阁制’。”[⑤] 但是，《代草国民党之大政见》诞生于 1913 年 3 月，虽可以看作是宋教仁对其思想的一个总结和集成，却是其思想认识发展到一定历史阶段的产物，是不能直接表达出宋教仁主张内阁制的具体实际的，如他在某一时期的内阁制主张的具体内涵，以及内阁制主张的变化发展等。事实上，宋教仁在南京

① 迟云飞：《宋教仁与中国民主宪政》，湖南师范大学出版社 1997 年版，第 86 页。

② 迟云飞：《宋教仁与中国民主宪政》，湖南师范大学出版社 1997 年版，第 85 页。

③ 迟云飞：《宋教仁与中国民主宪政》，湖南师范大学出版社 1997 年版，第 86 页。

④ 宋教仁：《代草国民党之大政见》，《民立报》1913 年 4 月 2—7 日；《宋教仁集》(下)，第 488—496 页。

⑤ 迟云飞：《宋教仁与中国民主宪政》，湖南师范大学出版社 1997 年版，第 86 页。罗蕺的回忆原载于《宋教仁纪念专辑》，第 39 页。

临时政府成立时确曾主张法国式内阁制，这是第一种观点的合理成分，是不可以抹掉的。

迟氏在回答宋教仁所主张的政党内阁制类型问题时，强调了内阁制与两党制的关系，这正是其学术价值之所在。但是，在宋教仁的思想发展史上，他的内阁制与两党制思想的产生与形成并不是同步的。如前所述，内阁制思想应早于两党制：即使是在同一时期，二者的发育和成熟程度也是有一定差别的。这表明，在宋教仁的思想中，如果有内阁制与两党制相适应问题存在的话，从时序上，应该是两党制适应内阁制，而不是如迟氏所认为的，即内阁制适应两党制。

因此，上述两种观点相对于各自所论述的历史阶段来说，是基本成立的。这也就是说，宋教仁在关于责任内阁制的认识过程中，有一个从法国式到英国式的转变过程。但这种转变并不是截然的，在宋教仁主张以英国政党内阁制为仿效对象的情况下，作为一种政治主张，虽不再提倡法国式内阁制，但作为一种思想认识，我们并没有发现他明确否定法国式内阁制的文献材料。

至于这一转变发生于何时，从现有资料中查寻不到具体的时间。不过，根据相关史实和宋教仁政党内阁制思想的发展脉络，我们可以作如下基本判断：

一是，唐绍仪内阁的解散及宋教仁政党内阁主张的正式提出。唐绍仪内阁是根据在南京临时政府时期的《中华民国临时约法》而成立的北京临时政府第一届内阁。宋教仁“承乏期间，以图展布有日”①，而内阁的运转情况却使宋教仁“辞职之心不可遏”②。他说，“自入国务院以来，迄今

① 宋教仁：《复孙武书》，《民立报》1912 年 7 月 4 日，《宋教仁集》（下），第 405 页。

② 宋教仁：《复孙武书》，《民立报》1912 年 7 月 4 日，《宋教仁集》（下），第 406 页。

已将三阅月，大政方针，茫然未见，日开会议，惟问例事，军民分治之方法如何？未尝研究；集中行政权力之手段如何？未尝提议；言裁兵，而各省兵权无收回之策；言理财，而六国银行团垫款用尽后之财政，无善后之方，因循苟且，以延时日。”① 这样的内阁在现实生活中难行责任内阁之实，而它的解散给予了宋教仁等再造内阁的机会，政党内阁主张的提出就是对此所作的回应。

二是，国民党的成立及宋教仁两党制思想的形成。国民党在成立时，就主张两党制，认为“一国政党之兴，只宜二大对峙，不宜小群分立。”② 同时，对于政党内阁，《国民党宣言》强调指出，政党是共和立宪国家的“政治之中心势力”，“运用其国之政治，而贯彻国利民福之薪向，进而组织政府，则成志同道合之政党内阁”③。实行政党内阁，意味着总统处于超然、不负实际责任的地位，政党不必争大总统，而只在组织内阁。④ 这种关于政党内阁一般意义上的认识所陈述的同样是西方国家业已存在的责任内阁制的具体实际。但是，英国是两党制，而法国则是多党的。“法兰西亦民主立宪之国家，其形式较英为文明，而小党分裂，政治萎败。”⑤ 在近代中国人对英、法政党制度具有这种认识的情况下，《国民党宣言》所主张的政党内阁更趋近于英国的政党内阁制。对此，就文献来说，宋教仁主要就内阁制的基本精神和原则，在《致北京各报馆书》和国会竞选中的《国民党沪交通部欢迎会演说辞》《国民党宁支部欢迎会演说辞》以及《代草

① 宋教仁：《复孙武书》，《民立报》1912 年 7 月 4 日，《宋教仁集》（下），第 405 页。

② 《国民党宣言》，《民立报》1912 年 8 月 18 日，《宋教仁集》（下），第 749 页。

③ 《国民党宣言》，《民立报》1912 年 8 月 18 日，《宋教仁集》（下），第 748 页。

④ 《国民党宣言》，《民立报》1912 年 8 月 18 日，《宋教仁集》（下），第 748 页。

⑤ 杨度：《金铁主义说》第七节“君主立宪”，《杨度集》，湖南人民出版社 1986 年版，第 386 页。

国民党之大政见》中作了相应的阐述。[①]

英国是君主立宪的，但这并没有成为宋教仁主张英国式政党内阁制的认识障碍。宋教仁主张英国制是有其一定的认识基础的。首先，他认为，“英国国体号为君主制，而其实际则兼有民主的精神”[②]，并指出，“君主立宪母国乃变为民主的实质，是亦不可以觇世界政治之趋向乎！”[③]英国君主立宪的民主实质决定了它不仅可以行内阁制，而且也赋予内阁制以民主政治的内容。其次，他指出责任内阁是“强固之政府”[④]。陆征祥辞去总理后，宋教仁曾被力劝担任总理，而他认为，“组织内阁必与各国务员负连带责任，若仅更换总理，不能与各国务员一致进行，必不能成一强固之政府”，故坚辞不允。[⑤]那么，何者能够满足他的这种要求呢？这一问题应是他在如何建立政党内阁问题上要加以考虑的。宋教仁在《代草国民党之大政见》中，从“责任内阁制之容易成立”的角度提出了英国制[⑥]。在这里，如前所述，虽然没有对英国制和法国制直接进行比较分析，但他对英国制有着较完整的理解和认识，并以英国内阁为范例，对“国务总理由众议院推出”给予了具体解释。因此，宋教仁由法国制转而主张英国式内阁制，不仅是由英国制的本质及特征所决定的，而且是宋教仁对英国政治制度及

---

① 参见《民立报》1912年7月12日，《民立报》1913年2月20—21日，《民立报》1913年3月11日和《民报》1913年4月2—7日。

② 宋教仁：《英国之国会革命》，《民立报》1911年8月30—31日，《宋教仁集》（下），第301页。

③ 宋教仁：《英国之国会革命》，《民立报》1911年8月30—31日，《宋教仁集》（下），第302页。

④ 宋教仁：《答〈民立报〉特派员问》，《民立报》1912年10月7日，《宋教仁集》（下），第422页。

⑤ 宋教仁：《答〈民立报〉特派员问》，《民立报》1912年10月7日，《宋教仁集》（下），第422页。

⑥ 宋教仁：《代草国民党之大政见》，《民立报》1913年4月2—7日。

其责任内阁制的认识合乎逻辑的发展。

## 四、政党内阁制的基本架构

一般而言，政党内阁是由政党组织的，对议会负责的，内阁总理是由议会批准、总统任命的。政党、内阁、议会和总统构成政党内阁制的基本要素。它们彼此间相互作用，围绕政党内阁，发生有如下主要矛盾关系：（1）政党与内阁；（2）政党内阁与议会；（3）政党内阁与总统等。对上述矛盾关系的规范化、制度化，便形成政党内阁制的基本内涵。宋教仁对于政党内阁制的认识与探索，受历史条件的限制，是不完备的。他所主张的政党内阁制的基本内涵主要表现为政党内阁制度的基本精神和一般原则。

### （一）政党与内阁

政党与内阁的关系是政党内阁制的核心内容。

1. 内阁由政党组织。宋教仁在《国民党宁支部欢迎会演说辞》中认为，“国务院宜以完全政党组织之，混合、超然诸内阁之弊，既已发露，毋庸赘述。”① 在这里，政党内阁与混合、超然内阁是不相容的，政党内阁之所以为政党内阁，在于它是由政党组织的，这是它的质的规定性，“完全政党”在宋教仁的认识中是政党内阁的质与量的统一；同时，在宋教仁看来，政党内阁是优越于混合、超然内阁的。因此，在《代草国民党之大政见》中，宋教仁强调指出，“吾党主张将来宪法上仍采用责任内阁制，并主张正式政府由政党组织内阁，实行担负责任。”② 所谓“正式政府”是相对于

① 宋教仁：《国民党宁支部欢迎会演说辞》，《民立报》1913 年 3 月 11 日，《宋教仁集》（下），第 467 页。

② 宋教仁：《代草国民党之大政见》，《民立报》1913 年 4 月 2—7 日，《宋教仁集》（下），第 489 页。

中华民国临时政府[①]而言的，因此，内阁由政党组织，不仅适用于“临时政府”，而且也适用于“正式政府”。宋教仁是将之作为一项基本政治主张而提出来的，而不是临时的或过渡性的。政党组织内阁，也不单是流于内阁形式，而是要担负责任的，这体现了责任内阁制的精神和实质。

2. 国民党政府，这是宋教仁主张政党内阁的一种现实要求。他说，“为今之计，须亟组织完善政府，欲政府完善，须有政党内阁。今国民党即处此地位，选举事若得势力，自然成一国民党政府。”[②]这里有两个含义：a. 相对于他党，国民党有能力组织内阁。他指出，“兄弟非小视他党，因恐他党不能胜任，故不得不责之国民党员。”[③]他在另外一个场合也表示，“若其他政党有建树之能力，则本党乐观成局，倘或放弃，则本党当尽力图维，此皆吾国民党员所应共负。”[④]因此，宋教仁主张由政党组织内阁，却不是希望由某个政党垄断组阁权，内阁是向一切政党开放的，只是各政党要藉其能力而为之。b. 国民党组织内阁，成立国民党政府，是要通过选举才可以达到的。宋教仁在这里只是提到了在国民党选举成功的情况下，对于内阁的一种现实选择。事实上，在宋教仁看来，还有另一种选择，即监督政府。他曾指出，国民党，“进而在朝，就可以组成一党的责任内阁；退而在野，也可以严密地监督政府”[⑤]。这样，宋教仁主张的政党内阁就有了两种基本形式：（1）国民党内阁；（2）国民党监督下的他党内阁。国民党对政府的监督作用表现在，“使它有所惮而不敢妄为，应该为

---

① 孙中山曾这样解释说：“临时政府，革命时代之政府也。”见《辛亥革命》第 8 册，第 16 页。

② 宋教仁：《国民党湘支部欢迎会演说辞》，《长沙日报》1913 年 1 月 9 日。

③ 宋教仁：《国民党湘支部欢迎会演说辞》，《长沙日报》1913 年 1 月 9 日。

④ 宋教仁：《国民党浙支部欢迎会演说辞》，《民立报》1913 年 2 月 25 日，《宋教仁集》（下），第 463 页。

⑤ 宋教仁：《国民党鄂支部欢迎会演说辞》，《宋教仁集》（下），第 456 页。

的，也使它有所惮而不敢不为”[①]。宋教仁认为这两种选择都能够实现国民党的主张，他接着说，“那么，我们的主义和政纲，就可以求其贯彻了”[②]。对于宋教仁的这一思想，可以这样理解，即国民党组阁与否，不是根本问题，最终的目的是为了贯彻国民党的政见。

（二）政党内阁与议会

在政党的作用下，政党内阁与议会的关系是政党内阁制的基本保障。议会是国家的立法机构。宋教仁重视议会，并对议会的地位与作用具有一定认识，他在分析政府的基本结构时指出：“夫政府分三部，司法可不必言，行政则为国务院及各省官厅，立法则为国会，而国会初开第一件事，则为宪法。”[③] 宪法是国家的根本大法。他就此认为，“世界上的民主国家，政治的权威是集中于国会的。”[④] 这对于政党来说，“在国会里头，占得大多数议席的党，才是有政治权威的党。”[⑤] 宋教仁主张的政党内阁就是由这样的政党所组织的。

1. 国务总理由众议院提出。内阁由总理和国务员组成。相对于议会，《中华民国临时约法》规定：“临时大总统任免国务员及外交大使、公使，须得参议院之同意。”[⑥] 对此，宋教仁指出，“国务员须得参议院同意，其事行之，多所窒碍，固亟宜修正者。”[⑦] 他认识到了原有法律规定对组织政党内阁的掣肘，进而明确主张，“莫若明定宪法，国务总理由众议院

① 宋教仁：《国民党鄂支部欢迎会演说辞》，《宋教仁集》（下），第456页。

② 宋教仁：《国民党鄂支部欢迎会演说辞》，《宋教仁集》（下），第456页。

③ 宋教仁：《国民党沪交通部欢迎会演说辞》，《民立报》1913年2月20—21日，《宋教仁集》（下），第459—460页。

④ 宋教仁：《国民党鄂支部欢迎会演说辞》，《宋教仁集》（下），第456页。

⑤ 宋教仁：《国民党鄂支部欢迎会演说辞》，《宋教仁集》（下），第456页。

⑥ 杨鸿年、欧阳鑫：《中国政制史》，安徽教育出版社1988年版，第408页。

⑦ 宋教仁：《代草国民党之大政见》，《民立报》1913年4月2—7日，《宋教仁集》（下），第490页。

推出”，[①] 也即是由“国会占多数之政党组织完全政党内阁”，其中国务总理如英国“例为下院多数党人之首领”；并且，他要求改变国务员任免须得参议院同意的做法，主张“其他国务员则由总理组织之，不须国会同意”[②]。这一主张可以看作是他对《中华民国临时约法》有关条文的修正，旨在“促责任内阁制之容易成立”，使内阁与议会能够保持一致，从而，“举责任内阁之实”[③]，保证责任内阁制的实现。

2. 内阁对议会负责。宋教仁将之概括为“责任内阁制之精义”。他指出，“责任内阁制之精义，世之阐明者已多，无俟殚述，盖总统不负责任，而内阁代总统对于议会负责任是也。”[④] 宋教仁之所以主张由政党组织内阁，即是以此为理论根据。但在议会问题上，他并不反对两院制，只是指出，“上院组织法颇待研究”[⑤]；“上院组织，颇为困难”[⑥]。因此，他认为“国会以一院制为合宜”，即只设众议院。内阁对议会负责，实质上也就是对众议院（下院）负责。这与“国务总理由众议院推出”[⑦] 的主张相对应，

---

① 宋教仁：《代草国民党之大政见》，《民立报》1913 年 4 月 2—7 日，《宋教仁集》(下)，第 490 页。

② 宋教仁：《代草国民党之大政见》，《民立报》1913 年 4 月 2—7 日，《宋教仁集》(下)，第 490 页。

③ 宋教仁：《代草国民党之大政见》，《民立报》1913 年 4 月 2—7 日，《宋教仁集》(下)，第 490 页。

④ 宋教仁：《代草国民党之大政见》，《民立报》1913 年 4 月 2—7 日，《宋教仁集》(下)，第 489 页。

⑤ 宋教仁针对上院由地方议会选举的主张，认为“此制取代表地方，乃联邦制度之遗义，我国不取联邦制，此法即不适用”。同时，他建议选举上院议员，“莫如由各种公法人选出”。见宋教仁《与〈亚细亚日报〉记者之谈话》，《亚细亚日报》1912 年 4 月 23 日，《宋教仁集》（下），第 390 页。又，在《致友人书》[《宋教仁集》（下），第 401 页] 中，宋教仁就相关问题表达了同样的认识与主张。

⑥ 宋教仁：《致友人书》，《宋教仁集》（下），第 401 页。

⑦ 宋教仁：《代草国民党之大政见》，《民立报》1913 年 4 月 2—7 日，《宋教仁集》(下)，第 490 页。

一并构成内阁与议会之间的相互关系的内涵。根据宋教仁的认识逻辑，在民初的国会选举中，国民党是要“在国会里头，获得过半数以上的议席”，要么组织国民党内阁；要么“监督政府”而在国会中成为反对党，这样，“其在议院有正当之主张，不事喧嚣，其对政府有适当之监督方法，以促成强固有政策负责任之内阁。”① 而不论是国民党内阁，还是国民党监督的他党内阁，它们都是向国会负责任的。

（三）政党内阁与总统

内阁制与总统制是立宪国家政权组织的两种基本形式。宋教仁在民初主张推行内阁制而不是总统制。因为，在他看来，“盖内阁不善而可以更迭之，总统不善则无术变易之，如必欲变易之，必致摇动国本。”② 即他认为，总统是国家稳定的基础。而内阁制既能保持国家的稳定，又可使内阁为“善”。他进而指出，“欲取内阁制，则舍建立政党内阁无他途，故吾人第一主张，即在内阁制也。”③ 政党内阁制是宋教仁内阁制主张的具体内涵。

在政党内阁制中，总统与总统制下的总统相比较，A. 总统当为不负责任。宋教仁认为，“总统当不负责任，由国务院负责，内阁制之精神，实为共和国之良好制也。”④ 这即是说，由内阁代总统向议会负责任，总统只是不负实际政治责任的国家元首，国家之统治权力的行使在于内阁国务员。当时，《中华民国临时约法》规定临时大总统的职权有：①公布法律

① 宋教仁：《致北京各报馆书》，《宋教仁集》（下），第 421 页。

② 宋教仁：《国民党沪交通部欢迎会演说辞》，《民立报》1913 年 2 月 20—21 日，《宋教仁集》（下），第 460 页。

③ 宋教仁：《国民党沪交通部欢迎会演说辞》，《民立报》1913 年 2 月 20—21 日，《宋教仁集》（下），第 460 页。

④ 宋教仁：《国民党宁支部欢迎会演说辞》，《民立报》1913 年 3 月 11 日，《宋教仁集》（下），第 467 页。

权；②发布命令权；③法律提案权与要求复议权；④制定官制官规权；⑤官吏任免权；⑥军事权；⑦外交权；⑧荣赏权；⑨赦免权等。[①] 那么，在总统不负责任、内阁负责任的情况下，总统的上述职权的行使势必要在一定的程序上予以规范和约束的，这就是内阁要拥有副署权。B. 内阁副署权。宋教仁认为，总统不负责任具体表现为，“凡总统命令，不特须阁员副署，并须由内阁起草，使总统处于无责任之地位，以保其安全焉。”[②] 这种法律程序的决定，相对于总统制，它实际上限制了总统对于其权力的行使，体现了责任内阁制的一般原则。

但是，总统相对于内阁的法律权力；关于总统与议会的关系，宋教仁基本上未作相应的阐述。由此，我们可以看出，宋教仁关于政党内阁制的基本架构是以政党内阁和议会为重心的，以至于在民初关于制定宪法和选举总统问题上，他明确主张“先定宪法，后举总统”[③]；而且指出，“宪法者，共和政体之保障也”[④]，“吾人只求制定真正的共和宪法，产出纯粹的政党内阁，此后政治进行，先问诸法，然后问诸人。”[⑤] 这样，宪法的权威在他的政党内阁制主张中得到确立。因此，他关于政党、政党内阁、议会和总统等政党内阁制基本要素及其相互关系的论述，主要是在宪法内容范围内的，并且集中于内阁、议会、总统等的宪法权力的基本原则与精神。而且，它以政治主张的形式表达出来，没有形成较完备的理论认识体系。

---

① 中国第二历史档案馆整编:《中华民国史史料长编》(民国元年，第二册)，南京大学出版社 1993 年版。

② 宋教仁:《代草国民党之大政见》,《民立报》1913 年 4 月 2—7 日,《宋教仁集》(下)，第 489 页。

③ 宋教仁:《国民党交通部公宴会演说辞》,《宋教仁集》(下)，第 487 页。

④ 宋教仁:《国民党沪交通部欢迎会演说辞》,《民立报》1913 年 2 月 20—21 日,《宋教仁集》(下)，第 460 页。

⑤ 宋教仁:《国民党交通部公宴会演说辞》,《宋教仁集》(下)，第 487 页。

## 第三节　宋教仁与杨度的政党内阁制思想比较

宋教仁与杨度，生活于19世纪末20世纪初的近代中国，同样受到近代湖湘文化[①]的浸淫，并在求学时代有着相类似的生活阅历。据宋教仁在其日记中记载，1904年12月6日[②]，在离沪赴日的船上，“晤得杨笃生[③]，杨晰子[④]，一即启华译书局之人，一则万福华案[⑤]被嫌疑，皆赴东者也”。在日期间，杨度参加留日学生会和湖南同乡会的活动，并创办《中国新报》，主张君主立宪，参与了与《民报》的论争，其思想发展的轨迹与宋教仁是迥乎不同的。在政党内阁问题上，据考证，是杨度在中国首倡“政党内阁制”[⑥]，但他在黄兴邀其加入国民党时，却表示“度不入党则已，入则必以总统与贵党切实提携自任，然非取消政党内阁，别

① 湖湘文化，即湖湘区域文化。它主要包括传统学风、地方人文风俗和社会思潮等。从宋代的湖湘学派、王船山学说到近代经世致用派、湘军、戊戌维新和辛亥革命思潮，以及五四新文化，它贡献于中国文化，并对其嬗变产生了一定的历史影响。近代湖湘文化与近代中国社会思潮尤为息息相关。在此背景下，政治、军事和文化思想界人才辈出，开风气之先，几多独领风骚之士，宋教仁在民初国会竞选演说中也曾强调，“湖南人作事勇往为各省冠。”[《宋教仁集》(下)，第445页] 这一社会历史文化现象颇具研究价值。

② 一说12月5日，参见彭国兴编《杨度生平年表》，《杨度集》，湖南人民出版社1986年版，第809页。

③ 即杨毓麟，曾于1902年留学日本，与黄兴等创办《湖南游学译编》，刊印《新湖南》，宣传反清思想，参与发起成立华兴会。策划长沙起义时，在上海主持启明译书局，联络党人。1911年黄花岗起义失败，在英国投海自杀。

④ 即杨度，曾于1902年赴日留学，与杨毓麟等创办《湖南游学译编》。后为清政府出洋考察宪政大臣起草报告，任宪政编查馆提调。1907年主编《中国新报》(月刊)，主张君主立宪、开国会等。

⑤ 1904年11月19日，华兴会的万福华枪击曾任清广西巡抚的王之春于上海四马路金谷香西菜馆，不中，万被捕入狱，判刑十五年，辛亥革命上海光复后被释出。

⑥ 参见沈其新:《杨度是“政党内阁制”的首倡者——兼论杨度的宪政思想》,《求索》1991年第5期。

无入手办法。”① 宋教仁则在民初力主政党内阁并推行之。故而，二者在近代中国政治实践中扮演了不同乃至在一定时期或条件下相对立的社会政治角色，并表现出相应的政治行为特征。

## 一、杨度政党内阁制思想的基本内涵及其与宋教仁的共同性

杨度于1907年著《金铁主义说》②，《中国新报》③ 予以连载。所谓“金铁主义”，是杨度对其“经济的军国主义的概括”，即“金者黄金，铁者黑铁；金者金钱，铁者铁炮；金者经济，铁者军事。欲以中国为金国，为铁国，变言之即为经济国、军事国，合为经济战争国。”④ 杨度以此作为“中国立国之道”，并指出，“苟不能为经济国，则必劣败于经济战争之中，而卒底于亡；苟不能为军事国，则亦必劣败于经济战争之中，而亦卒于亡。且必兼备二者而为经济战争国，苟不能为经济战争国，则所谓经济者为无气力之经济，不能为经济之战争，所谓军事者为无意识之军事，亦不能为经济之战争，仍将劣败于经济战争之中，卒底于亡。”⑤ 这表明，杨度的“金铁主义”是作为他的救国方案提出来的。他说，“吾要特通观内外，而始定吾之金铁主义。是此主义者，原所以在内而谋其自立，在外而谋其自存，通乎内外而言之者也。”⑥ 但是，清政府，“对于内而为偷钱之政府，

① 杨度：《致黄兴电》，《杨度集》，第553页。

② 见《中国新报》第1、2、3、4、5号，1907年1月20日—5月20日。

③ 《中国新报》，1907年1月20日在日本东京创刊，杨度任总编撰。

④ 杨度：《金铁主义说》第二节“予所持者世界的国家主义（经济的军国主义）”，《杨度集》，第225页。

⑤ 杨度：《金铁主义说》第二节“予所持者世界的国家主义（经济的军国主义）”，《杨度集》，第222—223页。

⑥ 杨度：《金铁主义说》第三节“世界的国家主义（经济的军国主义）之内容”，《杨度集》，第227页。

于外而为送礼之政府。"杨度称之为"不负责任之政府"①。对此，他主张"政治革命"，即"以责任之人民，改造责任之政府"，② 并以改造责任政府为政治革命唯一的目的，③ 为"中国今日救国之唯一方法"④。就改造责任政府的方法问题，杨度提出要建立"责任内阁"。具体而言，他以政党与内阁的关系相区别，将责任内阁分为"不党内阁""半党内阁"和"政党内阁"，它们与不同的社会历史条件相对应，也形成责任内阁建立的三个阶段。首先，在"立宪未久，政党未盛"之时，建立"不党内阁"。"不党内阁"是指"总理大臣及其所组织之各部大臣，皆为官吏而非政党中人"；"不党政府，固为幼稚立宪国之政府"。如若"国民程度稍高，政党稍盛，则此等内阁必不适于生存"，即过渡到"半党内阁"状态，这就是其第二个阶段。"半党内阁"由"政党与官僚杂组而成者"，是"政党势力欲盛未盛之结果"，呈现为"不党内阁既不生存，政党内阁尚未成立之过渡时代现象"。第三个阶段，也是责任内阁演进的最高阶段即"政党内阁"。在杨度看来，"政党内阁"，"乃政党势盛之国，非在议会制多数之党魁，则无组织内阁之资格，惟命党魁为总理大臣，而任其组织党员以为各部大臣，使内阁与议会联为一致"。⑤ 这里的"政党内阁"指一党内阁，而非政党联合内阁。杨度以英国为实例作进一步诠释，指出英国是世界上立宪最早的国家，"政党之势力极大，国中分自由、保守二党，在朝在野，迭为循环"。由于在自由、保守二党党魁之外，"无敢承命以立于议会之潮头者"，内阁皆为政

---

① 杨度：《〈中国新报〉叙》，《杨度集》，第 208 页。又，《金铁主义说》，《杨度集》，第 232、236、242 页。

② 杨度：《〈中国新报〉叙》，《杨度集》，第 212 页。

③ 杨度：《金铁主义说》第六节"政治革命"，《杨度集》，第 307 页。

④ 杨度：《金铁主义说》第六节"政治革命"，《杨度集》，第 308 页。

⑤ 杨度：《金铁主义说》第六节"政治革命"，《杨度集》，第 313—314 页。

党内阁，“此非英皇必欲命之”，“不得已而为此形式上之下命”①。也就是说，政党内阁成为政党发达国家中的一种必然政治现象。

从内容上讲，杨度与宋教仁的政党内阁制思想产生于近代中国社会政治思潮的变动过程之中，相应地，二者间存在着相同的基本内涵：(1) 政党内阁不仅是内阁的一种基本形式，而且是与完全责任内阁相对应的。杨度将政党内阁作为内阁的最高阶段，认为只有实现政党内阁，才能建立完全的责任内阁。他说，“英为世界立宪国之祖，其责任内阁之制以习惯而成，其确实而稳固，世界无可比者。”② 宋教仁更是明确指出，“欲取内阁制，则舍建立政党内阁无他途”，③ 而且，“欲建设良好政府，则舍政党内阁莫属。”④ 政党内阁被认知为完全责任内阁制的唯一形式。(2) 政党内阁与国会密不可分，前者是由后者所产生的。杨度认为，“非责任政府之能发生国会，实国会之能发生责任政府也”。他进一步强调，“使一国中而无国会之一机关，则无论以为何之方法，终不能使其政府为责任政府。”⑤ 这表明，在国会与责任政府的时序上，国会是先于责任政府的。宋教仁从政党内阁的具体产生办法认为，“盖必使国会占多数之政党组织完全政党内阁，方举责任内阁之实，而完全政党内阁则非采用此法不能容易成立也。”⑥ 否则，所谓责任内阁徒具其名，难负其责，政党内阁不仅难以组成，而且同样名不副实。因此，基于上述相应的思想认识，杨度主张，“吾中国今日欲取不负责任之政府改造之为一责任政府，其唯一之方法，

① 杨度：《金铁主义说》第六节“政治革命”，《杨度集》，第 312 页。
② 杨度：《金铁主义说》第六节“政治革命”，《杨度集》，第 309—310 页。
③ 宋教仁：《国民党沪交通部欢迎会演说辞》，《宋教仁集》（下），第 460 页。
④ 宋教仁：《国民党沪交通部欢迎会演说辞》，《宋教仁集》（下），第 463 页。
⑤ 杨度：《金铁主义说》第六节“政治革命”，《杨度集》，第 322 页。
⑥ 宋教仁：《代草国民党之大政见》，《宋教仁集》（下），第 490 页。

必在开设国会也。故一言以决之曰：国会者，改造政府之武器也。”[①] 而宋教仁则要求改组同盟会为议会政党，并主持成立国民党，号召国民党致力于民初国会的选举运动。

## 二、宋教仁与杨度的政党内阁制思想的差异性

尽管宋教仁与杨度的政党内阁制思想产生与形成融入于近代中国社会思潮的变动过程中，却是处于不同的历史发展阶段的，前者在民初，后者则早于前者，主要在晚清新政之际。就认识主体而言，他们依托相应的社会历史背景与条件，并发挥了各自认识的主观能动性，这在他们之间所形成的思想认识的差异性，并非仅仅是时间上的早或晚，而表现为根本意义上的不同，甚至是矛盾对立的。

### （一）立宪政治主张的不同，使得二者认识中的政党内阁有着民主共和制与君主立宪制的对立

在晚清政治变革的思想认识和政治主张中，不仅存在着封建专制与立宪政治的纷争，而且就主张立宪政治者一方，也分为君主立宪与民主共和两派。正如杨度所指出的，“然一言立宪，则有一问题发生，即立宪云者，君主立宪乎？民主立宪乎？”在这一问题上，杨度是主张在中国实行君主立宪制的。他说，“然则中国宜为君主立宪乎！抑宜为民主立宪乎？曰：是不当以理论决，而当以事实决，又不当以他日之事实决，而当以今日之事实决。若吾人之所主张者，则以为今日中国之事实，但能为君主立宪，而不能为民主立宪。”[②] 在与民主共和派的思想交锋和论战中，杨度提出

① 杨度：《金铁主义说》第六节“政治革命”，《杨度集》，第 322 页。

② 杨度：《〈中国新报〉叙》，《杨度集》，第 210 页。

中国行“民主立宪”有两大困难：“一曰满、蒙、回、藏人之文化，不能骤等于汉人；二曰汉人之兵力，不能骤及于蒙回藏人。”而实行君主立宪，则可以“汉满平等，蒙回同化，以实行国民统一之策。”[①] 因此，他认为立宪政治，“不在国体而在政体，不争乎主而争乎宪。”[②] 这就是要“变吾专制国家为立宪国家，变吾放任政府为责任政府”[③]。杨度所谓的“责任政府”相对于国民，具有两层含义：(1)“在形式上虽若政府为治者，而人民为被治者，然政府者人民之所立，法律者人民之所定，政府乃以此而治人民”；(2)“对于人民而负不得不治之责任，负不得不保护之责任。”[④] 由此，我们在这里应强调指出的是，杨度与康有为、梁启超，虽然都主张君主立宪，却是有根本区别的，其表现之一就是对国民的态度问题即国民观是不同的。梁启超认为在中国“君主则人民利益不能调和”，国民也不具备“可以为共和国民之资格”[⑤]。杨度则在辨析“人民程度说”时指出，开议会，“进行一步，即程度高一步，鼓其进行，即所以养其程度，若不进行，而待程度之足，虽再历万年，犹将不足也。”[⑥] 他主张“以责任之人民，改造责任之政府”[⑦]。对国民的态度不同，致使杨度与梁启超在君主立宪问题上有着不同的认识取向，杨度认为“有国会则国民之程度高，无国会则国民之程度低；论人民程度之足与不足，其惟一之标准在有国会无国会，谋人民程度之足，惟一之方法在开国会”[⑧]。他重立宪，主张开议会；梁启超却主

---

① 杨度：《〈中国新报〉叙》，《杨度集》，第 211 页。

② 杨度：《〈中国新报〉叙》，《杨度集》，第 211 页。

③ 杨度：《〈中国新报〉叙》，《杨度集》，第 210 页。

④ 杨度：《金铁主义说》第三节“世界的国家主义（经济的军国主义）之内容”，《杨度集》，第 234—235 页。

⑤ 饮冰：《开明专制论》，《新民丛报》第 79 号。

⑥ 宋教仁：《〈中国新报〉叙》，《杨度集》，第 212 页。

⑦ 宋教仁：《〈中国新报〉叙》，《杨度集》，第 212 页。

⑧ 杨度：《金铁主义说》第六节“政治革命”，《杨度集》，第 336 页。

张中国“与其共和，不如君主立宪，与其君主立宪，又不如开明专制”。① 实际上，他所主张的君主立宪是要依靠君主而渐进立宪的。根据杨度的君主立宪思想的实质，我们接着讨论其所主张的责任政府的性质。他认为，改造责任政府，“欲使政府有责任，则必使君主无责任；若君主仍有责任，则政府终必不负责任矣。”② 君主有责任，不仅是实行责任内阁制所必然要求，而且在杨度看来，清政府为不负责政府，“其弊即由君主有责任而生者也”③。但他却不主张废除君主。就其认识原因而言，(1) 去内阁优于去君主。他比较革命与议会，认为，在立宪国的历史上，由于内阁不代君主负责任，而由议会弹劾，使内阁更迭，“此其法至巧而亦至稳，上可以保君主之尊荣，而不至以君主有过，惹起全国之危乱；下可以促人民之发达，而不至动辄激起革命，扰乱社会之秩序。补救专制政府之失，其法良意美，无过于此者。”④ 在专制国，因君主不负责任，以革命更易皇室，如中国，“革命屡起，皇室屡易，而目的仍不能达。”⑤ (2) 去内阁易于去君主。杨度指出，“专制国之易皇室”与“立宪国之易内阁”，前者是“以革命军为唯一之武器。推倒皇室而易置之”，后者是“以国会为唯一之武器，一纸弹劾之文而内阁立倒”。两相比较，“其难与易，又有若挟山超海与折枝之比”。⑥ 他认为中国自秦以来，“但知怒君主之不负责任而欲去之，而不知移君主之责任于政府，以改换君主者改换政府。”⑦ 事实上是，“以革命军改换君主，其事甚难，而所得又常不足以偿其所失。反之，而以国

① 饮冰：《开明专制论》，《新民丛报》第 75 号。
② 杨度：《金铁主义说》第六节“政治革命”，《杨度集》，第 308 页。
③ 杨度：《金铁主义说》第六节“政治革命”，《杨度集》，第 309 页。
④ 杨度：《金铁主义说》第六节“政治革命”，《杨度集》，第 309 页。
⑤ 杨度：《金铁主义说》第六节“政治革命”，《杨度集》，第 309 页。
⑥ 杨度：《金铁主义说》第六节“政治革命”，《杨度集》，第 308 页。
⑦ 杨度：《金铁主义说》第六节“政治革命”，《杨度集》，第 308 页。

会改换政府，其事甚易，而所改者必优于所去者。”[①] 因此，他主张君主立宪，“所欲革者在专制之政府而不在君主”，所主张的责任内阁是君主立宪制的。但是，杨度对上述思想的论述与宣传，又是在作为“君主立宪党”与“民主立宪党”的论战中进行的。当时，《金铁主义说》在《中国新报》上发表后，《民报》先后刊登了章太炎的《中华民国解》、汪东的《革命今势论》；田桐、柳亚子主编的《复报》发表了《评中国新报》和《主张政治革命之非》。[②] 宋教仁在民国前主张民主革命，推翻清朝的统治，取而代之以民主共和。在民初，他基于对“共和政体未尝真正建设”的实际的认识，将“建设共和政体”作为“推翻专制政体”后政治革命的目的，并寄希望于中华民国“正式政府”的成立。[③] 而他这时所主张的“完善政府”是政党内阁，或者进一步讲，就是国民党政府。[④] 可以说，宋教仁与杨度所主张的政党内阁是性质不同的，即他主张的政党内阁是民主共和制的。从认识来源上，一方面，由于宋教仁与杨度程度不同地以英国的内阁制为认识和参照对象，而英国是君主立宪的；另一方面，宋教仁认为英国虽为君主立宪，“实际则兼有民主的精神”[⑤]。由此，在一定意义上，我们认为，杨度所主张的政党内阁，较之宋教仁，有更多的移植性；而且，宋教仁在一定历史条件下就内阁制问题，由主张法国式到英国式的转变，在一定程度上表明，宋教仁提倡政党内阁制，较之杨度，比较多地注重取“责任内

---

① 杨度：《金铁主义说》第六节“政治革命”，《杨度集》，第 308 页。

② 参见《杨度集》，湖南人民出版社 1986 年版，第 213 页。

③ 宋教仁：《国民党沪交通部欢迎会演说辞》，《民立报》1913 年 2 月 20—21 日，《宋教仁集》（下），第 459 页。

④ 宋教仁：《国民党湘支部欢迎会演说辞》，《长沙日报》1913 年 1 月 9 日，《宋教仁集》（下），第 445 页。

⑤ 宋教仁：《英国国会之革命》，《民立报》1911 年 8 月 30—31 日，《宋教仁集》（上），第 301 页。

阁制之精义”,[1] 他主张以英国为模式，所强调的主要是英国政党内阁的组成方式。[2] 因此，从杨度到宋教仁，反映出近代中国人对于政党内阁的思想认识是逐步发展和深入的，他们以其认识的能动作用，影响了近代中国政党政治实践及其历史过程。

（二）在政党内阁的实现问题上，二者间存在着阶段性的差别

政党内阁由政党通过议会而组织，首先要有政党。杨度指出，“以东西各国之事考之，实非有国会而后有政党，乃有政党而后有国会矣。”[3] 那么，政党应成立于何时？他认为，“必在于国会问题已发现于社会之后”[4]。因此，他主张，“立政党以谋开国会”[5]。但是，政党内阁，并非有政党即可。在杨度看来，“政党内阁，以政党势力自然而成，非可以主张而得之者也”[6]，而且，政党内阁之所以巩固，“实由于政党之发达”[7]。他比较日本、普鲁士和英国等国的具体情况，指出，“日本以不党内阁为多，普鲁士以半党内阁为多，英吉利以政党内阁为多。”之所以如此，“政党发达与否判之”。[8] 这就是“政党未盛”，内阁多为不党内阁；“政党欲盛未盛”，内阁多为半党内阁；“政党势盛”，“非政党不能组织内阁，则政党内阁以成”。[9] 因此，不党内阁、半党内阁和政党内阁，在杨度的认识中，不但

---

① 宋教仁：《代草国民党之大政见》，《民立报》1913 年 4 月 2—7 日，《宋教仁集》，第 489 页。

② 宋教仁：《代草国民党之大政见》，《民立报》1913 年 4 月 2—7 日，《宋教仁集》，第 490 页。

③ 杨度：《金铁主义说》第六节“政治革命”，《杨度集》，第 347 页。

④ 杨度：《金铁主义说》第六节“政治革命”，《杨度集》，第 362 页。

⑤ 杨度：《金铁主义说》第六节“政治革命”，《杨度集》，第 362 页。

⑥ 杨度：《金铁主义说》第七节“君主立宪”，《杨度集》，第 386 页。

⑦ 杨度：《金铁主义说》第七节“君主立宪”，《杨度集》，第 385 页。

⑧ 杨度：《金铁主义说》第七节“君主立宪”，《杨度集》，第 386 页。

⑨ 杨度：《金铁主义说》第六节“政治革命”，《杨度集》，第 313—314 页；第七节“君主立宪”，《杨度集》，第 387 页。

作为内阁种类或形态，更是作为内阁从低到高的三个发展阶段而存在的。但是，杨度并没有具体阐述“政党势盛”的标准和程度，只是认为，“政党之所以发达，由于国民之发达”①。在民初国民党要求组织政党内阁的同时，杨度则指出，“以政党运用政治，为世界政治进化必臻之境，既有政党发生，自然可以到达。但中国今日各党尚在组织内部之时代，对于政府未致余力，故不能不稍稽时日。”② 至于要国民党“取消政党内阁之议”作为其入党的条件，却不是以近代中国政党未致“势盛”为理由，而是他认为，国民党“以前之经过及以后之行动，皆不免于困难者，实为‘政党内阁’四字所缚”③。其实质正如他的建议所表明的，“若能信袁，则莫如助袁，而取消政党内阁之议，宣布全国，以求实际沟通，度方有可效力之处。若仍相挟相持，互生疑虑，实于国家大计有损，非上策也。”④ 这说明，杨度对于其政党内阁制思想的贯彻是不彻底的，因其政治主张的变化，他并没有借倡导“政党内阁”早而成为民初政治生活中政党内阁制的积极推行者。

相反，宋教仁则在这一时期力主建立政党内阁。就政党来说，他认为，“非具有所谓强健而良善之条件者，不足以达其目的”。“强健而良善之条件”即“巩固庞大之结合力”和“有系统有条理真确不破之政见”。一个政党，如果具备这些条件，“进而组织政府，则成志同道合之政党内阁”，“退而在野，则使他党执政，而已处于监督之地”⑤。在这里，他从学理上强调了政党的条件与发展程度对于政党内阁实现的重要性。但在宋教

① 杨度：《金铁主义说》第七节“君主立宪”，《杨度集》，第 385 页。

② 杨度：《与吴仲遥谈政党问题》，《杨度集》，第 549 页。据《中国日报》1912 年 10 月 30 日载，“本报记者昨往访杨度君，适吉林都督府秘书吴君仲遥在座，得聆一与各党前途极有关系之问答。”

③ 杨度：《致黄兴电》，《杨度集》，第 551 页。

④ 杨度：《致黄兴电》，《杨度集》，第 551 页。

⑤ 《国民党宣言》，《宋教仁集》（下），第 748 页。

仁的政党内阁制思想认识中，却没有杨度的三个发展阶段，其所主张的政党内阁是纯粹的一党内阁，既不是超然内阁，也不是混合内阁，“国务院宜以完全政党组织之，混合、超然诸内阁之弊，既已发露，毋庸赘述”①。对于“不党内阁”“半党内阁”和“政党内阁”，杨度是将之纵向审视的，三者间存在着一种时间上的继起性，政党内阁高于不党、半党内阁。而宋教仁对于混合内阁、超然内阁和政党内阁，则是横向认识的，政党内阁是优于混合和超然内阁的。加之，思想产生的历史条件不同，杨度为开议会而鼓吹，认为议会“是乃吾民今日所最急者”；② 而宋教仁面对的是有法可依的国会，因此，他未能注重对民初政党实际发达程度的具体分析，而是认为“选举事若得势力，自然成一国民党政府”。③ 他因而主张国民党致力于国会选举。对于民初政治，政党内阁并非循杨度所主张的三个发展阶段才能建立起来，但他对政党发达程度的关注，却是有其思想价值的。宋教仁则在一定意义上忽视了对相应的政党实际条件的考察，较多地追求国会选举，这一认识缺陷在一定的社会历史条件的作用下，则表现出宋教仁主张建立政党内阁的理想成分。这也可以说是宋教仁的政党内阁制主张未能实现的一种认识根源。

---

① 宋教仁：《国民党宁支部欢迎会演说辞》，《宋教仁集》（下），第 467 页。

② 杨度：《〈中国新报〉叙》，载于《中国新报》第一年第一号，《杨度集》，湖南人民出版社 1986 年版，第 212 页。

③ 宋教仁：《国民党湘支部欢迎会演说辞》，《长沙日报》1913 年 1 月 9 日，《宋教仁集》（下），第 446 页。

# 第六章　宋教仁的政党的议会选举思想

## 第一节　"国民合成心力"说[①]

一国之下有其一定国民，国民作用于一国之政治。宋教仁认为，"今夫国家之所以成立，盖不外乎国民之合成心力；其统治国家之权力，与夫左右此统治权力之人，亦恒存乎国民合成心力之主宰而纲维之。"[②]这里，他提出了"国民合成心力"的概念，其含义可以理解为国民的共同意志。[③]"国民合成心力"在一定的国体、政体之下表现出相应的状态。它相对于君主专制与共和立宪而言，"其在君主专制国，国民合成心力趋重

① 据《宋教仁日记》载，宋教仁对于卢梭的思想有过一定的接触。其一，《译书汇编》是1900年底创刊于日本东京、留学界出版最早的月刊，它曾译载有卢梭的《民约论》，孟德斯鸠的《万法精理》和斯宾塞的《代议政治论》等。其二，1905年3月7日，罗子云曾就《译书汇编》改为《政法报》一事向宋教仁咨询，"问余可否！余姑应之"；1906年11月19日，宋教仁摘译《不可忘之女丈夫》，中有中川女史"二十二岁，读卢骚《民约论》，热血奋起，乃慨然出乡关，欲有所运动于政界"等语。

② 《国民党宣言》，《宋教仁集》（下），第747页。

③ 卢梭认为，"我们每个人都以其自身及其全部的力量共同置于公意的最高指导之下，并且我们在共同体中接纳每一个成员作为全体之不可分割的一部分。"在卢梭那里，共同意志，即公意，是与众意严格区分开的。其区别在于，公意只包括人们相同的意志，而众意则是人们相同的与不相同的意志的总和，可以说，公意是众意的最大公约数。（《社会契约论》，商务印书馆1980年修订版，第25、36页。）

于一阶级，一部分”；而“其在共和立宪国，国民合成心力普启蒙于全部”，进而影响国家的统治。前者导致“左右统治权力者，常为阀族，为官僚”；后者则是“左右统治权力者，常为多数之国民，诚以共和立宪国者，法律上国家之主权，在国民全体，事实上统治国家之机关，均由国民之意思构成之”①。宋教仁强调指出，“惟是国民合成心力之作用，非必能使国民人人皆直接发动之者。”② 因为国民个体之间是有差异性的。他根据国民的思想、知识和能力等，将国民分为“优秀特出者”和“寻常一般者”两种，“而优秀特出者，视寻常一般者恒为少数”。这样，一个普遍现象是，无论君主立宪国，“虽在共和立宪国，其直接发动其合成心力之作用而实际左右其统治权力者，亦恒在优秀特出之少数国民”③。“优秀特出之少数国民”，既寓于又超出于国民全体，它们之间究竟以什么样的方式相联系，回答这个问题，宋教仁指出，“在法律上，则由此少数优秀特出者组织为议会与政府，以代表全部之国民；在事实上，则由此少数优秀特出者集合为政党，以领导全部之国民”。④ 即是说，在法律和事实等不同认识层面，作为国家政权机构的议会、政府和作为政治组织的政党是统一于“优秀特出之少数国民”的，它们实际上拥有共同的社会政治基础。

但是，议会、政府和政党在政治过程中却表现出不同的政治行为特征。宋教仁指出，“法律上之议会与政府，又不过藉法律俾其意思与行为为正式有效之器械，其真能发纵指示，为代议机关或政府之脑海者，则仍为事实上之政党也。”⑤ 议会、政府和政党间的这种内在关系决定了政党的

---

① 《国民党宣言》，《宋教仁集》（下），第 747 页。
② 《国民党宣言》，《宋教仁集》（下），第 747 页。
③ 《国民党宣言》，《宋教仁集》（下），第 747 页。
④ 《国民党宣言》，《宋教仁集》（下），第 747 页。
⑤ 《国民党宣言》，《宋教仁集》（下），第 747—748 页。

政治地位，即“政党在共和立宪国实可谓为直接发动其合成心力作用之主体，亦可谓为实际左右其统治权力之机关。”① 因此，以“国民”一方为认识的逻辑起点，则国民组织议会与政府，而议会与政府是由政党来主持的。由于实际政治生活中一般存在着两个或多个政党，政党竞选议员，组织议会与政府，方可实际行使国家统治权力；再者，议员是由有资格参加投票的国民即选民选举产生的。因此，宋教仁指出，“国民为国家之主人翁，因不得不起而负此维持国家之责，间接以维持国民自身之安宁幸福也。”② 这在其思想认识的发展中，是与他对共和国民的理解所分不开的。

首先，宋教仁对“立宪国民”作了一定意义上的分析。他认为，行立宪政治，则“以代表国民公意为准则”③，国民成为“立宪国民”。(1)“立宪国民，其义务必平等，其最普通者，则纳国税是也”；(2)“立宪国民，其权利必平等，其最普通者，则人人有被选举之权利是也”；(3)“立宪国民，有监督财政之权。”④ 其次，他从共和思想的基本内容论证了共和国民的程度。针对共和国民“程度不及”的言论，他指出，“盖所谓共和国民之程度，因不必有一定之级数，而共和思想之要素，则不可以不具。”⑤ 这就是，“尚公德，尊人权，贵贱平等，而无所谓骄谄，意志自由，而无所谓微幸，不以法律所不及而自咨，不以势力所能达而妄行。”⑥ 共和国民的程度，以共和思想为不可或缺的基础。但是，近代中国受“数千年君权之影响，迄今未沫，其与共和思想抵触者颇多”。他进而提出，“以人道主义去君权之专制，以科学知识去神权之迷信”，“人人所当自勉”，发挥主观

① 《国民党宣言》，《宋教仁集》（下），第 748 页。

② 《国民党宣言》，《宋教仁集》（下），第 747 页。

③ 宋教仁：《日本内阁更迭感言》，《宋教仁集》（上），第 306 页。

④ 宋教仁：《清太后之宪政谈》，《宋教仁集》（上），第 17 页。

⑤ 宋教仁：《社会改良会宣言》，《宋教仁集》（下），第 377 页。

⑥ 宋教仁：《社会改良会宣言》，《宋教仁集》（下），第 377 页。

能动性，“期以保持共和国民之人格，而力求进步，以渐达于大道为公之盛。”① 对于由“优秀特出之少数国民”集合而为的政党，宋教仁认为，“非具有所谓强健而良善之条件者，不足以达其目的。”所谓“强健而良善之条件”不是其他，而是“巩固庞大之结合力，与有系统有条理真确不破之政见”。共和立宪要求建立“强健而良善之政党。”② 具体到现实中来，宋教仁认为，中国同盟会（公开后——作者注）等政党担负着共和国民的职责，“若不图改弦更张之策，为集中统一之谋，则是吾人放弃共和国民之天职”③。在他看来，成立国民党是合乎国民意志的。中国同盟会等政党“舍其旧而新是谋，以从事于民国建设之事，以靳渐达于为共和立宪国之政治中心势力”④，便可“直接发动国民合成心力之作用”，组织议会或政府。他认为，“共和之制，国民为国主体”，⑤ 而且“我们的党是站在民众方面的”⑥。因此，在宋教仁的认识中，国民党参加议会竞选与选举，不仅是其自身内在所要求的，也是有其责任能力的。在议会可循的社会政治条件下，国民党的这种要求与能力是要付诸议会选举这一政治实践的。

## 第二节 “专注于选举运动”⑦ 及其认识原因

宋教仁以“专注于选举运动”相号召，动员国民党参加民初第一届国

① 宋教仁：《社会改良会宣言》，《宋教仁集》（下），第 377 页。
② 《国民党宣言》，《宋教仁集》（下），第 748 页。
③ 《国民党宣言》，《宋教仁集》（下），第 749 页。
④ 《国民党宣言》，《宋教仁集》（下），第 749 页。
⑤ 《国民党宣言》，《宋教仁集》（下），第 749 页。
⑥ 宋教仁：《国民党鄂支部欢迎会演说辞》，《宋教仁集》（下），第 456 页。
⑦ 宋教仁：《国民党鄂支部欢迎会演说辞》，《宋教仁集》（下），第 456 页。

会选举。“专注于选举运动”，一是“致力于选举运动”；二是“停止一切运动”。[1]“专注于选举运动”表现为宋教仁的一种政治策略，也形成国民党议会选举的一大基本行为特征。从选举结果看，国民党获得民初国会议席的多数，但是国民党内阁并没有因此而出现，选举优势没有转化为实际上的政治优势。（详见附录四：表6.1《中华民国第一届国会选举结果及议员分布情况统计表》）分析其中的原因，除近代中国社会历史条件的制约外，就“专注于选举运动”而言，则反映出宋教仁的思想认识的一定历史局限性。

宋教仁是在《国民党鄂支部欢迎会演说辞》中明确提出要国民党党员“专注于选举运动”的。之所以如此，这在宋教仁的思想认识中是有其一定原因的。

（一）要使国民党成为“有政治权威的党”[2]

他根据议会政治的一般性原则指出，“世界上的民主国家，政治的权威是集中于国会的。”而国会由其议员组成，“在国会里头，占得大多数议席的党，才是有政治权威的党”。就此认识逻辑而言，宋教仁实际上是要求国民党争取国会议席的大多数，并借此拥有相应的政治权威。具体到民初议会实际，从中华民国创立至民初国会前，是临时参议院时期。其中，南京临时参议院，根据《临时政府组织大纲》，“由各省都督府派遣参议员三人组织之”[3]，在实有参议员43名中，同盟会员33人，贵州自治学社1人，绅士1人，立宪党8人。[4]《临时约法》颁布后，参议院议员改由“各

---

① 宋教仁：《国民党鄂支部欢迎会演说辞》，《宋教仁集》（下），第456页。

② 宋教仁：《国民党鄂支部欢迎会演说辞》，《宋教仁集》（下），第456页。

③ 《民立报》1911年12月31日。

④ 姬丽萍：《民初议会制度的确立及其运作》，《民国档案》1996年第1期。

地方选派"而为每省以5名为限，"与旧有之参议员交替。"[①]以湖北、湖南、江苏、江西、贵州、直隶六省为例，计议员30人。据统计，原议员当选者4人中，同盟会员3人，新当选者中同盟会员8人。[②]同盟会会员所占比例下降。而民初国会根据《中华民国国会组织法》均由选举产生，皆得公开竞选。这就为由中国同盟会改组并与其他政党合并而成的国民党，提供了扩大党势和争取国会多数的法律基础和政治机会。宋教仁故而认为，"我们此时要致力于选举运动"[③]。

一个政党，如果获得国会议席的多数，则在国会中形成其一定意义上的比较优势，但这种优势要转化为在国家实际政治生活中的政治权威，一是要确立国会在法律和政治上的权威地位；二是要有制度保障和现实民主政治条件相推动。民初国会依据《国会组织法》《参议院议员选举法》和《众议院议员选举法》[④]进行选举和组织，是有其相应的法律地位的。这些法律文本由北京临时参议院议决通过，是一种历史进步。但民初国会选举时，民初政治的实际并没有发生根本性的变动，议会在国家政权组织中不占主导地位，在以袁世凯为代表的政治力量有军权和治权的政治条件下，与"政治权威是集中于国会"相应的民主政治，在民初并不是一种客观存在。参加国会选举的各政党的议席多寡，只能在一定程度上反映它们之间的政治影响和力量对比关系，在民初共和政体尚未建立起来时，却从中体现不出政党与专制政治力量间的实力对比。民初政党不发达，某些政党事实上与其他政治力量相互渗透与交织，乃至依附。因此，政党在无现实政

① 谢振民：《中华民国立法史》，第60—61页。

② 刘景泉：《北京民国政府的议会政治》，天津古籍出版社1996年版，第188页。

③ 宋教仁：《国民党鄂支部欢迎会演说辞》，《宋教仁集》（下），第456页。

④ 《中国大事记》，《东方杂志》九卷三号，中国第二历史档案馆整编《中华民国史史料长编》（民国元年，第二册），南京大学出版社1993年版，第661—677页。

治保障的情况下，单纯地依靠国会选举结果，则是难以在民初建立其政治权威的。

（二）基于对竞争选举的肯定和信赖

宋教仁是这样理解选举的，他说，“选举的竞争，是公开的，光明正大的”，也正因为这样，在选举中“用不着避甚么嫌疑，讲甚么客气的”①。从民初国会选举来说，它是由法而定的，是公开的。这一客观事实增强了宋教仁对选举的认同感。从对选举的价值判断上，他在回答“各国政党选举总统或组织内阁，其党魁之自负之运动之竞争为何如者”时，认为，“盖为国服务，本非权利，共和国之职事，亦非专制国之官爵可比”，并进一步提出，“人苟可以自信，则不妨当仁不让。”② 他的这种权利观来自对“共和国民责任”的认识。他认为，国家既为民国，则国民自应负责任；“有人欲进而为国服务，负责任”，不应被视为争权夺利。③ 同时，受中国传统政治文化的影响，他提倡在竞选中“当仁不让”，并曾在《国民党湘支部欢迎会演说辞》中直接引用“当仁不让于师”④。这反映出他对选举的态度是积极、主动和不畏惧的。

国民党的国会选举，“是极其顺利的”，最终选举“占优胜”。但在当时的社会政治条件下，宋教仁认为这是“国民所期望吾党者殷”⑤。从理念上，选举本应是公正的，要反映民意的，而选举运动却是复杂的，选举手段是多样的，非法的或合法的。因此选举结果并非与民意一一对应。宋教仁之所以能得出“国民所期望吾党者殷”这一结论，是依据其对民意的一

① 宋教仁：《国民党鄂支部欢迎会演说辞》，《宋教仁集》（下），第456页。
② 宋教仁：《答匿名氏驳词》，《宋教仁集》（下），第484页。
③ 宋教仁：《驳某当局者》，《宋教仁集》（下），第469—470页。
④ 宋教仁：《国民党湘支部欢迎会演说辞》，《宋教仁集》（下），第447页。
⑤ 宋教仁：《代草国民党之大政见》，《宋教仁集》（下），第488页。

种判断。他说，“我们可以自信，如若遵照总理孙先生所指示的主义和方向切实进行，一定能够取得人民的信赖。民众信赖我们，政治的胜利一定属于我们。”① 宋教仁认识到了国民党参加国会选举的社会政治基础。亨廷顿指出，“有政党参加的竞选，则为在制度构架内部进行政治动员提供了一种机制。”② 但宋教仁却过高估计了国民的政治参与程度，而且，国民党要依靠国民的支持，就必须对其进行政治动员，政治动员的不足势必影响政治参与的扩大，进而限制国民党受支持的程度。事实上，民初选民受其自身因素和社会政治环境条件的制约，政治参与意识淡薄，对国会选举是陌生和冷淡的。据资料记载，湖北“大众居民对于选举不甚注意”，选举在湖南“处处都是很冷淡的”，而在山东，“大部分居民很不感兴趣，参加投票的人数是很少的。因为人们大都对新制度抱着十分冷淡的态度。”③ 从国会竞选者言之，他们“所注意的只是那些士绅的人”，“所联系依靠的也是士绅阶层”。④ 因此，选举实际上缺乏广泛的社会政治基础。而在这种情况下进行的竞争选举，其选举成果难以巩固，相应地，其政治作用也是有限的，不足以借此在较大程度上调整民初现实政治力量的对比关系及其格局。

### （三）对于政党内阁和国民党政纲贯彻的追求

中华民国虽然成立，但共和政体并没有真正建立起来。宋教仁认为，“推翻专制政体，为政治革命着手之第一步，而尤要在建设共和政体。”⑤

---

① 宋教仁：《国民党鄂支部欢迎会演说辞》，《宋教仁集》（下），第456页。

② ［美］塞缪尔·P.亨廷顿：《变化社会中的政治程序》，王冠华等译，生活·读书·新知三联书店1989年版，第371页。

③ 胡滨译：《英国蓝皮书有关辛亥革命资料选择》下册，中华书局1984年版，第645、640页。

④ 《辛亥革命回忆录》第一集，中华书局1961年版，第405页。

⑤ 宋教仁：《国民党沪交通部欢迎会演说辞》，《宋教仁集》（下），第459页。

反观政治现实，“中华民国成立虽届二年，而一切政务，多使国民抱种种之失望，而国民此种种之失望，吾国民党要不能不负其责。”[①] 他把希望寄托于正式政府的成立，“其道即在将来建设一良好政府，与施行良好政策是已”。他强调指出，“而欲建设良好政府，则舍政党内阁莫属。”[②] 至于组织政党内阁，在他看来，“今国民党即处此地位”[③]。但是，根据宋教仁对政党内阁的主张，“国务总理由众议院推出”[④]，国民党需要在国会中拥有过半数以上的议席，因此，“此次选举须求胜利”[⑤]。如果能赢得这一选举结果，“一切大计画皆可施行”[⑥]。即如宋教仁所预见的，“选举事若得势力，自然成一国民党政府”[⑦]，或者“退而在野，也可以严密地监督政府”[⑧]，无论选择哪一种方式，只要国民党“在国会里头，获得过半数以上的议席”，“那么，我们的主义和政纲，就可以求其贯彻了”[⑨]。因此，这里的中心问题就是国会选举，而且国民党选举的胜利，对于政党内阁的成立和国民党政纲的贯彻，就宋教仁的认识来说，不但是必要条件，也是充分条件。尽管他认识到，在国民党选举运动顺利的情况下，“袁世凯看此情形，一定忌克得很，一定要钩心斗角，设法来破坏我们，陷害我们”，但他只是指出“要警惕”，而将“革命”用之于袁世凯“撕毁约法背叛民国的时候”。[⑩] 这即是说，国民党时下“专注于选举运动”就足够了。与之相应，他则要

① 宋教仁：《国民党沪交通部欢迎会演说辞》，《宋教仁集》（下），第459页。
② 宋教仁：《国民党沪交通部欢迎会演说辞》，《宋教仁集》（下），第463页。
③ 宋教仁：《国民党湘支部欢迎会演说辞》，《宋教仁集》（下），第446页。
④ 宋教仁：《国民党湘支部欢迎会演说辞》，《宋教仁集》（下），第447页。
⑤ 宋教仁：《国民党湘支部欢迎会演说辞》，《宋教仁集》（下），第447页。
⑥ 宋教仁：《国民党湘支部欢迎会演说辞》，《宋教仁集》（下），第447页。
⑦ 宋教仁：《国民党湘支部欢迎会演说辞》，《宋教仁集》（下），第446页。
⑧ 宋教仁：《国民党鄂支部欢迎会演说辞》，《宋教仁集》（下），第456页。
⑨ 宋教仁：《国民党湘支部欢迎会演说辞》，《宋教仁集》（下），第456页。
⑩ 宋教仁：《国民党鄂支部欢迎会演说辞》，《宋教仁集》（下），第456—457页。

求国民党停止其他一切运动。因此，“专注于选举运动”，是合乎宋教仁的认识逻辑的。

宋教仁关于选举与革命的阶段性划分，是与其对建设共和政体的认识相联系的。他认为，“夫国家有政治之主体，有政治之作用，国民为国家政治之主体，运用政治之作用，此共和之真谛也。故国民既为国家之主体，则即宜整理政治上之作用，天赋人权，无可避也”[①]。主客关系的思维模式，是近代中国人学习西方近代哲学原则的一种时代特征，宋教仁的这一认识逻辑是表现为主客关系的思维模式的。主体性离不开主客关系，缺乏主客关系的思维模式，缺乏主体性，也就谈不上对国民主体性的认识。而在《主客平议》中，严复则认为，导致中国积弱的根源在于自由不自由，不在民主不民主，“故言自由，则不可以不明平等，平等而后有自主之权；合自主主权，于治一群之事者，谓之民主”[②]。也就是说，平等自由在先，而后有民主政治。与之截然不同的是，（1）孙中山认为，“余之从事革命，为中国非民主不可”，“第一决定者民主”。[③]宋教仁对于国民主体性的认识，则也体现了这一认识内容。（2）政治革命的目的。宋教仁认为，中华民国的创立，“今革命虽告成功，然亦只可指种族主义而言，而政治革命之目的尚未达到也，推翻专制政体，为政治革命着手之第一步，而尤要在建设共和政体。”[④]与之相对应，他将中国同盟会及国民党的政治活动分为“旧的破坏的时期”和“新的建设时期”，而在“新的建设时期”，对于敌党“是拿出政治的见解，同他们奋斗”，[⑤]并认为，“党争之法，只宜以政见为标

① 宋教仁：《国民党沪交通部欢迎会演说辞》，《宋教仁集》（下），第459页。

② 严复：《主客平议》，《大公报》1902年6月26—28日，《严复集》（第一册《诗文》，上册），中华书局1986年版，第118页。

③ 《孙中山选集》（上卷），人民出版社1956年版，第385页。

④ 宋教仁：《国民党沪交通部欢迎会演说辞》，《宋教仁集》，第459页。

⑤ 宋教仁：《国民党鄂支部欢迎会演说辞》，《宋教仁集》，第456页。

准”[①]。因此，宋教仁将“选举”作为实现政治革命目的——“建设共和政体”的主要手段，而将“革命”置于了特定的政治条件之下。宋教仁被刺案的发生，表明宋教仁以致力于选举运动实现其政治目标，是一种理想，而革命则仍是必要的。

## 第三节　宋教仁的竞选演说

民初国会选举，主要是在国民党、共和党、统一党和民主党等政党之间进行的。“初各政党只在各都会设立机关，及选举将届，遂分道扬镳，各创支会于州县。”[②]国民党在北京总部成立后，制订了此次竞选计划，“第一，派人到各省组党，成立各省党支部；第二，掌握各省、县的选举，进行一次胜利的竞选；第三，取得国会及省、县议会中压倒多数，坚持议会民主制；第四，及早组织强有力的、名副其实的政党责任内阁，并且预定以宋教仁担任内阁总理。”[③]宋教仁“专注于选举运动”，集中表现在他 1912 年 12 月 27 日离桃源到常德之后，并由长沙到武汉，过九江到上海，再到杭州和南京，沿途发表竞选演说。据现有资料统计，其演说内容见诸报端或有文献记载者有 12 场次。（详见附录四：表 6.2《宋教仁的竞选演说辞一览表》）

演说作为一种竞选手段，宋教仁将其用之于国民党的民初国会选举，这不仅是他生命最后阶段的主要政治行为方式，而且是其思想的一个载

① 宋教仁：《致北京各报书》，《宋教仁集》，第 408—409 页。

② 王道：《中国选举史略》，第 114 页。

③ 仇鳌：《一九一二年回湘筹组国民党支部和办理选举经过》，《辛亥革命回忆录》第二集，第 177 页。

体。① 具体分析宋教仁的演说内容，是可以在一定程度上认识宋教仁关于选举的政治思想，乃至国民党的议会选举政纲和策略的。

## 一、对政府的评价

这里的政府，主要指北京临时政府，它是宋教仁在演说中剖析的一个主要对象。② 因为国会选举的根本目的，一是组织国会，二是成立政府，在宋教仁看来，就是建立政党内阁。③ 就政府的内政而言，宋教仁突出财政问题指出，“以言内政，则第一财政困难，拟借外债，政又被监督”④；并且强调说，“夫内政亦多端矣，而其最重要者如财政。中国财政之状况，其紊乱已达极度，政府对于财政之将来全无丝毫计划，司农仰屋，惟知倚赖大借款，以为补苴弥缝之术。”⑤ 他与此同时分析了其危害性，认为，“外人见此景象，遂百计要挟，以制中国之死命，如要求以盐款为抵押是也，不知盐税为中国财政上最大问题，国民生活上直接之关系，无论何种税项，其影响多仅及于一部分之人民，而盐税则自大总统以

---

① As an ardent admirer of Westem parliamentary systems, Sung Chiao-jen had sought to introduce European and American edectioneering methods to China during the political campaigns of late 1912 and early 1913. According, he had made a number of campaign speeches in which he had attached the Peking goVemment and its policies. SUNG CHIAO—ZEN Biographical DictionaD, of Republican China（III）, Columbiai University.1959.

② As an ardent admirer of Westem parliamentary systems, Sung Chiao-jen had sought to introduce European and American edectioneering methods to China during the political campaigns of late 1912 and early 1913. According, he had made a number of campaign speeches in which he had attached the Peking goVemment and its policies. SUNG CHIAO—ZEN Biographical DictionaD, of Republican China（III）, Columbiai University.1959.

③ 宋教仁：《国民党湘支部欢迎会演说辞》，《宋教仁集》（下），第 446 页。

④ 宋教仁：《国民党湘支部欢迎会演说辞》，《宋教仁集》（下），第 446 页。

⑤ 宋教仁：《国民党鄂省交通部欢迎会演说辞》，《宋教仁集》（下），第 457 页。

及细民，无一人可逃出其范围之外，外人洞悉此中情节，故要挟以此作抵，万一政府无善法以规其后，则将来危险之所及，诚不知伊于胡底。”[①]他借此得出结论，“是今日之政府对于财政问题，眼光异常短促，盖毫未为将来留余步，作打算也。”这对于中华民国来说，“吾人试一审思吾国今日财政之状况，可谓送掉吾中华民国者。”[②]其次，宋教仁也论及了经济民生。他说，“民间产业凋敝，出口货少”[③]，而且，“民生困穷，实业不兴，政府亦无策以补救之。”[④]如此，他对北京临时政府主持下的内政持概然否定的态度。同时，他将内政与外交相联系，指出“以言外交，则外交不堪问矣”[⑤]，一方面，“现在民国未经各国承认”[⑥]；另一方面，“俄蒙协约之问题不能解决，将无宁日”[⑦]。究其原因。宋教仁将之归于“内政未能整理”，“实因内政不能进行，以致险象环生，群思剖割。”[⑧]他断言，“中华民国之基础，极为动摇，皆现之恶政府所造成者也。”[⑨]宋教仁对于政府内政、外交的评价，在其演说中，不仅有专题演说，如《国民党鄂省交通部欢迎会演说辞》，而且散见于其他演说辞的一定段落中，是反复强调的。这样的演说效果，能够使人们产生对政府的分离意识，但它不是趋向无政府，而是对未来政府的期盼。随之，宋教仁阐述了对未来政府的设想。他认为，“为今之计，须亟组织完善政府，欲政府完善，须有政党内阁。”[⑩]针对国

---

① 宋教仁：《国民党鄂省交通部欢迎会演说辞》，《宋教仁集》（下），第457—458页。
② 宋教仁：《国民党沪交通部欢迎会演说辞》，《宋教仁集》（下），第462页。
③ 宋教仁：《国民党湘支部欢迎会演说辞》，《宋教仁集》（下），第446页。
④ 宋教仁：《国民党沪交通部欢迎会演说辞》，《宋教仁集》（下），第462页。
⑤ 宋教仁：《国民党鄂省交通部欢迎会演说辞》，《宋教仁集》（下），第458页。
⑥ 宋教仁：《国民党湘支部欢迎会演说辞》，《宋教仁集》（下），第445—446页。
⑦ 宋教仁：《国民党湘支部欢迎会演说辞》，《宋教仁集》（下），第445—446页。
⑧ 宋教仁：《国民党湘支部欢迎会演说辞》，《宋教仁集》（下），第446页。
⑨ 宋教仁：《国民党宁支部欢迎会演说辞》，《宋教仁集》（下），第466页。
⑩ 宋教仁：《国民党湘支部欢迎会演说辞》，《宋教仁集》（下），第446—447页。

民党，他强调，“今国民党即处此地位”，“今之要务，在整理内政，为党员者均当负责。”[①] 国民党为选举曾号召，“介绍党员，以有选举权者为标准”[②]，这样一来，“盖党员愈多，人才愈众。多一党员则将来多一选举权，并可多得一议员，政治上始有权力。”[③] 这里，政党归属意识的强弱是会影响选举投票行动的。宋教仁的这种演说在一定意义上则可以使人们由对政府的分离意识转而增强对政党的归属意识[④]，起到一定的竞选效果。但是，尽管宋教仁自认为其演说“皆平心论事”，[⑤]“吾人非难政府，非与政府有恶感”[⑥]，却不免会引起当局不满并攻击之，宋教仁不得不在这一方面作出反应。“某当局谓库事实误于国民党，唐、孙、黄等皆以俄人方狡，俯就非计为言，一年来外交悉系该党员主持”；而且，“某当局又谓统一后，南京要求三千万，嗣减至千万，其后比款七百万用途暗昧，故致银行团条件严酷。”[⑦] 这些言论由宋教仁的演说而引发，指向国民党。对此，宋教仁在《致某当局者》中指出，“某当局者语多失实”，“实为诬陷之词”。[⑧] 他摆事实，据理反驳，也从中表现出他对国民党强烈的归属意识。他说，“吾国民党员也，虽不能造谣诬害他党，然尽忠本党，乃本分也。”[⑨] 宋教仁并没有因他人或当局的舆论攻击而退缩，反而“不畏强硬反对，吾惟行吾之

---

① 宋教仁：《国民党湘支部欢迎会演说辞》，《宋教仁集》（下），第446—447页。

② 《民立报》1912年8月20日。

③ 《民立报》1912年12月6日。

④ 对政党的依附感称作政党归属意识或简称政党归属（Party identification），参见［日］三宅一郎：《投票行动》，冯建新译，经济日报出版社1991年版，第82页。

⑤ 宋教仁：《致某当局者》，《宋教仁集》（下），第470页。

⑥ 宋教仁：《答匿名氏驳词》，《宋教仁集》（下），第486页。

⑦ 宋教仁：《致某当局者》，《宋教仁集》（下），第468—469页。

⑧ 宋教仁：《致某当局者》，《宋教仁集》（下），第470—472页。

⑨ 宋教仁：《答匿名氏驳词》，《宋教仁集》（下），第480页。

素”①，并且持续发表以政府为主要论说对象的竞选演说。

## 二、选举政纲的发表

《国民党宣言》阐述了国民党党纲。宋教仁在其演说中与之保持一致，在《国民党湘支部欢迎会演说辞》中将国民党党纲表述为：“第一，统一政治”，“第二，地方自治”，“第三，种族同化”，“第四，民生主义”，“第五，维持国际和平”。这是他在演说到“选举事若得势力，自然成一国民党政府”时所发表的。②也就是说，一旦国民党组织政党内阁，则是要对此具体实施的。共和党、统一党和民主党也各有其政纲，而且共和党认为其政纲是“最合乎现在中华民国立国之大要”③。宋教仁在演说中发表政见时不仅从理论上，正如他所说的，更主要的则是“从实际着想，准中国情形立论”④。他说，“讨论宪法，行政、立法、司法三权应如何分配，中央与地方之关系及权限应如何规定，是皆当依法理，据事实，比极细密心思研究者”⑤；对于自治权力，他指出“本应完全授之下级地方自治团体，而在中国习惯，则下级地方自治团体，如县、乡、镇之属，与国家政治关系甚浅，故顺中国向来之习惯，而畀高级地方团体以自治权，与国情甚吻合，而政治亦得赖以完全发达也。”⑥这一思想认识，是唯物的，反映出宋教仁在这一方面的思想成熟程度，正由于此，他才能够在竞选演说中提出了一种较为系统和具体的中央与地方行政分划方案。

① 宋教仁：《答匿名氏驳词》，《宋教仁集》（下），第486页。

② 宋教仁：《国民党湘支部欢迎会演说辞》，《宋教仁集》（下），第446页。

③ 《时事新报》1912年11月11日。

④ 宋教仁：《国民党沪交通部欢迎会演说辞》，《宋教仁集》（下），第460页。

⑤ 宋教仁：《国民党沪交通部欢迎会演说辞》，《宋教仁集》（下），第460页。

⑥ 宋教仁：《国民党沪交通部欢迎会演说辞》，《宋教仁集》（下），第460页。

宋教仁关于中央与地方行政的分划及其方案，由如下几个方面所构成：

（一）中央与地方的区别，这是中央与地方行政分划的理论根据

宋教仁认为，中央即中央政府是一国的最高行政机关，地方即地方行政主体，是在中央政府之下处理政务者，“因其成立不同”，可以划分为：A.地方官由中央委任的地方自治行政主体；B.由地方人民公共组织的地方官治行政主体即地方自治团体。[①] 地方同时设立地方官与地方自治团体。其中，地方自治团体，与联邦国的各邦是性质不同的，联邦国的各邦，虽然在中央之下，但中央政府由各邦组成，各邦则不由中央组织，这样，国家主权操纵于各邦，各邦同时拥有自主权；相比较而言，地方自治团体的组织和成立完全操之于中央政府，地方唯有自治权。不仅如此，地方自治团体与其他公共团体如商会、农会等，虽同为公共团体，却具有不同性质，因为地方自治团体的要素之一是地域，而其他团体则不然，“大抵或以职业或以人或以事相互关系而成者”[②]。从中，宋教仁主张中国实行单一制而非联邦制，是贯彻于他对中央与地方行政的划分之中的，即实行单一制是划分中央与地方行政的基本前提。

（二）中华民国的行政建置

中国地域广阔，不能不分为若干地方区域。宋教仁指出，“前清分为各省府州厅县，亦系承前代遗意”，“区域似稍广阔，等级亦颇嫌复杂”。对此，民国已“取其府州厅制度废之”，即只有省县二级，“实为得宜”。

① 宋教仁：《中央行政与地方行政分划之大政见》，《宋教仁集》（下），第 470 页；《代草国民党之大政见》，《宋教仁集》（下），第 491 页。

② 宋教仁：《中央行政与地方行政分划之大政见》，《宋教仁集》（下），第 470—471 页。

遗憾的是“惟区域犹未缩小，道制又将复设，官治自治，犹未划分”①。基于上述分析，宋教仁提出，“中国今日宜缩小省域，实行二级制，省下即直承以县，省县皆设地方官，掌官制行政，并同时设为自治团体，置议会、参议会，掌自治行政。县之外，大都市设府，当外国之市，直接于省。县之下设镇乡，即直接于县，皆为纯然之自治团体。”②他将之图示如下：

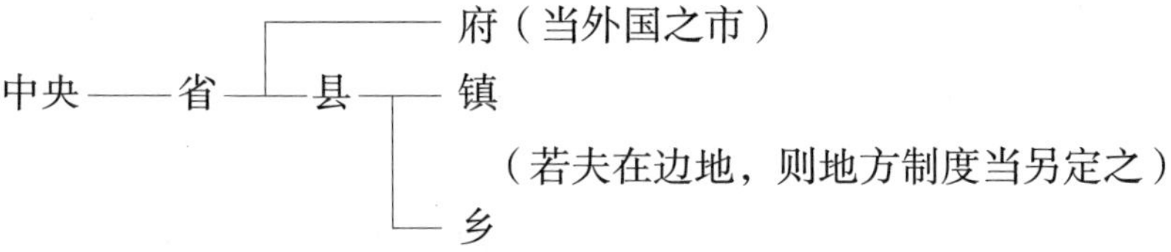


（三）中央行政与地方行政的区别及其划分的基本原则

就中央与地方在政务上的划分而言，宋教仁指出，这“须以其政务之性质与施行便宜为标准”；而且，“至其审择分配，则尤当视其国内之情状而定之也”。具体说来，“大抵对外的行政，多归之中央；对内的行政，多归之地方，消极的维持安宁之行政，多归之中央；积极的增进幸福之行政，多归之地方。”③与之相关的问题是中央集权与地方分权之争。根据宋教仁的理解，中央集权是“行政之权，中央多且大者”；地方分权，“或重在官治，或重在自治，本非所关，惟今日一般所谓地方分权者，大抵专指地方官治行政权之多且大者。”④他认为，“今日之中国，中央集权制固不宜，偏重地方官治之地方分权制亦不宜，谓宜折衷。”⑤其具体原则是：

① 宋教仁：《中央行政与地方行政分划之大政见》，《宋教仁集》（下），第471页。
② 宋教仁：《中央行政与地方行政分划之大政见》，《宋教仁集》（下），第471页。
③ 宋教仁：《中央行政与地方行政分划之大政见》，《宋教仁集》（下），第472页。
④ 宋教仁：《代草国民党之大政见》，《宋教仁集》（下），第491页。
⑤ 宋教仁：《中央行政与地方行政分划之大政见》，《宋教仁集》（下），第472页。

A."中央行政且为统括"，这是指除归之地方自治者外，一切中央皆有权行使，并委任于地方官，作为地方官治行政；而且，中央重要行政，中央皆如有立法权。[①]B. 地方行政分为地方官治行政和地方自治行政。其中，地方官治行政，"中央以法律、命令委任于地方官施行之，省县皆同"；地方自治行政，"各级地方自治团体大抵相同，皆有立法权，并自施行之"[②]。但是，"不得与中央立法相抵触"。至于自治行政范围，"则当以与地方关系密切之积极行政之限"。[③]C. 在行政经费来源上，中央行政与地方官治行政，其经费皆宜由国家税支付，地方自治行政，其经费则宜由地方税支付。[④]

宋教仁对于中央与地方行政的划分，是比较明确和有条理的。从其内容上看，具有两个基本特征：(1) 在行政系统中，突出省级行政。他认为，"吾用省制行之数百年，已成为一国政治之重心。将来欲谋吾国政治之发达，仍不得不注重省行政。"[⑤] 在省行政长官问题上，他主张省行政长官"由民选制以进于委任制"[⑥]。何以有如此主张？根据宋教仁的认识思路，首先，尊重历史惯例。他指出，历史上，省行政长官皆为委任制，省行政长官在将来作为官治行政机关，"则省行政长官须依旧采用委任制，亦事理之当然"[⑦]；其次，兼顾现实状况，权衡利弊得失。他认为，各省自宣布独立于清政府以来，"其行政长官之都督，由地方人民选举，行之既久，其以下各机关，亦大都由地方主义而组织而任用者甚多，且军政财政

---

① 宋教仁：《中央行政与地方行政分划之大政见》，《宋教仁集》(下)，第 473 页。
② 宋教仁：《代草国民党之大政见》，《宋教仁集》(下)，第 489 页。
③ 宋教仁：《中央行政与地方行政分划之大政见》，《宋教仁集》(下)，第 473 页。
④ 宋教仁：《中央行政与地方行政分划之大政见》，《宋教仁集》(下)，第 473 页。
⑤ 宋教仁：《代草国民党之大政见》，《宋教仁集》(下)，第 489 页。
⑥ 宋教仁：《代草国民党之大政见》，《宋教仁集》(下)，第 489 页。
⑦ 宋教仁：《代草国民党之大政见》，《宋教仁集》(下)，第 489 页。

上之关系，亦无不偏重于地方，若遽以中央委任之省行政长官临之，其无生疏干格之弊者几希，甚或因是以生恶因于将来预定之委任制焉，亦未可知”[①]。而且，“省行政长官，由国民选举，始能完全发现民意。”[②]再次，对于省制变革，基于历史与现实；而且，为将来计，他主张渐进，“以省长委任制为目的，而以暂行民选制为逐渐达到之手段”[③]。最后，这也是与他主张单一国制密不可分的。他认为，“吾国今日之当采单一国制”，不仅宪法采用单一国制，而且“力谋实际上举单一国制之精神。”[④]（2）贯彻于行政划分的一个重要思想，是他强调民意，注意民意的表达。他指出，“盖吾国今日为共和国，共和国必须使民意由各方面发现。”[⑤]因此，在地方制中，“则尤注重于地方自治一途，使人民直接参与施政，以重民权，如是庶合轻重适当之道也。”[⑥]在解释地方官与地方自治团体并设问题时，宋教仁认为，“盖一国行政，中央必不能无巨细皆直接处理之，不得不有分理之机关。”然而，“此分理之机关，苟不悉以属中央指挥，则与地方民意或不合，苟悉以民意组织，则又与中央政策或难同，故同时设此二制。”也就是说，“以必不可不与中央政策相同之事归之地方官，又以必不可不与民意相合之事归之地方自治团体也。”[⑦]选举是民意的一种表达方式，宋教仁在竞选演说中，提出政见，发表政纲。以民意为其出发点，是将他思想中的“我们的党是站在民众方面的”[⑧]这一认识具体化并赋予了相应的

① 宋教仁：《代草国民党之大政见》，《宋教仁集》（下），第489页。
② 宋教仁：《国民党沪交通部欢迎会演说辞》，《宋教仁集》（下），第460页。
③ 宋教仁：《代草国民党之大政见》，《宋教仁集》（下），第489页。
④ 宋教仁：《代草国民党之大政见》，《宋教仁集》（下），第489页。
⑤ 宋教仁：《国民党沪交通部欢迎会演说辞》，《宋教仁集》（下），第460页。
⑥ 宋教仁：《中央行政与地方行政分划之大政见》，《宋教仁集》（下），第472页。
⑦ 宋教仁：《中央行政与地方行政分划之大政见》，《宋教仁集》（下），第471页。
⑧ 宋教仁：《国民党鄂支部欢迎会演说辞》，《宋教仁集》（下），第456页。

内涵。

不仅如此，宋教仁提出了一系列相应政策主张，它们作为竞选政纲的重要内容，可以说，是宋教仁对国民党党纲的具体阐释。(1) 整理军政。具体方法是：A. 在行政区域之外，划分若干个大军区，独立处理军事，使军民分治，易于实行；B. 统一军制，按一定编制统一全国军队；C. 裁汰冗兵；D. 兴军事教育，“以养成一般将校人材”；E. 扩充兵工厂，“先使器械丰富。”① (2) 整理行政。宋教仁提出了整理行政的五项最先之方法：A. 划分中央与地方官的权限；B. 为事择人，“严定职掌，凡属冗员，务期汰除净尽”；C. 合并闲置，为便利政治推行，节约财政经费，“机关固有不可不立者，惟闲置处于无用之地，可裁则裁，可并则并”；D. 设立考试机关，“励行官吏登庸考试”；E. 设立惩戒机关，实行惩戒官吏失职。② (3) 整理财政。宋教仁认为，财政“久言整理，而终无整理之望者，故由于不得其人，而亦以整理之非道也”③。据此，他提出，厉行会计制度，制定会计法，立会计机关；统一国库，中央设总库，地方设支库；设立中央银行；整理公债；按国家行政与地方行政之划分，划定国费和地方费，国税与地方税；改良币制，行虚金为本位，渐期达于能行金本位制。④ (4) 开发产业。其中首先应该做的，包括兴办国有山林，治水，放垦荒地，振兴矿业，奖励仿造洋货工业，奖励输出品商业。(5) 振兴民政。这是中央委任地方办理者，主要是整理警察，厉行卫生，厘正礼俗，调查户口，励行地方自治。⑤(6) 兴办国有交通业。宋教仁指出，国有交通，政府急宜兴办，

---

① 宋教仁：《代草图民党之大政见》，《宋教仁集》（下），第 490—491 页。

② 宋教仁：《代草国民党之大政见》，《宋教仁集》（下），第 493 页。

③ 宋教仁：《代草国民党之大政见》，《宋教仁集》（下），第 492 页。

④ 宋教仁：《代草国民党之大政见》，《宋教仁集》（下），第 492—493 页。

⑤ 宋教仁：《代草国民党之大政见》，《宋教仁集》（下），第 493—494 页。

责无旁贷。他主张急办国有铁道，整理电信，扩充邮信，兴办海外航业和整理。(7) 振兴教育。教育为立国根本，极宜振兴者有法政教育、工商教育、中学教育、中小学师范教育、女子教育。(8) 统一司法。统一实行四级制，培养法官、律师，改良监狱。①(9) 运用外交，其外交方针，一是“联络素日亲厚之与国”，二是“维持列国对我素持之主义”。②

上述政策主张，就内政外交而言，偏重于内政，而在内政中则又偏重于行政。从宋教仁的认识来看，形成这一政策特征的因素主要表现在：其一，宋教仁批评北京临时政府，并认为民国未经各国承认，一些外交纠纷不能解决，“然其原因，则内政未能整理之故也。”③ 因此他提出，“今之要务，在整理内政，为党员者均当负责。”④ 在宋教仁看来，整理内政是第一位的，它是解决其他问题的基础。其二，宋教仁认为，中国积弱，“非致力对外之时”，而主张“维持和平之现状”，能够“得专心，一意于内政之整理”。⑤ 这样，“不五年间，当有可观，十年以后，则国基确定，富强可期，东亚天地，永保和平，世界全体亦受利不浅矣。”⑥ 在近代社会历史条件下，内政的整理是可以推动救亡图存，进而在一定程度上促进中国独立的实现的。但这只是一种不充分的必要条件，它与外交是相互作用的。“中国向来外交，无往而不失败。”⑦ 而且，内政受制于人，不从根本上遏制半殖民地半封建的深化，继而改变这一社会性质，所谓的“国际和平”是难以维持，内政的整理也是不能自主的。其三，这是宋教仁为未来国民党政

① 宋教仁：《代草国民党之大政见》，《宋教仁集》（下），第 495 页。

② 宋教仁：《代草国民党之大政见》，《宋教仁集》（下），第 495—496 页。

③ 宋教仁：《国民党湘支部欢迎会演说辞》，《宋教仁集》（下），第 445 页。

④ 宋教仁：《国民党湘支部欢迎会演说辞》，《宋教仁集》（下），第 447 页。

⑤ 宋教仁：《代草国民党之大政见》，《宋教仁集》（下），第 495—496 页。

⑥ 宋教仁：《中央行政与地方行政分划之大政见》，《宋教仁集》（下），第 473 页。

⑦ 宋教仁：《代草国民党之大政见》，《宋教仁集》（下），第 495 页。

府制定的施政纲领和政策措施，为国民党执政做准备的。政纲的实施需要一定的条件。宋教仁指出，一方面，政纲本身要“条理既明，系统亦定”；另一方面，“得强有力之政党内阁主持于上，决定国是，极力进行。”①而就政党情况而言，“今国民党即处此地位，选举事若得势力，自然成一国民党政府”②。国民党政府有望取代当时的北京临时政府，不仅要主持国家一切行政，而且要改变北京临时政府“内政不能进行”的局面，皆要求以行政为重心。宋教仁同时认为，国民党“苟本是锐意进行，则良政治可期，国利民福之旨可达”，如若国民赞成这一政纲和政见，“则宜拥护吾党，以期实行”③。宋教仁提出的政策主张，作为他理想中的国民党政党内阁的大政方针，由于社会历史条件的局限，未能得到具体实现，虽借鉴了西方国家的一些经验和做法，却从总体上反映了近代中国社会经济和政治发展的一定要求，是一种历史的进步。

## 三、报刊对竞选的介入④

报刊是近代中国社会中主要的新闻媒介，它们对于民初国会选举给予了一定的关注。其中，宋教仁的竞选演说主要被《长沙日报》和《民立报》所报道。《长沙日报》创刊于1905年，原为端方抚湘时以公款创办的

---

① 宋教仁：《中央行政与地方行政分划之大政见》，《宋教仁集》（下），第473页。

② 宋教仁：《国民党湘支部欢迎会演说辞》，《宋教仁集》（下），第446页。

③ 宋教仁：《代草国民党之大政见》，《宋教仁集》（下），第496页。

④ 方汉奇著有《中国近代报刊史》（山西教育出版社1981年版），概述了从1815年到1915年《新青年》中国近代新闻报刊史，主要包括中国早期报刊，外国人在中国的办报活动，中国资产阶级报刊以及民国初年和北洋军阀统治初期的报刊等；此外，可资参考的研究著述还有《中国近代报刊史参考资料》（方汉奇主编，中国人民大学出版社1991年版），《中国新闻事业通史》（多卷本，方汉奇主编，中国人民大学出版社1991年版）及戈公振的《中国报学史》。

一份官报，武昌起义后停刊。1911年9月1日湖南宣布独立，成立军政府，《长沙日报》被革命党人所接收，成为同盟会的机关报。在民初，它是同盟会——国民党在湖南的主要言论机关。因应地域之缘，宋教仁在湖南的演说，它作了重点报道。《民立报》，1910年10月在上海创刊，系于右任在《民吁日报》被封后所创办。它以提倡国民的独立精神为宗旨。在民初一段时间，仍被认为是同盟会的总机关报，同盟会“言于《民立报》”，以“唤起舆论”①。1912年5月，于右任因忙于政治活动，由范鸿仙“主持社中一切”②。它对宋教仁的演说，尤其是他在武汉、上海、杭州、南京等地，几乎作了全程报道。由于宋教仁的演说主要是所到各处国民党支部举办的欢迎会上发表，是党内的，新闻报道则将其扩展到社会中。这些报刊一般在演说后的第一、二天便作了及时报道，主要向社会提供了如下选举信息：(1) 以宋教仁为中心的国民党的竞选活动纪事；(2) 宋教仁的演说辞内容；(3) 国民党的选举政纲；(4) 选举形势。对于选举进展情况，宋教仁在演说中曾两次给予了报告，在鄂支部欢迎会上，他指出，“现在接得各地的报告，我们的选举运动，是极其顺利的。”③较之更为具体的是，在鄂省交通部欢迎会上，他进一步指出，“据各方面报告，此次国民党大占优胜。”④这些报告或报道因提供信息的质量和党派性而对选举有一种导向的作用，产生

① 居正：《辛亥札记》“公宴总理”，载罗福惠、萧怡编《居正文集》，华中师范大学出版社1984年版，第71页。

② 《范鸿仙启事》，《民立报》1912年5月10日。范鸿仙在主持《民立报》前曾任安徽铁血军司令。

③ 宋教仁：《国民党鄂支部欢迎会演说辞》，《宋教仁集》（下），第456页。

④ 宋教仁：《国民党鄂省交通部欢迎会演说辞》，《民立报》1913年2月13日，《宋教仁集》（下），第458页。

一定的“强化效果”[①]。但在近代中国社会历史条件下，报刊的介入对选举的影响是有限度的。如《长沙日报》和《民立报》是同盟会——国民党的地方或全国性机关报，在选举信息媒介中，这种政党机关报及政党的演说会是需要信息的宿主要具有一定知识并对选举有一定的积极性的，对选举不关心的人，选举信息的作用甚微。但在当时，竞选演说及其新闻宣传并不是控制选举结果的主要手段。梁启超曾在《时报》上指出，“今者建国第一次选举，而未闻有一党发表政纲、建旗帜以卜人民之祈向，又未闻有一选举区焉开政党演说之会，以实普天下立宪国所无之现象，而天下政党所未睹之前例也。”[②]梁启超尽管对竞选演说过于理想化，却也反映出当时演说的一定实际。事实上，宋教仁的竞选演说活动也主要是在初选结束、复选[③]开始时才进行的，起初他并没有将之作为主要竞选内容而提上日程的。

相比较而言，黄兴关于国会选举的演说，见诸报端者，据现存资料统计，却仅有一则，即 1913 年 1 月 28 日发表于《民立报》上的《在国民党上海交通部欢迎会上的演说》[④]。此为黄兴辞去川汉粤川铁路督办职，自汉口抵上海，在 1 月 26 日的国民党上海交通部欢迎会上所作。正如他指出

① 根据［日］三宅一郎在《投票行动》（经济日报出版社 1991 年版，第 172—180 页）中的解释，传统选举研究将选举活动的效果划分为活性化效果、强化效果和改变效果等，其中强化效果是指使选民“继续保持原来的决定的作用”。政党机关报、个人和政党演说会，应该说在近代中国选举信息媒介中对选举投票起着一定的强化效果。

② 《时报》1913 年 3 月 25 日。

③ 根据《众议院议员选举法》规定，初选以县为选举区，复选合若干初选区组成，每省不超过八区。议员选举，先于初选阶段选出 50 倍于本省名额的初选当选人，再由初选当选人于复选阶段互选产生。根据《参议院议员选举法》规定，参议员也须经初选、复选，先选举省议员，组织正式省议会，然后，省议员为选举人，进行选举。

④ 黄兴：《在国民党上海交通部欢迎会上的演说》，《黄兴集》，中华书局 1981 年版，第 309 页。

的，“此次由湘、汉到沪，调查一切政治状况与选举状况。”① 从其演说内容上看，主要涉及如下问题：其一，民国宪法问题。黄兴认为，民国宪法问题，“惟现今最重大者”，因为，“在此后吾民国于事实上，将演出何种政体，将来政治上之影响良恶如何，全视乎民国宪法如何始能断定。”对此，他要求国民党“万不能不出全力以研究之，务期以良好宪法，树立民国之根本。”② 其二，党策问题。他认为，“至于吾党自身，则当养成政党的智识道德，依政党政治之常轨，求达利国福民之目的”，但“不可轻易主张急进，以违反政党进步之原则”。在当时国民党“各省选举既占优势”的情况下，他强调“亟宜讨论政见，主张一致，共谋平和稳健之进行。”③ 如前所述，这些问题同样在宋教仁的演说中得到了相应反映，而且内容更为具体，并与其所主张的政党内阁相联系，势在成为国民党政党内阁的施政纲领与政策主张。当时的报刊对其演说作如此大量和详细的报道，由此可以看出，宋教仁较之黄兴，在国会竞选中是相当活跃的，因此而成为报刊报道的一个新闻焦点。这也表明，认为宋教仁主持了国民党的国会竞选，不仅依据其党内领导职务及相应政治地位，而且在一定意义上，是由其国会竞选活动，尤其是竞选演说所具体奠定的。

① 黄兴：《在国民党上海交通部欢迎会上的演说》，《黄兴集》，中华书局 1981 年版，第 309 页。

② 黄兴：《在国民党上海交通部欢迎会上的演说》，《黄兴集》，中华书局 1981 年版，第 309 页。

③ 黄兴：《在国民党上海交通部欢迎会上的演说》，《黄兴集》，中华书局 1981 年版，第 309 页。

# 第七章　宋教仁推行政党政治的历史命运

“政党政治”的概念最早出现在宋教仁的著述中，是在《近日各政党之政纲评》。宋教仁当时就“宪友会”“帝国宪政实进会”等的政纲发表评论，认为“吾国人尚望政党政治之发生，以督促立宪之成功乎?”①一开始，他便将政党政治与立宪联系在了一起。至《日本内阁更迭感言》的发表，他明确指出，“立宪政治，以代表国民公意为准则，而最适于运用此制者，则莫如政党政治。”②也就是说，他是主张政党政治的。随着中华民国的创立，由专制而为共和，宋教仁的政党政治思想逐步形成，并将政党政治作为“国民主权之国”政治的“唯一之常规”③，力主在民初政治生活中推行，这在民初国会选举中作了一定尝试，却在现实中归于失败。宋教仁的政党政治思想成为近代中国政治思想发展史上一份重要遗产。

---

① 宋教仁:《近日各政党之政纲评》,《民立报》1911年6月23日、7月25日,《宋教仁集》(上),第230页。

② 宋教仁:《日本内阁更迭感言》,《民立报》1911年9月5日,《宋教仁集》(上),第306页。

③ 《国民党宣言》,《民立报》1912年8月18日,《宋教仁集》(下),第748页。

## 第一节　再论宋教仁被刺案的发生

宋教仁的政党政治活动，因宋教仁被刺案的发生而终结。“宋案”是中华民国史上一桩铁案，由于侦破及时，搜集证据较完备，真相大白于天下。从宋案发生始，时人对其事记述甚为翔实，对其发生的原因也多有所分析与研究。这里主要有如下代表性的认识：

一是，“虚袁说”。这是李剑农在《中国近百年政治史》中提出的观点。他认为，宋教仁“只肯把正式总统给代表旧势力的袁世凯，而内阁必操诸代表新势力的政党”①。这就是说，宋教仁主张袁为总统，政党组织内阁。此说，长期以来被学术界所普遍接受。

二是，“废袁举黎说”。吴相湘不同意上述李氏的观点，他认为，“虚袁说”实“皮相之谈而未把握当时事实真相”，并“质言之，如宋若有意只肯把正式总统让给袁世凯，尚不致死!”他进而指出，“当时酝酿宋及黄兴活动举黎元洪为正式总统，宋以国会多数党之推选出任国务总理把握实权，袁将被排斥于民国政府之外。”②此说以为袁刺杀宋教仁的真正原因是袁世凯要当正式总统，而宋教仁则欲以黎元洪取而代之，与内阁问题无涉。其实，在吴相湘之前，蔡元培于1920年7月27日为《我之历史》作序时，曾提出过相类似的观点。他说，“先生百计联络，始以同盟会与其他三、四政团相结合而组织为国民党；以为有此多数党为大本营，足以操纵袁氏。既而知袁氏终不足与有为，乃舍袁就黎，遂以此触袁之忌，而先生死矣。”③

① 李剑农：《中国近百年政治史》，第382—389页。

② 吴相湘：《袁世凯杀害宋教仁之真正原因》，见《宋教仁传记资料》（四），第102页。

③ 蔡元培：《〈我之历史〉序》，见高平叔编：《蔡元培全集》（第三卷），中华书局1984年版，第439页。

吴相湘并不是这一观点的首倡者，而是他对此所作的专门论述和进一步探讨，则在学术界产生了一定影响。

三是，“袁独裁说”。余青在《宋教仁被刺秘闻》中认为，“袁欲独裁，亟思去宋。”这一观点指出，“袁世凯深知立宪政治的实权，在于内阁，总统不能离开内阁单独行动。于是，决定刺杀宋教仁，以消除政敌，然后由他的羽党组阁，任凭他弄权操纵，独断独行。”① 这与“虚袁说”不同的是：①不是从宋教仁方面，而是换了一个认识角度，即从袁世凯方面寻找原因，这可以说是一个问题的两个方面；②在内阁组成上，二者的区别在于，不是要否内阁，而是要由谁组成何种形式的内阁。

四是，“政治背景说”。施溪潭在《民初〈宋案〉背景的探讨》② 中认为，“袁氏何以必欲置宋于死地呢？此实有极端复杂的政治背景存在。”他并将之归纳为三个方面，A.“北洋革命两派势力的倾轧”；B.“袁宋政治主张的冲突”，这主要表现在政党责任内阁制的主张、国务总理的产生、省长民选制的建立等；C.“宋的个性”，即廉洁自持、贫贱不移，个性急切、心胸狭隘。考察上述诸背景，施氏指出，“袁世凯认为杀宋非但可去一有力之政敌，且可警告其他，使之不敢轻易与其为敌，如是议会中的国民党议员也将因‘宋案’而丧胆。”尽管这一观点涵盖了多方面的背景因素，实际上是立足于袁世凯方面，对宋教仁与袁世凯矛盾关系产生与变化过程的历史考察。

上述四说，分别从宋教仁的政治主张或袁世凯的专制政治动机等方面对“宋案”的发生作了动因分析或背景考察，这似乎再无讨论的必要。“宋

① 余青：《宋教仁被刺秘闻》，见《宋教仁传记资料》（四），第 87 页。又，张百麟在《说明本党国会期间之遭遇与态度》中也指出，“杀一宋遯初者，非杀人也，乃打击平民政治，伸张专制政治也。”见《国民》1913 年 6 月，第 2 号。

② 施溪潭：《民初〈宋案〉背景的探讨》，见《宋教仁传记资料》（二），第 50—51 页。

案”虽为一桩政治暗杀事件，却是对一个时代一定阶段政治面貌、政局变化发展的一种集中反映和缩影。在对袁的关系问题上，与政党内阁制同时存在的还有其他政治主张及斗争策略，为何宋教仁主张政党内阁而遭此暗杀？与国民党在国会选举中分立并存的政党尚有共和党、统一党和民主党等，在国民党内宋教仁的政治威望居于孙中山、黄兴之下，而且宋教仁被暗杀时是在“和拓鲁生、黄兴、陈策、廖仲恺等向东站出口处横列而行”[①]的状态下发生的，为何唯有宋教仁一人被袁、赵（秉钧）授意刺杀？再者，与宋教仁具有同样或相似政治背景的人也不乏其人，是什么使宋教仁成为这一背景下被暗杀的唯一对象？袁与赵秉钧是在何时或何种情况下授意暗杀宋教仁的，有了这一具体时间概念，才能够根据是那时而不是别时的史实来分析“宋案”发生的原因或条件。

具体言之，“虚袁说”中，“只肯把正式总统给代表旧势力的袁世凯”，是宋教仁主张政党内阁制的基本要义在现实中的具体表现，从根本上还是政党内阁制问题。而且，此说没有时间界定，这是否意味着袁世凯在宋教仁主张政党内阁初始就欲对其预谋暗杀，非也；若仅有政党内阁主张而无实现的条件与可能性，并且这种可能性没有现实基础，就不能够转化为一种政治作用力，不构成对袁世凯政治利益的直接威胁与侵蚀，袁世凯也不至于非暗杀宋教仁不可。“虚袁说”是根据宋教仁的政党内阁制主张而逻辑演绎出来的。

“废袁举黎说”是针对“虚袁说”而在史实上考证所得，是对“虚袁说”的一个反证。在此说中，存在这样一个问题，即宋教仁何时提出要废袁举黎的，如若废袁举黎是起因，那么袁授意暗杀宋教仁应与这一时间相吻

① （中国台北）“中央党史史料编纂委员会”：《宋教仁》，见《宋教仁传记资料》（二），第8页。

合。吴相湘提出废袁举黎说主要依据的是民国二年三月十五日（1913 年 3 月 15 日）宋教仁的《答匿名氏驳词》及其他佐证。[①] 宋教仁在《答匿名氏驳词》中说，“近日以来，造谣生事，捏词诬人，使民心惶惑国事败坏，实为不鲜（如谓黄、宋运动黎元洪为正式总统，赣、皖、闽、粤联络独立等之谣皆是）。”[②] 吴相湘旁引相关材料，指出，“举黎元洪为总统之说实非无中生有造谣生事之流言。”他借此认为废袁举黎乃为宋教仁被刺案发生的真正原因。[③] 如此说来，宋教仁为何要辟谣呢？况且黎元洪又为共和党理事长，宋教仁举黎出于何种目的？因此，这里仍有一个废袁举黎的历史真实性问题未得到彻底解决。我们对于宋教仁辟谣一事可作如下判断：①废袁举黎属一时的、机密之议；②举黎未果；③宋教仁出于政治斗争策略考虑；④确无此事。姑且不论废袁举黎真实与否，按照吴相湘的认识逻辑分析，那么宋教仁提出废袁举黎究竟始于何时？吴相湘所列举的材料提供的最早时间是，宋教仁 1913 年 3 月 15 日发表《答匿名氏驳词》前几日或十几日。[④] 又据刘吉祥（Kit Siong Liew）在 *Struggle for Democracy: Sung Chiao-jen and the 1911 Chinese Revolution* 中记述：宋教仁在武昌访问黎元

---

① 吴相湘：《袁世凯杀害宋教仁之真正原因》，见《宋教仁传记资料》（四），第 102 页。吴氏在文中列举的证据材料是载于宋教仁的《答匿名氏驳词》，[《宋教仁集》（下），第 447 页]：[日]北一辉的《支那革命外史》(第 277—278 页)；《章太炎自定年谱》(1913 年)；《黎元洪通电》[1913 年 4 月 6 日，载于《民立报》1913 年 4 月 11 日]；黄远庸的《远生遗著》(商务印书馆 1984 年版，卷三，第 70—72 页)；《邹鲁文选》等。

② 宋教仁：《答匿名氏驳词》，《民立报》1913 年 3 月 15 日，见《宋教仁集》（下），第 477 页。

③ 吴相湘：《袁世凯杀害宋教仁之真正原因》，见《宋教仁传记资料》（四），第 102 页。

④ 宋教仁在《答匿名氏驳词》（1913 年 3 月 15 日）中指出，他在“上海国民党欢迎会中演说中间，颇有言政府外交、财政失策之语”，“乃不意经数日居京中乃有某氏者，匿名投稿名报，大肆辩（辨）驳”。同时，“近日以来，造谣生事，捏词诬人”。其中从内容上看，“上海国民党欢迎会应是指 1913 年 2 月 19 日的国民党沪交通部欢迎会”。

洪时说，“我们不能使袁世凯做我们听话的工具，我要我党党员选你当总统。”① 宋教仁回乡省亲至被暗杀期间，曾两次路过武昌，即1912年11月5日和1913年2月上旬，前者关于宋教仁与黎元洪谈话情况被《长沙日报》以题为《宋渔父都督府中一席话》作了报道，其谈话内容包括借款、省官制和划分国家税地方税等问题，未涉及举黎问题。② 后者是宋教仁由湘抵鄂，驻武昌府，这时国会选举已揭晓，若废袁举黎为历史事实，应该是这次抵鄂时宋教仁访问黎元洪，并在国民党国会选举获胜的前提下作上述表示的③，而且黄兴这时也在武汉。因此，2月18日的北京《亚细亚日报》载，“某党（指国民党）本有一部分人欲推戴黄兴为总统，其心可谓极雄，然黄兴及宋教仁二氏则力主稳进，竭力推黎，其用意所在，欲以黎氏为虚位的总统，而本身则于其下掌握政权。”并说，“宋教仁氏则另有一种大计划，而其推黎副总统为大总统之意，则与黄派同一鼻孔出气，谓黎既为总统，则我等可组织同志内阁云云。宋氏并驻宿武昌都督府中，舌敝唇焦，皆陈说此事云。”④ 可以作为补证的是，1913年5月《亚细亚日报》又载，“黄克强自知众望不孚，自武昌总选举时，即极力怂恿黎副总统为正式总统，

① “He went to Wuchang and visited General Li to whom he said, ‘we cannot make Yuan Shih-Kai our willing tool.1 Will have the members of my party elect you as the permanent president.’” Kit Siong Liew, Struggle for democracy Sung Chiao-jen and the 1911 Chinese Revolution，p.189. Struggle for Democracy: Sung Chiao-jen and the 1911 Revolution, Berkeley and los Angeles: University of California Press. 1971.

② 宋教仁：《在鄂都督府之谈话》（1912年11月5日），《宋教仁集》（下），第426—427页。

③ “He went to Wuchang and visited General Li to whom he said, ‘we cannot make Yuan Shih-Kai our willing tool.1 Will have the members of my party elect you as the permanent president.’” Kit Siong Liew, Struggle for democracy Sung Chiao-jen and the 1911 Chinese Revolution，p.189. Struggle for Democracy: Sung Chiao-jen and the 1911 Revolution, Berkeley and los Angeles: University of California Press. 1971.

④ 《亚细亚日报》1913年2月18日。

以与袁抗，为黎所拒绝。”[①] 但是，《亚细亚日报》为袁系报刊，对其所报道内容，宋教仁曾在《答匿名氏驳词》中给予了驳斥，并认为是“造谣生事，捏词诬人”[②]。事实真相有待进一步考证，搁置不议。但它至少说明，废袁举黎见诸报端，已成为一种社会传闻。黄远庸在《政海之一勺》中也说，“关于运动黎氏为总统之事，以记者之所闻，先有张继、曾昭文二君特别之推动，继之以黄兴，宋教仁二君之面谈。”[③] 也由此可知，吴氏所说的废袁举黎大致应酝酿于1913年2月中上旬。[④] 但是，当时江苏都督程德全、民政长应德闳1913年4月26日电呈袁世凯并通电全国宣布检查宋案之结果，[⑤] 从其公布的证据看，赵（秉钧）与应桂馨[⑥] 间最早的来往电函则是1913年1月14日的赵秉钧致应桂馨函：“密码送请检收，以后有电，直寄国务院可也。”[⑦] 这至少可以说，废袁举黎发生于袁、赵授意监视或暗杀宋教仁之后。因此，“废袁举黎”在“宋案”发生的历史过程中，不论作为社会传闻或事实，如果有作用，也只是加剧了这一进程，是一个导火线，

① 朱宗震、杨光辉编：《民初政争与二次革命》上册，上海人民出版社1983年版，第312页。

② 宋教仁：《答匿名氏驳词》，《民立报》1913年3月15日，《宋教仁集》（下），第477页。

③ 黄远庸：《远生遗著》，商务印书馆1984年版，卷三，第70—72页。又，黄远庸，江西九江人。1904年以进士身份赴日留学，习法律。回国后，先在邮传部、编译局、法政讲习所等机关任职，旋辞官从事新闻工作，先后担任过《申报》《时报》等报记者，并为《少年中国周刊》《论衡》《东方杂志》《庸言》和《东方日报》《国民公报》、《亚细亚日报》撰稿。

④ 宋教仁：《答匿名氏驳词》，《民立报》1913年3月15日，《宋教仁集》（下），第477页。

⑤ 程德全、应德闳：《宋案真相》，《宋教仁传记资料》（四），第91—92页。

⑥ 应桂馨，字夔丞，浙江宁波人。上海光复后，沪军都督府间谍科科长，后任南京临时政府总统府庶务员，北京临时政府总统府长江侦探科长，组织共进会，任会长。《中华民报》1913年3月25日。

⑦ 程德全、应德闳：《宋案真相》，《宋教仁传记资料》（四），第92页。

却不是“宋案”发生的起因或根源。在 1913 年 1 月 14 日之前，宋教仁主要是推行政党内阁制，并进行国会竞选演说活动，而国会竞选的目的则是要建立政党内阁。再者，如果将废袁举黎理解为宋案发生的真正原因，那么黄兴与宋教仁共同主张举黎，而且宋教仁遭暗杀时与宋教仁“横列而行”，为何未被袁世凯列为暗杀对象？这表明，就宋教仁与黄兴相比较而言，宋教仁被暗杀，还应从其不同于黄兴的地方去寻找原因。这主要是，“黄与孙皆注重实业，尽力于社会事业”①；宋教仁则实际主持国民党，推行政党内阁制。在袁世凯看来，“孙、黄易与，宋公实其劲敌。”② 这就是说，宋教仁不仅主张政党内阁制，而且在政治生活中依托国民党，利用国会选举这一历史机遇具体实施，宋教仁因此而成为袁世凯的强劲政敌。随着国民党在国会选举中的胜利，政党内阁制的实现有了现实可能性，宋教仁也已做好了组织政党内阁的准备。倒主要不是因袁世凯不主张政党内阁制，而是宋教仁的这种合法斗争即将危及其政治统治和地位。袁世凯说，“以暴力手段夺取政权还好应付，以合法手段取得政权，置总统于无勇之地，却厉害得多了。”③ 这时，宋教仁与袁世凯的政治利益冲突和矛盾关系达到了不可调和的地步，即使不废袁举黎，这在近代中国政治暗杀作为一种政治手段而被运用的情况下，“宋案”的发生也是不可避免的了。因此，“宋案”的发生有其历史过程，并非是单纯的政治主张的尖锐对立或某个特定政治行为所致，而是宋教仁推行政党内阁制发展到一定历史阶段的必然产物。

---

① 宋教仁：《致北京各报馆书》，《宋教仁集》（下），第 420 页。又，宋教仁：《答〈民立报〉特派员问》，《民立报》1912 年 10 月 7 日，《宋教仁集》（下），第 423 页。

② 马大中：《大中华民国史》，第 183 页。

③ 陶菊隐：《北洋军阀统治时期史话》第一册，生活·读书·新知三联书店 1978 年重印版，第 154 页。

“宋案”发生的历史过程，一方面，是宋教仁倡导政党内阁制从思想认识到现实的逐步发展；另一方面，是袁世凯对宋教仁态度的升级到授意暗杀。事实上，所公布的“宋案”证据已为我们提供了一个“宋案”发生的大致轨迹。

从时序上看：

1 月 14 日，赵秉钧致应犯函：“密码送请检收，以后有电，直寄国务院可也。”①

1 月 25 日，应犯致赵秉钧密电载，“国会盲争真象已得，洪回面详”。②

2 月 1 日，应犯致赵秉钧密电载，“宪法起草③，创议于江、浙、川、鄂国民党议员，现以文字鼓吹，金钱联合，已招得两省过半数主张两纲：一系总理处不投票，似已操有把握；一系解散国会，手续繁重取效已难已力图。此外，何海鸣、戴天仇等已另筹对待。”

---

① 张国淦在《孙中山与袁世凯的斗争》中有这样的记述，1913 月 3 月 21 日，国务院召开国务会议，得知宋教仁被刺的报告，在赵秉钧被总统府电请去后，“司法许世英问，院中近来曾接上海特别密电否，记录秘书恩华答言：‘本年似在一月间某日深夜，上海来［应密］急电，电务处向秘书厅取密本，厅中查未有此［应密］，是夜本人（恩自谓）在院值班，即到总理处取来［应密］本。此本皮面，原写［洪密］二字，‘洪’字涂去改‘应’字。译出，只有‘某日到沪’数字，下款当时不甚注意，已记不清。当时译电并原密本亲呈总理。总理谕：‘以后如有特别密电来院，其密电本不在秘书厅者，即将原电径送我处自译，电务处人言以后亦未接有上海特别密电。”（《北洋军阀史料选辑》，见《宋教仁血案》，岳麓书社 1986 年版，第 477—478 页。）

② 据张继回忆“民国二年三月二十九日，偕程仲渔（克）访赵治安（秉钧）。王奇裁（治馨）亦在。王云：洪迷祖于南行之先，见总统一次，说：‘国事艰难，不过是二三反对人所致，如能设法剪除，岂不甚好！’袁曰：一面捣乱尚不了，况两面捣乱乎！话止如此。”（张国淦在《孙中山与袁世凯的斗争》中摘录于《国史馆馆刊》第一卷第二号。）

③ 国民党时曾由王宠惠执笔起草有《中华民国宪法刍议》及其草案。后来，《民主报》从 1913 年 3 月 28 日连续刊载。

是日，洪述祖[①]致应犯函载，“大题目总以做一篇激烈文章方有价值也。”[②]

2月2日，应犯致赵秉钧电载，“孙、黄、黎、宋运动极烈，黎外均获华侨资助，民党均主举宋任总理”；“内外多事，倘选举扰攘，国随以亡，补救已迟。及今千钧一发，急宜图维。”

是日，洪致应犯函载，“要紧文章已略露一句，说必有激烈举动，吾弟须于题前径密电老赵，索一数目，似亦不宜太迟也。”[③]

2月4日，洪致应犯函载，“冬电[④]到赵处，即交兄手面呈总统阅后，色颇喜悦。弟颇有本事，既有把握，即望进行云云”。

2月8日，洪致应犯函载，“阅过函电谅入览，日内宋辈有无觅处，中央对此似颇注意也。”[⑤]

2月11日，洪致应犯函载，“宋件到手，即来索款!”

2月22日，洪致应犯函载，“来函已面陈总理、总统阅过”；“以后勿通电国务院”；“请款总要在物件到后，国会成立之时.不宜太早太迟，为数不可过三十万，因不怕紧，只怕穷也。”[⑥]3月12日，应致洪函载，“《民立》实记遯初在宁之说词，读之即知其近来之势力及趋向所在矣”；“若不去宋，非特生出无穷是非，恐大局为扰乱”。

---

① 洪述祖，即洪荫芝，常州人，张之洞督鄂时，捐一通判。在北京临时政府时，任赵秉钧内务部秘书。见《民立报》1913年3月29日。

② 方祖燊在《三湘渔父——宋教仁传》中作注解，这里的“激烈文章”，是指暗杀宋教仁，“价值”，是指报酬。

③ 《民立报》在披露“宋案”证据时曾加按语指出，“要紧文章已略露一句者，谓已于老赵前微露其意也。”洪述祖要应犯在“下手前预索一巨数，以便下手后取赏”。

④ 冬电，即指应犯1913年2月2日致赵秉钧电，电文大意是，“应夔丞故为大言以倾陷国民党重要人物之电。”（见《民立报》披露宋教仁案证据时所加按语）

⑤ 这里的“中央”，是指袁世凯。

⑥ 这表明暗杀宋教仁的具体时间表业已定下来，即在“国会成立之时”。

3月13日，洪致应犯电载，“毁宋酬勋位[①]，相度机宜，妥筹办理。”

3月14日，应致洪电载，“梁山匪魁[②]顷又四处扰乱，危险实甚，已发紧急命令设法剿捕。”

3月17日，洪致应电载，“寒电到债票特别准，何日缴现领票。”[③]

3月18日，应致洪电载，“寒电应即照办，倘空言，益为忌者所笑。”

3月19日，洪致应电载，“事速行”。[④]

3月20日，应致洪电载，“念四十分钟所发急令已达到，请先呈报。”

3月21日，应致洪电载，“匪魁已灭，我军一无伤之，堪慰。望转呈报。”[⑤]

赵秉钧、应桂馨、洪述祖之间的来往电函没有涉及“废袁举黎”正或反两方面的材料，反映的主要是宋教仁及其国民党的国会选举活动，以及袁、赵授意应、洪具体办理对待宋教仁的计划与实施过程。关于黎元洪，也只是2月2日应在致赵的密电中报告，“孙、黄、黎、宋运动极烈，黎外均获华侨资助”，以及“黎使田姓来沪筹款，迄未成”等。[⑥]由此表明，袁世凯对宋教仁的处置安排，从派人跟踪监视到“毁宋”暗杀，不是在获悉“废袁举黎”的有关情报后才着手开始的，而是蓄谋已久，并在国会选

① 毁宋酬勋位，即在赏金之外，“杀宋教仁则酬以勋位也”。(《民立报》披露宋教仁案证据时所加按语)

② 这里，以《水浒传》中梁山泊宋江，暗指宋教仁。

③ 这是洪述祖复应犯1913年3月14日电，内含暗杀宋教仁的酬劳，已经由袁世凯允准。

④ 此电是洪述祖敦促应犯速对宋教仁进行暗杀。

⑤ 1913年3月20日“宋案”发生后，应犯在电文中要洪述祖“请先呈报”，这里又致电洪述祖“望转呈报”，即向袁世凯、赵秉钧呈报关于宋教仁已被暗杀的情况。由此，再一次证明，袁、赵为宋教仁被刺杀的幕后主使者。

⑥ 《应夔丞致赵秉钧密电》(1913年2月2日)，徐血儿等编：《宋教仁血案》，岳麓书社1986年版，第327页。

举中国民党获胜的情况下待机而为的，暗杀宋教仁是袁世凯对其“劲敌”所实施的一种暴力行为。宋教仁之所以能成为袁世凯的“劲敌”，从根本上说，则是他推行政党内阁制，危及并动摇了袁世凯的政治统治地位。对于政党内阁，袁世凯说，“超然内阁及政党内阁余均不能赞成，余意现吾国情形两种内阁均不适用，第一人才缺乏，如今专取共和党、同盟会或超然无党之人组织内阁，无论何方面均不能得许多人才，故之意见非连合数党及无党之人共同组织，断不能成一美满之内阁。”[①] 其实，他反对政党内阁的真正动机，正如他所言，“吾国今日政党方始萌芽，纯粹政党内阁尚难完全成立。若再越数年，民国基础稳固，政党亦皆发达，人才辈出，彼时余已退老山林，听诸君组织政党内阁可矣。”[②] 也就是说，袁世凯在其统治期间，是不允许组织政党内阁的。而宋教仁力主政党内阁而欲行之，即与袁形成针锋相对的矛盾关系。这就是宋教仁被暗杀、“宋案”发生的根本原因。“虚袁”是政党内阁“虚位总统”的具体化；“废袁举黎”，如若客观存在，则是由宋教仁推行政党内阁制所派生出来的；“袁独裁”，只是一种价值判断，它与“宋案”的发生并不是一一对应的。“政治背景说”提供了“宋案”发生的可能性，但这种可能性转化为现实性，则不是取决于所谓的“政治背景”，而是政治生活中宋教仁与袁世凯间矛盾关系变化发展的结果。宋教仁被暗杀，具体表现为宋教仁推行政党内阁制作用于袁世凯的一种反作用。这同时反映出宋教仁政党内阁制主张的实际政治作用与影响，它并不是“自谋总理”和“议会迷”所能涵盖得了的。在当时的社会历史条件下，宋教仁推行政党内阁制，对于民初民主政治建设不失为

---

① 《大总统与同盟会代表之谈话》，《政府公报》1912 年 6 月 22 日。又，《民立报》1912 年 6 月 23 日。

② 《大总统与同盟会代表之谈话》，《政府公报》1912 年 6 月 22 日。又，《民立报》1912 年 6 月 23 日。

一种有意义的尝试。

## 第二节 从梁启超论民初政党政治的前途谈起

对于民初政党政治，时人论及其前途与命运，从中也指出了其所存在的一些弊端及矛盾问题，在一定意义上提出了它之所以失败的历史原因。杨度在国会选举前曾预言，“中国今日各党尚在组织内部之时代”，共和党与民主党合并，“积两党健全之分子，而加以深密宏毅梁任公之党魁为之指挥训练，将来飞腾可为预卜。旁揣国民党经此警醒，亦必益促其改良内部之举，仍保其大党地位。屈计中国政党运用政治之机，两三个月后已可发露，当不在远矣。”[①] 这里，杨度持乐观态度。但在国会选举揭晓后，被杨度寄予厚望的梁启超发表《中国政党政治之前途》一文，指出，“国中多数人之心理，于我国政党政治之前途，恒惴惴之不敢置信；即前此狂热于政党者，从事渐久，则希望亦渐灰，谓以我国人之道心，之政习，虽标政党之名，终不能脱朋党之实，则惧以利国之具，变为覆国之谋。”[②] 正是在此专论中，梁启超提出了关乎中国政党政治前途的九个方面的问题。总体而言，他主要以政党政治的应然为标准评判民初政党政治的实然[③]，进而对民初政党政治产生了相应的怀疑。

梁启超所涉及的九个方面的问题，以其内容的关联，归纳言之，主要

---

① 杨度：《与吴仲遥谈政党问题》，刘晴波主编：《杨度集》，湖南人民出版社 1986 年版，第 549—550 页。

② 梁启超：《警告政党及政党员（节录）》下篇《中国政党政治之前途》，吴嘉勋、李华兴编：《梁启超选集》，上海人民出版社 1984 年版，第 632 页。

③ 应然，即应当如何；实然，则即现实如何。参见李景鹏教授《关于国家与社会关系的对话》，《人民日报》1998 年 10 月 17 日。

表现为如下方面：

其一，政党组织与党员问题。梁启超指出，“夫尽人可入之党，必其无主义之党也；尽党可入之人，必其无主义之人。合无数无主义之人，以成一无主义之党，欲以昌政党之名得乎？”① 这是他就民初政党吸收党员和党员入党中存在的问题而言的。民初政党，“惟思顿大弦以网多士，不问其人于党义有无会契，惟使之入吾彀，不得则加之以威，福之以利”；入党者，“罕复问党义是否为吾所心悦诚服，党之举措是否践行党义，贸然入之，以为酬应而已。”② 也即是说，各政党无严格的入党标准，各党员也不是以党义择党。这就相应地影响到党员对于其所属政党的责任与义务的态度问题。梁启超认为，“夫党员之入党也，实缘自认为对于国家有一种政治上之义务，欲完此义务，所持惟党，故入党之后，直接负义务于党，即间接负义务于国，至于权利则无有也”③；而且，“党员以忠于党为本分，不能挟忠以责偿于党。”④ 以此反观民初政党党员，“或见夫各党之竞相罗致，谓其将借我以为重也，一旦加入，投一票赞议，则侈然示德色，而责望本党以种种之报酬。”⑤ 梁启超分析说，“苟一党中而此等党员居多，其不应之耶，则驱鱼爵以资渊丛”；⑥ 再者，“党如久处逆境，将纷纷下堂求

① 梁启超：《敬告政党及政党员（节录）》下篇《中国政党政治之前途》，“怀疑者一”，《梁启超选集》，第 627 页。

② 梁启超：《敬告政党及政党员（节录）》下篇《中国政党政治之前途》，“怀疑者一”，《梁启超选集》，第 627 页。

③ 梁启超：《敬告政党及政党员（节录）》下篇《中国政党政治之前途》，“怀疑者八”，《梁启超选集》，第 630—631 页。

④ 梁启超：《敬告政党及政党员（节录）》下篇《中国政党政治之前途》，“怀疑者八”，《梁启超选集》，第 630—631 页。

⑤ 梁启超：《敬告政党及政党员（节录）》下篇《中国政党政治之前途》，“怀疑者八”，《梁启超选集》，第 630—631 页。

⑥ 梁启超：《敬告政党及政党员（节录）》下篇《中国政党政治之前途》，“怀疑者八”，《梁启超选集》，第 630—631 页。

去；党如骤得志，则尽托国家膏髓，不足以资党人之营养也。若是乎，则党员徒为党累，而党徒为国累耳。夫党人而视党为权利所自出，夷党于市道也。”[①] 他就此指出，“我国之政客，类此者，时有所闻。”这样，党员则难以做到“真爱党”，当然不能够“直接负义务于党，即间接负义务于国。”[②] 根据梁启超的理解，“真爱党者，每遇一问题列于党义之时，不惜上下其议论，务欲以己之意见使成为党之意见。及夫审议之结果，己之意见能遂为党所采用，斯最美矣；若不幸而党议与吾意相反，但使吾一日未脱党，吾必惟党义是从。”梁启超对“我国党员果有此习惯”表示了怀疑。[③]

其二，党争问题。梁启超认为，“政党者，以有他党对待而始获名者也。使中国仅有一党，则亦不必复谓之党矣。是故凡健全之政党，一方面固爱护本党，一方面又未尝不尊重他党。”[④] 之所以如此，这在梁启超看来，与朋党不同，“政党以国家之利益为本位，而国家之利益常为相对的。其与吾党所谓利益相冲突者，未必其遂与国家利益相冲突，故一面虽力持己党所主张，一面仍有容他党别持其所主张之余地也。”[⑤] 因此，在党争和处理党际关系问题上，“政党惟堂堂正正，自发挥其所主张，以与他党所主张相论战，求同情于国民，以为制胜之具耳；而对于他党，无所用其嫉

① 梁启超：《敬告政党及政党员（节录）》下篇《中国政党政治之前途》，“怀疑者八”，《梁启超选集》，第630—631页。

② 梁启超：《敬告政党及政党员（节录）》下篇《中国政党政治之前途》，“怀疑者八”，《梁启超选集》，第630页。

③ 梁启超：《敬告政党及政党员（节录）》下篇《中国政党政治之前途》，“怀疑者九”，《梁启超选集》，第631—632页。

④ 梁启超：《敬告政党及政党员（节录）》下篇《中国政党政治之前途》，“怀疑者五”，《梁启超选集》，第629页。

⑤ 梁启超：《敬告政党及政党员（节录）》下篇《中国政党政治之前途》，“怀疑者五”，《梁启超选集》，第629页。

妒，无所用其妨害。”[①] 与之相对照，民初政党实际则是另一番景象。梁启超指出，“然今日我国政党，若惟以蹙灭他党为惟一之能事，狠鸷卑劣之手段，无所不至。党对于党也有然，党员对于党员也有然。”[②] 民初政党实不具健全政党的基本条件，党争不循正当途径。反映在民初国会选举上，其实际状况表明，“与其谓之党与党争也，毋宁谓之人与人争。人与人争之结果，遇敌党之人则固与争，遇本党之人则亦与争，金钱之运用，威力之恫吓，不择而施也。于是乎非以党员供党之用，而反以党供党员之用。”[③] 在这种情况下，党争的弊端之一，则是“政党之分野，不以主义而以地方人士之意见。夫地方人士之意见，本无道以齐一也，其意见又无从关系于国家大政也，于是乎政党之分野终不可确指，惟借以供各地方人士轧轹之具而已”[④]。梁启超指出，政党竞争“惟用以对外，用不以对内，竞于内则未有复能竞于外者也”[⑤]。而且，在党势优胜而与政权接近之时，“苟循此不变，则内竞之烈，且将倍蓰仟佰，而党之所存者幸矣”[⑥]。也即是说，如此党争，不仅会导致党与党竞争中的失败，而且危及政党本身的存在。

其三，政党的选举问题。民初政党的第一次国会选举运动，在梁启超

① 梁启超：《敬告政党及政党员（节录）》下篇《中国政党政治之前途》，“怀疑者五”，《梁启超选集》，第629页。

② 梁启超：《敬告政党及政党员（节录）》下篇《中国政党政治之前途》，“怀疑者五”，《梁启超选集》，第629页。

③ 梁启超：《敬告政党及政党员（节录）》下篇《中国政党政治之前途》，“怀疑者七”，《梁启超选集》，第630页。

④ 梁启超：《敬告政党及政党员（节录）》下篇《中国政党政治之前途》，“怀疑者六”，《梁启超选集》，第630页。

⑤ 梁启超：《敬告政党及政党员（节录）》下篇《中国政党政治之前途》，“怀疑者七”，《梁启超选集》，第630页。

⑥ 梁启超：《敬告政党及政党员（节录）》下篇《中国政党政治之前途》，“怀疑者七”，《梁启超选集》，第630页。

看来，“未闻有一党发表政纲”；“又未闻有一选举区焉，开政党演说之会。”他就此指出，“实普天下之立宪国所无之现象，普天下政党所未睹之前例。”① 梁启超作出这样的判断，是与其对选举的认识相联系的。他指出，“选举为政党活动之第一壮剧，各党皆于此示现精神以孚信于国民焉。诸先进国之政党，每为总选举之将届，必举本国会会期中诸重要问题，宣示具体的意见，号为本党政纲，颁之国中；尤必广开政谈演说会。”② 这样，“选举制多数之党，必其得多数人民之信仰者也。”③ 民意通过选举得以表达出来。梁启超在回答政党政治的根据时认为，“夫国会何以能代表国民，以议员为国民所信任故；何以知其为所信任，以国民以自由意志公选故。是故其党得多数议员于国会者，即认为得多数信任于国民。”④ 然而，民初国会选举中，“其假手于金钱及威力之干涉者什而八九。”他进而指出，“然以有党之故，而选民之自由意志乃反被束缚所丧，则自由之敌非他，乃政党也！为欲得自由政治而设政党，以有政党故，而自由政治乃不可复见，似此犹以冒政党之名得乎？”⑤ 再者，选举结果将政党分作执政党和在野党。就在野党来说，“当其在野也，固不可不为在朝之准备，即长此在野，而监督政府之责任亦綦重。监督之业似易而实非易，非有相当之学识、经验，一发言辄与情实矛盾，徒为当局者所玩弄而已。”但是，对于这种“政

① 梁启超：《敬告政党及政党员（节录）》下篇《中国政党政治之前途》，“怀疑者二”，《梁启超选集》，第627—628页。

② 梁启超：《敬告政党及政党员（节录）》下篇《中国政党政治之前途》，“怀疑者二”，《梁启超选集》，第627—628页。

③ 梁启超：《敬告政党及政党员（节录）》下篇《中国政党政治之前途》，“怀疑者二”，《梁启超选集》，第627页。

④ 梁启超：《敬告政党及政党员（节录）》下篇《中国政党政治之前途》，“怀疑者四”，《梁启超选集》，第628页。

⑤ 梁启超：《敬告政党及政党员（节录）》下篇《中国政党政治之前途》，“怀疑者四”，《梁启超选集》，第628页。

务研究”，民初政党“莫或从事焉，即有此机关，亦同虚设”[①]，则难以应对不断变化的政治现象和经常发生的政治问题。

基于上述分析，梁启超对民初政党政治的前途“非敢贸然抱乐观”，并认为“徒抱悲观，则不如勿论”，主张“萃群策以改造政党。”[②]这里，梁启超为我们考察民初政党政治及其失败提供了可资参考的思想资料。梁启超对于民初政党政治的思考，以其近代政治理论和对民初政党政治的切身经历见长，是我们所不可取代的。宋教仁在民初对政党政治的推行，自然是包括在梁启超的认识范围之内的。但是，梁启超主要囿于对政党自身的认识，尤其是民初政党的组织构成和一些具体行为特征，而非政党的本质属性与基本内涵。不仅如此，他以西方政党政治的观念作为“批判的武器”，并以“诸先进国之政党”为标准，则没有将民初政党政治置于相应的社会历史条件之下，这同时也反映出他对政党政治认识的一定的历史局限性。

## 第三节　宋教仁的政党政治思想的历史局限

宋教仁的政党政治思想，从其来源上看，受到西方政党观念在中国传播的影响，而且它产生和形成于近代中国晚清至民初，处于相应社会历史条件的制约之下，这赋予它一定的历史内容与特征；而它作为一种政治主张或政治方案在中国的具体尝试及其失败，则反映出的是近代中国社会不

① 梁启超：《敬告政党及政党员（节录）》下篇《中国政党政治之前途》，“怀疑者四”，《梁启超选集》，第628页。

② 梁启超：《敬告政党及政党员（节录）》下篇《中国政党政治之前途》，“怀疑者九”，《梁启超选集》，第632页。

具备实现政党政治的相应条件。

## 一、对西方近代民主政体形式的移植性

在西方近代民主政治社会中，存在着君主立宪与共和立宪的政体类型，以及内阁制与总统制的政权组织形式，就其思想观念而言，在西学东渐的过程中传入中国，并产生了一定的社会影响。这表现在政治变革中，相对于专制而言，同样有着是实行君主立宪还是共和立宪的探索与选择，以及内阁制与总统制等不同政治主张的争鸣。在这一历史过程中，宋教仁主张共和，要求实行内阁制，而且，为求民主政体在中国的建立，倡导和推行政党政治。他主要以近代政党政治较发达国家的民主政体为模式，组织政党，致力于国会选举，追求政党内阁等，希图在中国实现民主共和。但是，近代西方的政党政治，是在封建主义的政治统治被推翻，资本主义经济得到一定发展，尤其是资产阶级直接掌握了国家政权这一社会经济、政治条件下逐步形成与发展的。“代议制是以资产阶级的在法律面前平等和法律承认自由竞争为基础的。”① 英美早期政党萌生于议会，由议会而生成，而不是议会之外，“政党只有在一个国家的政体中建立起立法议会时才产生”②，它与议会政治有着血肉相连的历史关系。民初政党主要是为议会政治而由革命党改组或由清末立宪政党分化组合而来。一方面，社会经济、政治和阶级基础薄弱。1913 年，中国产业资本总额 15.4 亿元，其中外国资本占 80.3%，中国官僚资本占 9.7%，民间资本只有 10%，民族

① 《共产主义原理》，《马克思恩格斯选集》第 1 卷，人民出版社 2012 年版，第 300 页。

② ［美］平森（Piason，K.S.）：《德国近现代史》（*Modem Germany*）（上册），范德一等译，商务印书馆 1987 年版，第 229 页。

资本的现代制造业产值只占国内产值的2.7%,[①] 因而，没有形成一个或几个有强大政治势力的政党，不免带有软弱政党体系的痼疾，如“腐败、分裂、动荡和易受外来影响”[②] 等；另一方面，以同盟会为主体的民主政治力量在南京临时政府时期的政治统治，以孙中山让位于袁世凯为转折而基本丧失。国民党在无“军权与治权”的政治条件下，宋教仁却主张“停止一切运动，来专注于选举运动”[③]。但是，“如果没有政权，无论什么法律，无论什么造出的机关都等于零。”[④] 政党所代表的阶级力量掌握国家政权是实现其政党政治的政治前提与保障。在当时，未能深刻认识到国家政权对于政党政治的这种重要性，是一种较为普遍的现象。孙中山让位于袁世凯后，曾表示“十年不预政治”[⑤]。在1912年8月28日的《与袁世凯第四次的谈话》中，孙中山认为，“国家本无政党内阁之必要，但各视乎其时，时而宜乎政党内阁则政党之时。而不必政党内阁，则超然之，今之时，宜政党内阁欤抑超然欤，请君裁夺之可也。”[⑥] 他对于实行政党内阁与否，只提出了一个原则：“视乎其时”，而且将判断“今之时”是否宜于政党内阁的主动权让与了袁世凯。黄兴也曾主张，“吾辈既以国家为前提，

① 吴承明：《中国资本主义的发展述略》，见中华书局编辑部编：《中华学术论文集》，中华书局1981年版，第337页。

② ［美］塞缪尔·P.亨廷顿：《变化社会中的政治秩序》，王冠华等译，生活·读书·新知三联书店1989年版，第374页。

③ 宋教仁：《国民党鄂支部欢迎会演说辞》，《宋教仁集》（下），第456页。

④ 列宁：《杜马的解散和无产阶级的任务》，《列宁全集》第11卷，人民出版社1963年版，第98页。

⑤ 孙中山曾致函宋教仁：“弟刻欲舍政事，而专心致志于铁路之建筑，于十年之中，筑二十万里之线，纵横于五大部之间。”见《民立报》1912年8月22日，《孙中山全集》第二卷，中华书局1982年版，第404页。

⑥ 《与袁世凯第四次的谈话》，原载于上海《申报》1912年9月7日，题为《孙中山之各种政见》，陈旭麓、郝盛潮主编《孙中山集外集》，上海人民出版社1990年版，第183页。

即当迎袁总统意趣而利导”[①]。政党政治本应以掌握国家政权为前提，宋教仁却将之用来“建设共和政体”。他在国会竞选中指出，“今临时政府期限将满，约法效力亦将变更。至于正式政府成立以后，如能得建设完全共和政体，则吾人目的始可云达到一部分也。”[②]而这时的国家政权操纵于袁世凯所代表的政治势力之中。对于袁世凯，宋教仁是有所警觉的。他在南京临时政府建立前，就曾指出，袁世凯“号召私党，扶翼满族，阳假议和之名，阴为添兵之计。其人本不学无术，其品更恶劣可鄙”[③]。在近代中国半殖民地半封建的社会历史条件下，袁世凯是得到了外国殖民者的扶植的。在南北议和中，北京英公使朱尔典“电致汉口领事转告各代表，提出三项条件：一、双方即日停战；二、清廷宣布退位；三、选举项城为大总统。并谓如能照办，则共和即可成立。”[④]至清帝退位诏下，袁世凯则“以全权的名义照会各国公使，在北京以外务部首领继续办理外交，在国外则以现驻出使大臣改称临时外交代表，接续办事”[⑤]。“从法律上来讲，南北政府各国都未承认，然事实上各国是已承认北方政府了”[⑥]。而对外，宋教仁则主张“维持国际和平”[⑦]；对内，“专注于选举运动”[⑧]。这虽然在一定意义上能够影响政治的变革，却不起决定作用。在外国殖民者扶植的袁世凯控制着国家政权的情况下，宋教仁所主张的不是首先改变这一现实，而是仿照

---

① 《申报》1912年7月26日。

② 宋教仁：《国民党沪交通部欢迎会演说辞》，《民立报》1913年2月20—21日，《宋教仁集》（下），第459页。

③ 宋教仁：《致李燮和书》，《宋教仁集》（上），第368页。

④ 张国淦：《北洋述闻》，上海书店出版社1998年版，第31页。

⑤ 《政府公报》1912年2月13日。

⑥ 张国淦：《北洋述闻》，上海书店出版社1998年版，第39页。

⑦ 宋教仁：《国民党湘支部欢迎会演说辞》，《长沙日报》1913年1月9日，《宋教仁集》（下），第445页。

⑧ 宋教仁：《国民党鄂支部欢迎会演说辞》，《宋教仁集》（下），第456页。

西方，建立议会政党进行国会选举及组织政党内阁。但这些只是民主政体的形式，却不是根本意义上的，或者说不是建立在中国民主政治的一定基础之上的，不反映相应的内容。这表明，他的政党政治思想表现为政治方案，主要是对西方民主政体在形式上的移植。事实上，宋教仁在阐述其关于政党政治的基本政治主张时，也表现出以西方相应政治理念作为根据的认识特征，主要不是考察中国社会历史条件能否满足政党政治的需要。政党政治能否在近代中国实现，不是因政党、议会、内阁等优越与否，或是否民主，而是由近代中国社会的历史条件所决定的。况且，西方近代的政党政治理念是对西方政党政治的反映，其中虽有一定的普遍性，却由于近代中国社会不具备相应的历史条件，难以使之由认识转化为现实。

近代中国社会向政党政治所提供的社会基础与条件的充分程度，制约着政党政治在中国社会中所能达到的状态。应该说，对西方民主政体观念的传播及其具体形式的移植，是近代中国推行政党政治的一种思想先导和认识基础，但它在与中国社会政治及其文化相激荡中，由理想转化为现实，则需要一定的社会历史条件与之相适应，并且是要在历史发展中逐步实现的。对于宋教仁及其同时代的人来说，中国脆弱的资本主义经济与政治力量，难以为他们提供其思想进一步发展的资料，而他们直接从西方学习，移植的是成功经验，对于西方成功经验在中国的实现，也抱有极强的自信力和紧迫感，希望经过短时间的努力就获得成功。相应地，则对其长期性、复杂性认识不足，如若这是近代中国人在向西方学习并用以变革中国社会中所不可避免的，那么，宋教仁尚没有跨越这一认识发展阶段。

## 二、近代中国社会历史条件的局限性

在中国社会的近代化过程中，向西方学习，认识和传播西方社会政治制度及其民主政治思想，是近代中国社会思潮变动的一项基本内容与特征。在对民主政治的追求与探索中，政党政治作为一种政治理念被传入中国，并在民初政治生活中，政党政治是作为现实政治的一种重要表征和发展趋向而客观存在的。

但是，民初政党政治是不健全的，制度化程度低下，处于初步尝试阶段。这集中表现在：其一，政党林立，派系纷争。作为政党政治主体的政党在西方的发展历史，基本上经历了派系纷立、两极分化、拓展扩展和制度确立等四个阶段[①]，而两党对立则是政治成熟的结果。其二，各政党组织松散，分合不定，跨党现象严重。政党组合“往往以个人之感情，强为牵合，而未尝以一定之党纲相号召”[②]；或者各政党“未能以一种主义，为政治求根本之改造。各党所谓政纲仅为文饰之工具，政纲自政纲，政争自政争。”[③] 在党争中，政党间的根本分歧不在治国政见，而在党派利益，“聚党徒，广声气，持党援，行倾轧排挤之惯技，以国家为孤注”[④]。民初政党政治的失败，固然是历史合力相互作用的结果。仅就宋教仁的政党政治思想言之，一方面，缺乏对近代中国实行政党政治所赖以生存的社会环境与条件的认识；另一方面，政党政治在近代中国未能实现，是被什么所障碍？宋教仁对于近代中国社会中所存在的不利因素以及消除这些因素方面，则是理论准备不足的。政党政治从西方传入中国并要在中国推行，不能不受到近代中国社会历史条件的影响与制约。近代中国由晚清封建专制转向民主共和，实现政党政治是要经历全

---

① 塞缪尔·P.亨廷顿：《变化社会中的政治秩序》，王冠华等译，生活·读书·新知三联书店1989年版，第380—388页。

② 《民国经世文编》（台湾版），第734—736页。

③ 杨幼炯：《中国政党史》，商务印书馆1937年版，第84页；参见杨幼炯《中国政党史》，（《中国文化丛书》第1辑），上海书店1984年版。

④ 谢彬：《民国政党史》，学术研究丛书部1924年版，第2页。

面的社会变革，需要整个社会政治、经济、思想文化和心理等与之相适应的。

（一）相对薄弱的资本主义经济和政治基础

近代政党政治是建立在资本主义经济基础之上，民主政治发展到一定历史阶段的产物。它相对于以血缘关系和君臣依附关系控制国家政权的君主政治和贵族政治而言，在国家政治生活中，政党活动、政党关系及其所反映或代表的社会政治力量和阶级，构成国家政治的基础，政党成为控制国家政权机关的一种政治组织力量，体现资产阶级的整体利益，调节和制衡资产阶级各集团、阶层的经济与政治关系和利益分配。

在英国，资本主义生产关系在17世纪已有了相当的发展，资产阶级逐步壮大并在社会经济中起着主导性作用；在政治上要求与其经济地位相适应的政治权利。工业革命后，议会经过三次大的改革，才建立起政党责任内阁制。宋教仁选择英国政党内阁模式予以仿照，其认识依据主要是其内阁组成的法律基础和具体方式。实际上，英国内阁制的确立却是在国家权力从宫廷移向内阁——议会——政党的历史演进中实现，然后才在法律上确认下来的。宋教仁主张在中国“欲此制实现”，只是将之“明定宪法。”① 但是，不经历一定的历史发展过程，其内阁制的实现是缺乏相应的社会历史基础的，而这一历史发展的根本动力则来自资本主义经济与政治的发展。在近代中国，“由于外国资本主义的刺激和封建经济结构的某些破坏，还在十九世纪的下半期，还在60年前，就开始有一部分商人、地主和官僚投资于新式工业。”② 到1911年，资本总额达一亿三千多万元。辛亥革命后，

---

① 宋教仁：《代草国民党之大政见》，《民立报》1913年4月2—7日，《宋教仁集》(下)，第490页。

② 毛泽东：《中国革命和中国共产党》，《毛泽东选集》一卷本，人民出版社1966年版，第590页。

1912—1919年间，新增资本达一亿三四千万元[①]。但是近代工业至1949年还只占国民总产值的10%，其中官僚资本占有相当比重，更不要说中华民国的初期。虽然“民族资本主义有了某些发展，并在中国政治的、文化的生活中起了颇大的作用。但是，它没有成为中国社会经济的主要形式，它的力量是很软弱的。”[②] 封建经济和买办资本“在中国的社会经济生活中，占着显然的优势”[③]。民主政治制度在近代中国的建立，要求一定的资本主义经济与政治基础。但在近代中国，这样的经济结构和力量对比，是与之不相适应的。具体反映在民初国会选举法上，选举法规定的两项财产资格限制：(1)“年纳直接税二元以上”；(2)“有值500元以上之不动产者，但于蒙、藏、青海得就动产计算”。[④] 据北京临时参议院的解释，“直接税之种类以地丁漕粮为限”，“不动产限于土地、房屋、船舶。”[⑤] 当时，中国纳直接税者甚少，资产者大多是租赁房屋经营，无固定的房产和田产，而占有土地最多的则是军阀、地主和官僚。1912年11月4日的《申报》发表《工商界之要求选举权热》，指出，“参议院选举法所定选举人资格，关于财产限制为纳直接国税二元以上及有不动产五百元以上二条颁行后，全国工商界大形反对，谓直接国税指地丁漕粮，是分明剥夺工商之选举。”“至有不动产五百元以上即得选举权，而商人有动产数万数十万数百万反不得与五百元者享同等之权利”，[⑥] 这显然是不公平的。因此，选举的财产资格限制的政治意义是土地经营者占有优势，工商业者的选举权受到了一定限制。

---

① 于素云、张俊华、周品威编著：《中国近代经济史》，辽宁人民出版社1983年版，第249页。

② 毛泽东：《中国革命和中国共产党》，《毛泽东选集》一卷本，第593页。

③ 毛泽东：《中国革命和中国共产党》，《毛泽东选集》一卷本，第593页。

④ 《中国大事记》，《东方杂志》九卷三号。

⑤ 《参议院会议速记录》第35次，《政府公报》1912年9月13日。

⑥ 《工商界之要求选举权热》，《申报》1912年11月4日。

根据国会议员的经济、政治背景分析。

1. 依张玉法对参众两院有背景资料可查者489名议员分析，办实业、经商者6人，只占1.2%（见表7.1）

表7.1　民初国会议员背景统计表(一)

| 职业类别 | 议员人数 | 百分比 |
|---|---|---|
| 前清官员 | 69 | 14.1% |
| 民国官员 | 77 | 15.7% |
| 谘议局、资政院临时参议院、临时县议会议员 | 194 | 39.7% |
| 教育工作者、律师、记者 | 143 | 29.2% |
| 办实业、经商者 | 6 | 1.2% |

资料来源：张玉法：《民国初年的国会》附录《两院议员表》，载台湾“中央研究院”《近代史研究所集刊》1984年第13期。

2. 张亦工对日本佐藤三郎1916年编辑的《民国之精华》（第一辑）中提供的455名议员的统计分析，出身于民族资本家者12人，占2.6%（见表7.2）

表7.2　民初国会议员背景统计表(二)

| 类别 | 议员人数 | 百分比 |
|---|---|---|
| 民族资本家 | 12 | 2.6% |
| 自由职业的知识分子 | 157 | 30% |
| 政治活动家 | 45 | 9.9% |
| 新政府官员 | 73 | 16% |
| 原清政府官员 | 86 | 18.9% |
| 士绅 | 65 | 14.3% |

资料来源：(1) [日] 佐藤三郎：《民国之精华》第一辑，1916 年。
(2) 张亦工：《第一届国会的建立及阶级结构》，《历史研究》1984 年第 6 期，第 124 页。

上述两种统计，因资料缺失，虽不能精确反映议员的整体面貌，却有着一定的解释功能。大体上，参众两院议员主要来自知识分子和官僚阶层，由于他们分属于不同的社会阶级，不具有独立性，而直接创办实业或经商的议员所占比例甚少。当时，全国商会联合会等曾在致袁世凯的电文中说："国会议员八百余人，其中有资本直纳税最多者几人？华侨选举其真正殷实商侨有几？言之可痛。"[①] 当时的中国社会，没有为国会这一民主形式提供一个强有力的资本主义经济、政治基础和组织保障。国民党虽在选举中获胜，正如梁启超所指出的，"议员自议员，国民自国民，其闻并无真实之联络关系，则数百议员与数万万之国民相较，孰为多数而孰为少数者？相区区之议员而以多数自诩，不亦诬乎？"[②] 国民党却由于自身的局限，以及与以工商者为基本构成的资产阶级主体相脱离，不久便发生分化。宋教仁在代草国民党的政见中曾主张开发产业、兴办国有交通业和振兴教育等，[③] 因未能得到具体实施而没有给资产阶级带来实际的利益。"中国那时的国会、内阁及人民造不出法国第三共和国'五月十六危机'来确立虚权元首及责任内阁的基础，于是袁反乃可为所欲为。"[④] 近代中国薄弱的资本主义经济与政治，难以为政党政治在中国的实现提供相应的基础与条件。

---

① 《申报》1914 年 1 月 6 日。

② 梁启超：《敬告政党及政党员（节录）》下篇《中国政党政治之前途》，《梁启超选集》，上海人民出版社 1984 年版，第 628 页。

③ 宋教仁：《代草国民党之大政见》，《民立报》1913 年 4 月 2—7 日，《宋教仁集》(下)，第 493—494 页。

④ 陈之迈：《中国政府》第 1 册，第 8 页。

### （二）封建专制与军阀统治的阻遏

近代社会经济的变动，推动着社会政治结构的变迁。“传统中国社会结构里，皇权是一个基本的权力。”① 随着皇权统治的危机，近代封建地方势力依托一定的经济与军事力量，拥有了财权与军权，进而形成封建军事政治集团，隐蔽或公开抗拒皇权，并在晚清社会政治结构中逐步膨胀，地位上升。清朝专制的覆灭，这些军事政治集团并没有随之消亡，“承继李鸿章军阀的，不是满洲亲贵，而是袁世凯。”袁世凯督练新建陆军，虽然“只七千人，规模并不算大，但其组织甚强，其后势力日张，几乎布满全国。民国所谓北洋军阀者，若大总统、副总统、执政、国务总理、各部总长、巡阅使、各省督军、省长，以及军长、师长、旅长、都出自小站。”②北洋军事势力崛起为政治权力的一个中心，袁世凯权倾朝野。

南北议和，孙中山让位于袁世凯。宋教仁曾解释说，“本会牺牲权利，急欲造成共和统一”，“故总统可易，参议院可改造，国务员可解散，临时政府地点可迁移，但求达到统一之共和而后已。”③ 但是，民主共和并没有因此而建立起来。一方面，是由于民主共和的社会基础薄弱，“人民以习专制久，茫然不知共和为何事，内阁、议会为何物”④。即使亲历民主政治变革者，也普遍地对“这个共和怎样共法？怎样建立新局面，新局面究

---

① 吴晗、费孝通、袁方等：《皇权与绅权》，天津人民出版社 1988 年版，第 150 页。

② 张国淦：《北洋述闻》，《民国史料笔记丛刊》，上海书店出版社 1998 年版。第 4、7 页。另，张国淦（1872—1959 年），字乾若，湖北省蒲圻县人。清时历任内阁中书，考察政治馆（即后来的宪政编查馆）馆员，黑龙江交涉局总办，内部长统计局副局长等。辛亥革命中作为北方代表唐绍仪的随员参加南北议和，其后在北洋军阀统治时期历任国务院秘书长，总统府秘书长，农商、教育、司法总长等职。对于民初历庙内阁的更迭内幕以及一些重要政治事件，多有亲历。

③ 宋教仁：《同盟会本部一九一二年夏季大会演说辞》，《宋教仁集》（下），第 490 页。

④ 刘以芬：《民国政史拾遗》，《民国史料笔记丛刊》，上海书店出版社 1998 年版，第 3 页。

竟如何”等问题缺乏明确的认识；[①]另一方面，以旧官僚和军队作为政治资源和支撑力量的袁世凯政治势力是要专制的。袁世凯曾表示“前清之亡正是在不能专制之故，今民国虽云共和，然人民程度大低，苟不施以专制手腕，则大总统将无高居宴坐之一时矣。”[②]“世凯当国，视国会如芒刺”[③]。即使是在一定条件下允许国会的存在，也基本上是使其流于形式，甚而“出种种手段以交欢议员，欲国会之为助也”[④]；抑或“军警流氓假托公民名义，包围议院，胁迫干涉，逼着议员办不能同意的事件，层见迭出。”[⑤]“国民既已绝望于国会，于是对于议员，但视之如禽兽，听其自生自灭。”[⑥]国会缺乏一定的社会经济与阶级基础作为根本依托，仍占主导地位的传统社会经济与政治力量阻碍着它发挥作用，依此国会实现某种民主政治制度，如宋教仁主张的政党内阁制等，这是不现实的，发生扭曲，招致挫折和失败，也是不难理解的。胡汉民曾在南京临时政府时期与宋教仁的论争中指出，“内阁制纯持国会，中国国会本身基础，犹甚薄弱，一旦受压迫，将无由抵抗，恐踏俄国一九〇五年后国会之覆辙。国会且然，何有内阁?”但他提出的政治方案却是地方分权。[⑦]而宋教仁在民初国会选举后则认为，“国民党在全国的选举已胜利，已占国会的绝大数，大局

---

① 《八十三天皇帝梦》，文史资料出版社1983年版，第106页。

② 《民立报》1912年12月17日。

③ 参见天啸：《李烈钧将军自传》，中华书局2007年版。

④ 《邹鲁文存》，北华书局1930年版。

⑤ 《文史资料选辑》第82辑，第144页。

⑥ 《庸言》，卷17号，转引自张玉法：《民国初年的国会》，《民国经世文编》（政治），第14页。又，《庸言》于1912年12月创刊，是梁启超主编的一份政论性半月刊，后改为月刊。

⑦ 胡汉民：《胡汉民自传》，《近代史资料》1981年第2期，中国社会科学出版社1981年版，第54页。

已定，政党责任内阁制一定可以成功。”① 历史发展则对此作出了否定的回答。

北京临时政府实行内阁制，本为《中华民国临时约法》所规定，但民初内阁的组成及其更迭具体反映在阁员变动上，却表现出一种受控于北洋的历史特征。（详见附录四：表7.3《北京临时政府时期内阁情况一览表》）（1）第一、二、三届内阁的陆军与海军总长，一直分别由段祺瑞和刘冠雄垄断，赵秉钧连续担任内务总长，即使是陆征祥组阁时未获国会通过的阁员名单中，“内务赵秉钧、陆军段祺瑞、海军刘冠雄仍旧”②。财政总长是先由熊希龄担任，继由赵秉钧代之；在陆、赵两届内阁中，由“久在北洋”的周学熙所担任。“军队财源，国家命脉，此二者尽握于袁氏私人之本。”③据统计，军费占政府支出全数的比重，民国元年（1912年），33.87%；民国二年（1913年）26.89%；民国三年（1914年），38.08%，军费开支甚巨。④（2）内阁更迭操纵于袁派势力。就唐绍仪内阁而言，“唐氏自任国务总理，颇有意举责任内阁之实，以避袁氏与各方之冲突，而袁不之谅，且疑唐挟国民党以自重，有独树一帜之意，而北洋官吏之在袁左右者，复日媒蘖之。会王芝祥督直问题⑤ 发生，唐遂去职。”⑥ 而陆征祥内阁“完全由府方

---

① 仇鳌：《辛亥革命前后杂忆》，《辛亥革命回忆录》第一集，中华书局1961年版，第451页。

② 张国淦：《北洋述闻》，《民国史料笔记丛刊》，上海书店出版社1998年版，第127、128页。

③ 《民立报》1913年7月4日。

④ 陈翰笙：《中国农民担负的赋税》，参见任仲鸣编：《中国农民问题与农民运动》。

⑤ 王芝祥任直隶都督，本为唐绍仪组阁时与同盟会达成的一项协议，这也是袁世凯所同意的。但是，1912年5月26日，王芝祥抵京，袁世凯则借口军队反对，改委任王芝祥为南京军队宣慰使。唐绍仪力挽而无果，愤而出走天津。唐内阁随之瘫痪。

⑥ 《梁燕孙年谱》，转引自张国淦《北洋述闻》，上海书店出版社1998年版，第126页。梁燕孙，即梁士诒。

组织，陆本身无一人”[①]，此不合责任内阁制之义。陆之后，以赵秉钧代理国务总理，乃至组成赵秉钧内阁。宋案发生后，段祺瑞代理国务总理。在内阁的更迭中，赵秉钧、段祺瑞升至总理之位。这样的内阁徒有其名，实难负其责。宋教仁力主政党内阁，应该说，是对它的一种否定。但在传统政治势力根深蒂固，并在政治权力结构中仍居于主导地位的情况下，近代政党较之封建军阀，不处于政治平等地位，力量对比悬殊，缺乏通过政治竞争而获得国家政权的社会经济基础和政治保障。吉林都督府秘书吴仲遥在与杨度论民初政党问题时曾指出，“就政党之自身论固然，然中国政治上之有势力者确在政治以外。”[②] 梁启超更进一步指出，“其国于政党之外，更有他种特别势力，政党既不树自立，遂为此特别势力笼盖而操纵之，政党变为特别势力之一机械而已。如是，则于政党以外发生专制现象。”[③] 这里所说的“有势力者”和“特别势力”，就相对于政党而言，则是在近代政治权力结构中，建立在封建经济、政治基础之上的封建专制与军阀统治相结合的以袁世凯为代表的封建军阀政治集团。因此，宋教仁主张的政党内阁乃至政党政治的实现，从根本上讲，需要培育和扩大支撑民主政治制度的社会经济、政治和思想文化基础，相应地，则要削弱或铲除制约和阻碍这一民主制度实现的传统政治统治的根基。

① 张国淦：《北洋述闻》，《民国史料笔记丛刊》，上海书店出版社1998年版，第127、128页。

② 杨度：《与吴仲遥谈政党问题》，《杨度集》，湖南人民出版社1986年版，第550页。

③ 梁启超：《敬告政党及政党员（节录）》，《梁启超选集》，上海人民出版社1984年版，第625页。

# 第八章　对宋教仁评价问题的再探讨

## 第一节　对宋教仁的评价面面观

在近代中国历史上，宋教仁是一位颇有争议的政治人物。首先，与之处于同一时代的人们，且不论宋教仁的政敌，即使是国民党同人也对其无有定论，评价不一。其中，宋教仁在世时，章太炎就曾说，“若举总统，以功则黄兴，以才则宋教仁。”①在内阁制问题上，章太炎也指出，“至于建置内阁，则首推宋君教仁，堪为宰辅，观其智略有余，而小心谨慎，能知政事大体，虽未及子房、文忠、亦伯仲于房、杜；昔在东方，尝以江左夷吾相许，今其成效粲然，卒为功首，犹复劳心综核，受善若虚，上宰之任，不患无人矣。总理莫宜于宋教仁”。②胡汉民则认为，“钝初始欲戴为总统，己为总理。”③宋教仁辞世后，孙中山挽宋教仁：“作公民保障，谁非后死者；

① 胡汉民：《胡汉民自传》，《近代史资料》1981年第2期，中国社会科学出版社1981年版，第54页。

② 章太炎：《太炎最近文录》，第4页，转引自陈旭麓：《论宋教仁》，《思辨留踪》(下)，华东师范大学出版社1997年版，第294页。

③ 这是指宋教仁推戴黄兴为总统，自己担任总理。见胡汉民：《胡汉民自传》，《近代史资料》1981年第2期，中国社会科学出版社1981年版，第54页。

为宪法流血，公真第一人。”[①] 但他在晚年对宋教仁却几多非议。1920 年 5 月，孙中山认为，宋教仁虽然有政治手段，但一心想当“大官”。[②]1923 年 10 月 10 日，在广州国民党党务会议上，孙中山又说：“光复时有一种谬说，谓‘革命军起，革命党消’，此说倡自热心赞助革命之官僚某君，如本党党员黄克强、宋渔父、章太炎等，咸起而和之，当时几视为天经地义。”[③]

不仅如此，孙中山也曾指出，“自改组国民党，本党完全要变为政党，革命精神遂以消失。”[④] 由于宋教仁具体参与了国民党的组建活动，并成为党务的实际主持者，因此，对于国民党的评价不免涉及宋教仁的功过是非。即是说，国民党缺乏革命精神，宋教仁对此应负主要责任。再如，冯自由在 1913 年任稽勋局长时“极力为宋死事表彰”，但他在 1920 年编著的《社会主义与中国》中却认为，国民党党纲规定“采用民生政策”，是宋教仁热衷利禄的“忘本的举动”[⑤]；更有甚者，在《民国政治论》（1913 年）中称赞国民党党纲的戴季陶，[⑥] 也因上述党纲条款，故而在 1925 年的《孙文主义之哲学的基础》中，将宋教仁斥之为所谓“革命党的第一罪人”[⑦]。

---

① 孙中山：《挽宋教仁联（一）》，《孙中山集外集》，上海人民出版社 1990 年版，第 615 页。

② 孙中山：《要造成真中华民国》。

③ 孙中山：《过去党务失败之原因》，《孙中山全集》第八卷，第 268 页。

④ 孙中山：《过去党务失败之原因》，《孙中山全集》第八卷，第 268 页。

⑤ 冯自由：《社会主义与中国》，1920 年，香港发行，第 6 页。参见吴相湘：《宋教仁：中国民主宪政的先驱》，第 229 页。

⑥ 其实，戴季陶在当时是肯定国民党的成立的。他说：“当此时也，进步派人士苟不互相联络，互相结合，为一致之进行，则进步党之势力失，保守党之势力盛，共和之维持不可期，而少数人政治上之专横将复活矣。为维持国民公意，建设之共和计，并合主张进步之党为一，以谋政治上之统一，盖事实上所不容缓者。此国民党之所以成立也。”见戴天仇（戴季陶——作者注）：《团民国家与国民党》，《民权报》1912 年 8 月 30 日。

⑦ 戴季陶：《孙文主义之哲学的基础》，民智书局 1927 年版。

对于宋教仁，章太炎论其才，胡汉民称其有政治野心；孙中山虽肯定宋教仁的一生，却在某些具体问题上，责其过；而冯自由与戴季陶则对宋教仁的评说前后不一。他们对宋教仁的评价之所以互有差异，甚至对立，这除了认识动机或角度不同，以及政治环境的变迁外，更为重要的是，对宋教仁的政治活动与思想的理解不完全相同，而且，诸如孙中山、胡汉民等，他们的一些政治主张与宋教仁本来就有区别，以至于对宋教仁“盖棺而论不定”①。

其次，在研究宋教仁的学者中，（台湾）吴相湘在《宋教仁：中国民主宪政的先驱》的自序中明确指出，“这一册宋教仁先生（1882—1913）的传记，原题作‘宋教仁与中国革命’。今为使读者对于宋先生在国史上的地位可以一目了然，特采用《宋教仁：中国民主宪政的先驱》一书名。事实上，宋先生确是为中华民国宪政而流血牺牲的第一人”②。无独有偶，台湾地区学者陈敬之在《为宪政而牺牲的两个湖南硬汉——谈谭嗣同和宋教仁》中说，“提起了谭嗣同（1865—1898）和宋教仁（1882—1913），凡是对中国近代史有所了解的人们，谁都会知道他们是中国为了实施宪政体制而先后流血的两个湖南硬汉。”③ 中国大陆著名学者陈旭麓在《论宋教仁》（1961 年）中，把宋教仁放在资产阶级革命派的前提下，也是把他放在向西方学习的先进人物之一的前提下进行评述的，④“却仍摆不脱给他（宋教仁——作者注）的妥协派和‘议会迷’等恶谥”⑤。时

① 吴相湘：《宋教仁：中国民主宪政的先驱》，第 4、223—230 页。

② 吴相湘：《宋教仁：中国民主宪政的先驱》，自序，第 1 页。

③ （中国台北）《湖南文献》季刊，第 3 卷第 4 期。

④ 陈旭麓：《论宋教仁》，《思辨留踪》（下），华东师范大学出版社 1997 年版，第 301 页。

⑤ 陈旭麓：《谈〈宋教仁集〉》，《浮想偶存》，华东师范大学出版社 1997 年版，第 277 页。

至1980年，他为《宋教仁集》作序《为宪法流血的第一人》。这里，称宋教仁为“中国民主宪政的先驱”和“为宪法流血的第一人”，是源于孙中山为宋教仁所作的挽联内容。但是，在20世纪60—70年代，认为宋教仁是“议会迷”“右派”“妥协派”和“二民主义者”等观点，则充斥于诸多近代史研究著作和教科书中，[①] 到了20世纪80年代，随着宋教仁研究的发展，“议会迷”等观点虽已趋向式微，但仍有学者指责宋教仁患了“议会迷的典型病症。”[②]

显然，这些评价主要是基于对民初时的宋教仁的认识。应当指出的是，宋教仁的历史地位，是由他一生的思想与实践活动所奠定的，同时也取决于他在当时的社会历史条件下所发挥的作用与影响。

## 第二节 民前时期的宋教仁

宋教仁生活于清末民初，参加辛亥革命，创建中华民国。据此，可将宋教仁的一生，大致划分为晚清和民初前后两个阶段。前一个阶段，若从华兴会创立算起，则指1903年至1912年1月1日的中华民国南京临时政府成立。宋教仁作为华兴会和同盟会的主要领导者之一，开展武装斗争和秘密革命活动。其中，引起人们争议的地方主要是，他参与发起并组织了中部同盟会。对此，有如下三种基本观点：A. 这是宋教仁对同盟会的一种分裂行为[③]；B. 组织中部同盟会虽为不满孙中山的派别活动，但它的积极

① 参见章开源、林增平：《辛亥革命史》（下），第414、430、433页。

② 参见郭汉民：《宋教仁与辛亥革命研究述评》，《湖南师范大学社会科学学报》1991年第2期。

③ 沈渭滨：《论同盟会中部总会的成立》，《江海学刊》1963年第8期。

作用是主要的[①];C. 中部同盟会的成立是革命发展的需要，而非“分裂”[②]。前两种观点是以孙中山为“评判标准”而否定其他人的做法，后一种观点则将宋教仁的个人因素排除在外。我们认为，中部同盟会的成立，不仅有一定的社会历史背景，这就是，“其时总统在北美，克强在南洋，东京本部几无人主持，形势颇形涣散”[③]；而且是与宋教仁对于革命策略的认识不无关系。宋教仁“主张由长江发动，有组织中部同盟会之必要”[④]。据宋教仁后来说，“自从广东兵变之后，渐知新军可用，故广州之役欲联新军。然仓猝之间，死事者多，咸谓当改变方法，乃在上海设立中部同盟会，谭君石屏，陈君英士及兄弟主持其事。”加之，“鉴于前此之失败，乃共筹三策：一为中央革命运动，推倒政府，使全国瓦解，此为上策，然同志都在南方，北京无从着手，此非可易言者；一在长江流域同时大举，隔断南北，使两方交通断绝，制政府命脉，此为中策，然此等大举，布置不易；一在边省起事，徐图中原，然前此用之失败，斯为下策。三策之中，将谁适从？则新军如可为用，财政有人接济，中策自属可行。”[⑤] 可以说，组织中部同盟会，是为实施这一革命策略而在组织上采取的一个步骤。再者，就中部同盟会与同盟会的组织关系而言，中部同盟会在宣言中称，“奉东京本会为主体，认南部分会为友邦，而以中部别之，名义上自可无冲突也。”[⑥] 中部同盟会的成立，旨在武装斗争，“推覆清政府”。事实上，它也

---

① 赵宗颐：《论同盟会中部总会的成立》，《江海学刊》1963 年第 8 期。

② 党德信：《宋教仁——中国资产阶级民主革命的卓越活动家》，《纪念辛亥革命七十周年学术讨论会论文集》（中册）。

③ 居正：《辛亥札记》，载罗福惠、萧怡编：《居正文集》（下），华中师范大学出版社 1989 年版，第 11 页。

④ 居正：《辛亥札记》，载罗福惠、萧怡编：《居正文集》（下），华中师范大学出版社 1989 年版，第 11 页。

⑤ 宋教仁：《国民党湘支部欢迎会演说辞》，《宋教仁集》（下），第 445—446 页。

⑥ 邹鲁：《中国国民党史稿》，第 125—126 页。

推动了武昌起义的爆发。因此，将组织中部同盟会视为宋教仁分裂同盟会，这只是认识到了同盟会在组织形式上的某种变化。相反，从中部同盟会成立的背景、奉行的组织原则以及历史作用来说，它应被看作宋教仁对辛亥革命的一种重要的历史贡献。

在这一历史阶段，宋教仁在从事武装斗争的同时，是较注重“建设”的。即使是就人们存有争议的中部同盟会而言，宋教仁在其手订的《中国同盟会中部总会章程》中规定，“本会以推覆清政府，建设民主的立宪政体为主义。”① 不仅如此，他实际上也做了一些这方面的具体工作，如起草了《中华民国鄂州约法及官制草案》②；与居正、吕志伊等共同提出了一个《中华民国临时政府组织大纲草案》的修正案③。正如蔡元培所说，“清季言革命者，首推同盟会，会旨有‘建立民国，平均地权’诸义，而会员大率以驱除鞑虏为惟一目的，其抱有建设之计划者居少数。抱此计划而毅然以之自任者尤居少数，宋渔父先生其最著也。”④ 更应当强调指出的是，宋教仁在武装斗争尚未取得成功的情况下，业已认识政党政治对于立宪政治的适宜性。他明确指出，“立宪政治，以代表国民公意为准则，而最适于运用此制者，则莫如政党政治。”⑤ 宋教仁之所以能够在民初倡导和推行政党政治，原因之一是，在民国前，他已有了关于政党政治的一定的认识基础。

---

① 《中国同盟会中部总会章程》（1911 年 7 月），《宋教仁集》（上），第 277 页。

② 《中华民国鄂州约法及官制草案》，《民立报》1911 年 12 月 2 日—6 日，《宋教仁集》（上），第 350—364 页。

③ 刘星楠：《辛亥各省代表会议日志》，《回忆辛亥革命》，文史资料出版社 1981 年版。

④ 蔡元培：《〈我之历史〉序》（1920 年 7 月 27 日），高平叔编：《蔡元培全集》第三卷，第 438 页。

⑤ 宋教仁：《日本内阁更迭感言》，《宋教仁集》（上），第 306 页。

## 第三节　民初时期的宋教仁——与孙中山的一种比较

辛亥革命结束了中国两千多年的封建专制统治，中华民国建立起来。在民初这一历史阶段，宋教仁致力于民主共和政体的建设。(1)“民国官制，先生所创定也。”[①] (2) 不仅主张改组同盟会为公开政党，而且在这一主张得以实现之后，“百计联络，始以同盟会与其他三、四政团相结合而组织为国民党”[②]。(3) 要求实行政党内阁制，指出“欲取内阁制，则舍建立政党内阁无他途”[③]，以至于为此而献身。

在这一阶段，就政治主张而言，宋教仁与孙中山之间曾发生过总统制与内阁制之争，并在改组同盟会问题上存在着意见分歧。对于这些情况的发生，本无可厚非，但胡汉民认为宋教仁是要“己为总理”，戴季陶则贬斥宋教仁为所谓“革命党的第一罪人”。事实并非如此，与孙中山相比较，在如下主要方面是应对宋教仁给予肯定的。

其一，在民初反对封建专制的斗争中，宋教仁极力主张政党内阁制，是具有一定的政治效能的。当时，在如何对待袁世凯的问题上，孙中山与宋教仁在办法、策略上有所不同。孙中山在让位时，为限制袁世凯，曾在辞临时大总统的咨文中附加三项办法条件，这就是：(1)“临时政府地点设于南京，为各省代表所议定，不能更改”；(2)“辞职后，俟参议院举定新总统亲到南京受任之时，大总统及国务各员乃行辞职”；(3)“临时政府

① 徐血儿也说，“先生（宋教仁）乃本平日之经纶，草定法制，故临时政府法令，多出先生之手。”《宋生教仁传略》，见《宋渔父》第一集，前编。

② 宋教仁：《日本内阁更迭感言》，《宋教仁集》（上），第307页。

③ 宋教仁：《国民党沪交通部欢迎会演说辞》，《宋教仁集》（下），第460页。

约法为参议院所制定，新总统必须遵守颁布之一切法制章程。”[①] 其中，定都南京，是最为关键的，这也成为南北之争的焦点问题，因为《临时约法》在当时尚未颁行，而定都则是急迫的现实问题。这里，宋教仁对定都南京一项，持有异议。据胡汉民记述，宋教仁以为“迁都南京，即放弃满蒙”[②]。居正在日记中也曾这样说，“我等群集总统府听取专使报告之余，佥主张黄总长统兵北上，仍以迎袁为名，乘便扫荡北洋军阀及专制余毒。蔡先生持重不语。宋曰：统兵北上，不是儿戏，津浦路上我前线只达徐州，直鲁有北洋重兵驻守。我若出兵，北军那肯轻易放过？势必惹起战争，宋言未毕，马君武大声叱宋曰：你为袁世凯作说客，出卖南京，并照宋面一拳，宋左眼受伤流血。”[③] 这些记述至少能够说明，宋教仁对于定都南京是不甚坚决的。在民初政治斗争中，宋教仁虽然对袁世凯存有一些不切实际的想法，但他的政党内阁制主张，反映出的则是他要求限袁乃至反袁的基本态度；而且，他为这一制度的实现，付出了自己的努力。与之同时，孙中山则将“国务员已入加本党”的赵秉钧内阁视为“国民党内阁”，并要求“嗣后国民党同志，当以全力赞助政府及袁总统”[④]。这样，主张“办法条件”者，以孙中山为代表，倡导真正的政党内阁制者，是以宋教仁为代表的。因此，我们要分析孙中山和宋教仁在民初对待袁世凯的策略，何者更有政治效力，是可以将“办法条件”与政党内阁制的主张相比较来阐明的。这里，以袁世凯的具体反应为尺度作一判断。针对孙中山的“办法条件”，袁世凯说，“现在统一组织至重且繁，世凯极愿南行，畅聆大教，

---

① 孙中山：《咨参议院辞临时大总统职文》，《孙中山全集》第二卷，中华书局 1982 年版，第 84 页。

② 胡汉民：《胡汉民自传》，《近代史资料》1981 年第 2 期，第 70 页。

③ 居正：《梅川日记》，载罗福惠、萧怡：《居正文集》（上），华中师范大学出版社 1989 年版，第 92 页。

④ 孙中山：《在上海国民党欢迎会的演说》，《孙中山全集》第二卷，第 485 页。

共谋进行之法；只因北方秩序不易维持，军旅如林需加布置，而东北人心未尽一致，稍有动摇，牵涉全国，诸君皆洞察时局，必能谅此苦衷。”① 南北方较量的结果是临时参议院允准袁世凯在北京受职，临时政府北迁。唐绍仪内阁虽是依据《中华民国临时约法》建立的，却在袁世凯的威逼之下，存续不足三个月，便告解散。此后陆征祥内阁、赵秉钧内阁被袁世凯势力所控制，也难负责任内阁之责。如此而已，孙中山的“办法条件”并未能对袁世凯产生更进一步的限制作用。相比较而言，宋教仁主张政党内阁制并力求付诸实践，则给袁世凯带来了有可能剥夺其政治统治的实际威胁。对此，袁世凯的反应是，“以暴动手段，来抢夺政权，我倒不怕，以合法手段，来争取政权，却厉害得多了。”② 在相互间的斗争中，袁世凯派人刺杀了宋教仁。由此不难看出，在反对封建专制统治的问题上，宋教仁主张政党内阁制，较之孙中山的“办法条件”，是更具威力和实际作用的，其原因就在于政党内阁制主张是从制度入手，而“办法条件”只是一项政策措施。

其二，宋教仁主张继续进行“政治革命”。在推翻清朝专制统治之后，孙中山认为，“今日满清退位，中华民国成立，民族、民权两主义俱达到，唯有民生主义尚未着手，今后吾人所当致力的即在此事。”③ 他还指出，“今日讲民生主义，可以不用革命手段，只须预为防范。”④ 于是，他专注于实业，“十年不预政治”。在这同一历史时期，与孙中山不同的是，

---

① 转引自蒋顺应、孙宅巍主编：《民国大迁都》，江苏人民出版社1997年版，第58页。

② 蔡寄鸥：《鄂州血案》，龙门联合书局1958年版，第222页。

③ 孙中山：《在南京同盟会会员饯别会的演说》，《孙中山全集》第二卷，中华书局1982年版，第319页。

④ 孙中山：《在山西同盟会欢迎会的演说》，《孙中山全集》第二卷，中华书局1982年版，第473页。

宋教仁主张，“今革命虽告成功，然亦只可指种族主义而言，而政治革命之目的尚未达到也。推翻专制政体，为政治革命着手之第一步，而尤要在建设共和政体。”① 因此，“吾人今日所负责任，当继是进行，以赴吾人大革命最终之目的，努力从事于良政治之建设。”② 但是，在宋教仁的主持下，国民党党纲规定“采用民生政策”，有学者却就此认为宋教仁主张的是“二民主义”。我们有必要再来考察一下国民党“采用民生政策”的具体含义。国民党成立时，《国民党宣言》就指出，“采用民生政策”，“将以实行国家社会主义，保育国民生计，以国家权力，使一国经济之发达均衡而迅速”③。宋教仁在国会竞选演说中对此加以具体阐释，认为，对于民生主义，“他党多讥为劫富济贫，此大误也”；民生主义是“在欲使贫者亦富，如能行之，即国家社会政策，不使富者愈富，贫者愈贫，致有劳动家与资本家之冲突也”。④ 这与当时孙中山对于民生主义的理解是一致的。孙中山曾这样说，“民生主义并非分富人的资财与贫民，乃扫除资本家压制贫民。”⑤ 因此，不论是就国民党，还是就宋教仁本人而言，都不能因国民党党纲规定“采用民生政策”而被认为是放弃了民生主义。与其说宋教仁是“二民主义者”，毋宁说他在民初对“三民主义”有所侧重，孙中山将工作重心放在了“民生”，宋教仁则是要继续进行“政治革命”。在这一方面，宋教仁的认识与实践不仅表现为民前、民初阶段性与连续性的统一；而且，在这一时期的政治主张和策略上，与孙中山在客观上存在着一定的互补性。但是，中华民国的成立，并没有真正建立起民主共和政

① 宋教仁：《国民党沪交通部欢迎会演说辞》，《宋教仁集》（下），第459页。
② 宋教仁：《代草国民党之大政见》，《宋教仁集》（下），第488页。
③ 《国民党宣言》（1912年8月13日），《宋教仁集》（下），第749—750页。
④ 宋教仁：《国民党湘支部欢迎会演说辞》，《宋教仁集》（下），第447页。
⑤ 《民立报》1913年1月21日。

体，继续进行政治革命，应该说是必要的，它同时也是实行“民生主义”的一种政治保障。

其三，在近代中国政党发展史上，如果说是孙中山创建了中国同盟会，那么，也可以这样认为，是宋教仁创建了国民党。当时的著名记者黄远庸就曾指出，“宋君此次主持国民党改组之功，于中华民国历史上必有不可磨灭者。”① 蔡元培也说，中国同盟会与统一共和党、国民公党、国民共进会、共和实进会合并组建为国民党，是宋教仁“百计联络”的结果。是宋教仁而非他人做到这一步，就个人因素来说，李剑农在《戊戌以后三十年中国政治史》中评论道，在当时的同盟会内，除孙中山、黄兴之外，宋教仁“算是最露头角，政治手腕极灵敏，政治常识也比较充足，能为他党所推重，政治热情也达于最高度。”② 在国民党成立之后，宋教仁因孙中山正忙于筹办铁路计划而被委任为国民党的代理理事长，实际上主持国民党的党务工作。尽管孙中山、黄兴对国民党的成立给予了支持，③ 宋教仁也曾就外界认为孙中山、黄兴“有冲突”问题，在《致北京各报馆书》中发表声明指出，“此次国民党之合并成立，全出于孙、黄二公之发意，鄙人等不过执行之。”④ 但是，宋教仁同时指出，孙中山被选为理事，“惟孙先生以此后欲脱离政界，专从事于社会事业，故不欲任事，曾经辞职，已由鄙人与各理事再三挽留，始允不辞，现已推为理事长。”⑤ 当时，孙中山的注意力和政治活动的重心是不在国民党上。仅仅认识到是宋教仁创建了国民党，尚不足以揭示其应有的历史地位。如

---

① 黄远庸：《对于三大势力之警告》，《远生遗著》卷一。

② 李剑农：《戊戌以后三十年中国政治史》，第 155 页。

③ 据《民立报》1912 年 8 月 17 日《同盟会本部致各支部电》称，“目前孙中山、黄克强两先生由上海屡来函电，欲与他党谋合并之方。”

④ 宋教仁：《致北京各报馆书》，《宋教仁集》（下），第 420 页。

⑤ 宋教仁：《国民党鄂支部欢迎会演说辞》，《宋教仁集》（下），第 456 页。

若国民党像孙中山后来所认为的，同盟会改组国民党，“革命精神遂以消失”，也就是说，国民党的成立是一种倒退，那么，宋教仁的历史地位则毋庸赘述。国民党的成立是否意味着倒退呢？宋教仁在识别“革命党”与“政党”时就已指出，国民党是“革命的政党”①，并强调“牺牲的进取的精神，则始终一贯，不能更易也。”②“革命党”虽不是“革命的政党”的简称，但在宋教仁的思想认识中，对革命组织的称谓则由“革命党”发展到了“革命的政党”。

由于同盟会与国民党成立于不同的社会政治环境中，我们在评价二者的“功”或“过”时，是不可以简单地以同盟会为标准来褒贬国民党的，反之亦然。如前所述，国民党的“革命性”是客观存在、不容置疑的；而且，国民党为适应新的“建设时期”而创立，作为民初政党政治的一个政治主体，与同盟会相比较，其“建设性”正是它所赋予近代中国政党的新的内涵和特征，这就是，以公开的组织，“对于敌党，是拿出政治的见解，同他们奋斗”。即使是对国民党的认识前后有所差异的孙中山，在国民党成立时也承认，“合五大政党为一国民党，势力甚为伟大，以之促进民国政治之进行，当有莫大之效果。”③ 学术界在对国民党的评价问题上之所以争论不一，一个基本原因就是对国民党党纲有着不同的理解。然而，还是孙中山，却从中华民国第一届国会的选举结果中得出了如下认识。他说，“本党未尝以财力为选举之运动，而其结果，犹能得如此占胜利，足见本党党纲，能合民国心理。”④ 这些认识代表着孙中山当时对国民党的基本评价。因此，国民党的成立不但不是一种倒退，相反，它在一定意义上推动

① 宋教仁：《国民党交通部公宴会演说辞》，《宋教仁集》（下），第486页。

② 宋教仁：《国民党交通部公宴会演说辞》，《宋教仁集》（下），第486页。

③ 孙中山：《解决民生问题》，《总理演讲新编》，见《孙中山全集》第二卷，第410页。

④ 孙中山：《中华革命党成立之通告》，《孙中山全集》第三卷，第112页。

了民初政治的发展。

综上所述，在近代中国政党发展史上，一方面，宋教仁不仅参与了中国同盟会的创建和武装斗争，而且实际主持了国民党的成立及其国会竞选活动；另一方面，国民党的成立，是顺应民初政治发展要求的，同样表现为一种历史进步。因此，可以这样认为，宋教仁是辛亥革命的领导者和中华民国的创立者之一，是民初政党政治的最主要的倡导者和先行者之一，认为他是民初政党政治身体力行的第一人①，也是不过分的。他的被刺杀，对于民初政治的最直接的影响是“二次革命”的兴起。孙中山指出，“吾党自一次革命，国体与政体变更后，即以巩固共和，实行民权、民生两主义为已任。乃以［宋案］、借款之故，促起二次革命。”②宋教仁为推行政党政治，实施民主宪政而献身，在民主共和政体建设，以及与以袁世凯为代表的封建专制势力的斗争中，发挥了不可替代的历史作用。

## 第四节　宋教仁“政党政治”与孙中山“以党治国”

政党政治在民初的尝试，一方面，继辛亥革命推翻封建专制，传播了民主共和思想；另一方面，创立民主政治制度。然而，由于近代中国政党自身的缺陷所障碍，以及社会历史条件的不具备，未能行得通，更没有建立起相应的政党制度。值得我们思考的一个问题是，近代中国政党政治的理论与实践同后来的“以党治国”之间究竟存在着怎样的历史关系呢？这里只是提出问题。就此而言，宋教仁的思想认识停留在了政党政治上，孙

① 北京大学政治学与行政管理系（现政府管理学院）宁骚教授，在作者博士论文预答辩时对宋教仁的评价。

② 孙中山：《在上海国民党茶话会的演说》，《孙中山全集》第三卷，第4页。

中山则实现了由政党政治到“以党治国”的政治主张的转变。这一转变的发生与实现，除需要一定的社会历史条件之外，主要是孙中山的政党思想发展变化的结果。在中华革命党和中国国民党时期，孙中山强调了“革命党”在国家政权建设中的地位与作用。他指出，“真中华民国由何发生？就是要以革命党为根本，根本永远存在，才能希望无穷的发展”，相应地，“必将反对党完全消灭，使全国的人都化为革命党，然后始有真中华民国”[①]；不仅如此，他还主张“第三次成功，非本党不得干涉政权，不得有选举权，故将来各埠选举代表，非本党人不可。”[②] 从历史发展进程上看，孙中山所实现的上述政治主张的转变，是发生在民初政党政治失败之后的。也就是说，孙中山对于政党政治在民初的尝试及其失败不能不给予反思，从而提出下一步应怎么办的指导思想与原则。事实也是如此。在中华革命党成立时，孙中山就明确指出，“惟此次立党，与前此办法颇有不同”，同盟会、国民党只是以主义号召同志，“未尝以统一号令，服从党魁为条件耳”，因此，“是以此次重组革命党，首以服从命令为（惟）唯一之要件”，[③] 务在正本清源，“以收完全统一之效，不致如第一次革命时代，异党入据，以伪乱真。”[④]《中华革命党总章》规定，“本党以扫除专制政治，建设完全民国为目的”，“自革命军起义之日至宪法颁布之时，名曰革命时期；在此时期之内，一切军国庶政，悉归本党负完全责任，力为其难，为同胞造无穷之幸福。”为求其实现，孙中山将这一“革命时期”分为三个

① 《孙中山全集》第五卷，第262页。

② 孙中山：《批伍曜南函》，《孙中山全集》第三卷，第104页。伍曜南是美国华盛顿州舍路埠（seettle，今译西雅图）国民党分部长。

③ 孙中山：《致陈新政及南洋同志书》（1914年6月15日），《孙中山全集》第三卷，第92页。

④ 《中华革命党成立通告》（1914年9月1日），《孙中山全集》第三卷，第113页。

时期，即“军政时期”“训政时期”和“宪政时期”。[①] 这样，孙中山的“以党治国”思想的基本内容已初步提了出来。从思想内涵上看，政党政治和“以党治国”都是以政党与国家政权的关系为基本问题的，但在具体表现形式上是不相同的。政党政治是两党制或多党制，而“以党治国”是一党制的。尽管如此，孙中山关于政党在国家政权结构中的重要地位与作用的认识，则是在其主张政党政治时就已确立了的。而且，孙中山主张“以党治国”又是与他对政党政治失败之后的政治形势的认识分不开的，他认为此时革命仍未结束。[②] 这就是说，孙中山的“以党治国”思想主要是在多方面总结民初政党政治的经验与教训的基础之上形成和发展的。

---

① 《中华革命党总章》为孙中山手书，见《孙中山全集》第三卷，第 97 页。其中，军政时期，“此其以积极武力，扫除一切障碍，而奠定民国基础”；“训政时期”，“此期以文明治理，智率国民，建设地方自治”；“宪政时期”，“此期俟地方自治完备之后，乃由国民选举代表，组织宪法委员会，创制宪法；宪法颁布之日，即为革命成功之时。”

② 在当时的社会历史条件下，孙中山所主张的“以党治国”，也可以表述为“以党建国”。他在 1924 年的中国国民党第一次全国代表大会上说，“我们现在并无国可治，只可说以党建国”，因此，“大家应有此思想与力量，以党建国”。见《孙中山全集》第九卷，第 103—104 页。

# 附录一　中国近代政党创建及孙中山政党思想起源探析

中国近代政党开启于孙中山及其时代，其萌生和创建与孙中山政党思想的起源，历史地形成为中国社会政治组织近代化过程的两个方面。在近代社会变革中，中国社会政治组织的构建顺乎政治民主化趋势，初具近代形态。民主革命者在这一历史进程中，为表达其利益，在无议会可循的情况下开始组织创新；与之相应，政党首创于欧美诸国，西方政党观念输入中国并传播开来，为中国近代政党的创建提供了一定的社会舆论和知识准备，以及由维新立宪者与民主革命者共享的政党思想资料，但民主革命者不仅有条件而且事实上先于维新立宪者在中国首先建党；在政党作业中，中国近代政党一方面从区域性、松散性团体逐步统一为全国性、紧密性的新兴政治参与主体，另一方面，革命政党、立宪政党相继创设，进而中国近代政党创建的基本格局初步呈现出来。

近代中国，西学东渐，社会思潮涌动。西方政党观念也随之传入，并融于维新立宪、民主共和之历史进程。严格说来，中国近代政党开启于孙中山及其时代，作为新兴政治主体，它不同于皇族、军阀等，而是为推进中国社会政治生活民主化而逐步培育和发展起来的。从认识论言之，由于中国近代政党产生的社会生态环境和历史条件的特殊性，孙中山的政党思想不仅仅相对于中国政党的客观实在，起源和决定于他所参与的相应实践活动，还来源于西方政治思想、政党实际及其观念，受制于西方政党观念在中国的传播、近世国际政治经济秩序。中国近代政党的创建与孙中山政党思想的起源历史地形成为一个过程的两方面。认识这一问题，可着眼于构成政党生成的三个基本性评估指标：(1) 公众意见[①]及其利益表达，这是一般性社会政治组织缘起的逻辑和实际起点；(2) 政治纲领的初步确立；(3) 政党组织的基本形成。政治纲领与组织形式是政党及其政党思想的具体体现和现实载体。

孙中山政治思想的形成和发展是一个连续性与阶段性相统一的历史过程。近代中国社会变革，知识分子作为社会结构中最具悟性与危机、忧患意识的阶层，率先觉醒，从传统向近代转型。孙中山“幼尝游学外洋，于泰西之语言文字，政治礼俗，与夫天算地舆之学，格物化学之理，皆略有所窥。而尤留心于其富国强兵之道，化民成俗之规；至于时局变迁之故，睦邻交际之宜，辄能洞其阃奥”。他转至香港西医书院就读期间，日间研习科学与医学，夜间则攻读中文或其他的书籍，法国革命史与达尔文进化论等名著，尤所爱读。其时介于中法战争和甲午中日战争间，清政府更趋衰败，民族危机日深。孙中山认为“欲救国救人，非除去此恶劣政府不可”[②]。“中国对于世界他处之良好事物皆可模仿，而最要之先着厥为改变政府。现社会中最有力之物，即为组织一良好之政府。”[③]他“物色有志学生，结为团体，以任国事”[④]。这一主张在其大学时代就已开始实践，此后

① 美国政治学者洛厄尔（1859—1943）在《公共意见与平民政治》（商务印书馆1924年版）中认为，“多数的意见”指有力的多数，不是指计数的多数。“有力的多数”是有共同政治见解的公民。在民主政治发展中，公共意见的形成需要政党，政党首先是形成公共意见的工具。

② 陈锡祺：《同盟会成立前孙中山的革命思想与革命活动》，《中山大学学报（哲学社会科学版）》1957年第1期。

③ 陈华新：《香港是孙中山思想学说的发源地》，《孙中山研究》第一辑，广东人民出版社1986年版，第166页。

④ 《孙中山选集》，第200页。

日甚，组织政治团体的理念和组织条件不断成熟

孙中山早年信奉维新改良思想，上书条陈革新。但“和平方法，无可复施”①，“孙中山的志向益发坚决，在檀香山就积极筹备兴中会，找人入会，一定要反抗满清政府。”② 在中国近代社会发展过程中，政治心理和公众意识影响社会变革。当时，中国国民多生活在传统社会，普遍缺乏近代公民素质，知识分子慑于落后的社会政治心理，孙中山等也迎合社会心态，以非理性情绪来达到理性的目的。他宣传反清革命，组织政治团体——兴中会，“创兴中会以申民志而扶国祟”，旨在“驱逐鞑虏，恢复中华，创立合众政府”。这时，孙中山“组织一良好之政府”的政治理想发展为“创立合众政府”。

兴中会呈中国近代政党雏形，虽颇受会党等秘密组织的影响，却超越于会党。兴中会顺应资本主义在中国的发展及其利益要求，主张“设报馆以开风气，立学校以育人材，兴大利以厚民生，除积弊以培国脉”③；组织形式更多循资产阶级民主制，公举而为组织机构，议决“当照舍少从多之例而行，以昭公允”④。兴中会淡化地缘，“不论中外各国人士，倘有益世，肯为中国尽力，皆得收入会中”⑤，由此资产阶级和小资产阶级成为其组织的主导力量。

兴中会总部设于香港。香港当时受英国殖民，与中国大陆社情不同。香港的法制是根据英国法例制订而成为法治之区，香港华人因此能享受的个人人权，在近代史上较处于政治动荡中的中国居民获得更大的保障。香

① 陈锡祺：《同盟会成立前孙中山的革命思想与革命活动》，《中山大学学报（哲学社会科学版）》1957 年第 1 期。

② 陈少白：《兴中会革命史要》，《辛亥革命》（一），第 24 页。

③ 《檀香山兴中会成立宣言》，《辛亥革命》（一），第 85—86 页。

④ 《檀香山兴中会成立宣言》，《辛亥革命》（一），第 85—86 页。

⑤ 《檀香山兴中会成立宣言》，《辛亥革命》（一），第 85—86 页。

港渐成为民主革命思想传播及活动的中心。孙中山组织武装起义，舆论宣传，奔走于欧、亚和北美各地有华侨居留的地区，聚合社会政治力量。华侨对于孙中山民主革命的支持，其文化方面动机来自朴素的民族主义感情，华侨迫切希望有一个强有力的本国政府来保护他们。也因华侨较直接与西方文化有所接触，对于孙中山的“创立合众政府”及民主共和理念较易接受和理解；孙中山从以同乡、会馆及会党的组织形式为文化寄托的华侨中寻求群众基础和依托力量，将华侨的民族主义感情和民主革命因素引向实现中国近代化的理性目标。因此兴中会等政治团体起初在华侨中、在海外创设，是由中国近代社会环境制约和受相应社会政治资源的分布所影响的，这是中国近代政治组织创建时的一大优势和特点，一些近代社会政治思想也由此缘起并传播开来。

伴随中国民族资本主义的发展和近代教育以及留学的兴起，出现了一批资产阶级、小资产阶级的知识分子。其中，留学国外的学生比在国内受的政治压迫要少些，接触资产阶级政治思想则较多。近代中国所处的国际及时代环境，使得知识分子作为文化的传承者，在对待传统与近代西方文化时，为达到变革社会政治的目的，杂糅中西文化，急于引进西方政治思想。《辛丑条约》签订，“国势危急，岌岌不可终日”，而“赴东求学之士，类多头脑新洁，志气不凡，对于革命感受极速。转瞬成为风气故其时东京留学界之思想言论，皆集中于革命问题”。[①] 这一革命思潮波及国内，“留东学生提倡于先，内地学生附和于后，各省风潮从此渐作”[②]。留学生爱国运动与国内“学界风潮”相互激荡，资产阶级革命派的政治团体受其推动而在国内一些地域兴起，黄兴在两湖地区创立华兴会，胡瑛在湖北创办科

① 《孙中山全集》第六卷，中华书局1985年版，第235—236页。

② 《孙中山全集》第六卷，中华书局1985年版，第235—236页。

学补习所，刘静庵等在武昌创建日知会，蔡元培在上海发起光复会。这些地域性政治团体"采取雄据一省，与各省纷起之法"[①]，冲破了清朝党禁的桎梏，其发展之势虽受到社会固有体制的制约而呈隐性，却是变革社会体制的内在动因，也推动政治团体自身在中央集权制的国家政权结构中逐步由地域性聚集而达至一体化，从组织形式上诉诸其对国家政权的旨趣。

在孙中山早先创建的兴中会及其思想纲领不断传播的过程中，孙中山的政治影响渐从海外经华南延伸至长江流域，其在民主革命政治力量中的思想领袖地位逐步获得提升和确立。孙中山对于政治力量的选择起初主要是会党和新军，借此进行武装起义，由于分散、单薄，屡以失败告终。其他革命性团体开展的武装斗争也命运不济。武装反清是它们的共识，对此如何作业则有个实践过程，这一共识也就在相应的具体实践中得以具体化。孙中山体认到，"但从分道扬镳，终不如集中力量，事较易济"[②]。这时他的政治意识中更多地融入了政治组织及其力量联合行动的认识——"召集同志，结成大团"[③]。如此便转化为一种孙中山主动加强政治组织建设与改善的自觉行为。

若实现政治组织的联合，对于孙中山来说，意味着将不局限于兴中会组织。孙中山"结识留学界志士及热心华侨无数，多未使之加入兴中会"[④]；无独有偶，孙中山在东京创建革命军事学校时，提出了"驱逐鞑虏，恢复中华，创立民国，平均地权"[⑤]的政治纲领，却在组织上未要求学校学生加入兴中会。更有意义的是孙中山的上述政治纲领被其后的中华革命

① 刘揆一：《黄兴传记》，《辛亥革命》（四），第277页。

② 张永福：《南洋与创立民国》，中华书局1933年版，第9页；转引自《中国近代政党史》，吉林大学出版社1990年版，第110页。

③ 孙中山：《致陈楚楠告准备早日发动函》。

④ 冯自由：《革命逸史》第3集，中华书局1981年版，第32页。

⑤ 《孙中山全集》第一卷，中华书局1981年版，第224页。

军组织和改组后的致公堂所采纳，它是兴中会政治纲领和孙中山政治思想在新的历史条件下的发展和创新，政治问题与社会问题并论，赋予了这些组织关乎国家政权权能的战略指向。一般而言，倡导这一政治纲领者在组织创建初期极易成为组织领袖，中国近代“革命意识形态的主要轮廓是孙中山提出来的”①，孙中山“这时缺乏的就是一个新的组织”②。以“互相联络为要”③，孙中山进行社会游历和思想传播，寻求广泛支持与合作，在与中国留学生的辩论中，也转变了其对留学生的态度，他认为，“学生——特别是渗入新军中去的学生——可以扭转形势而有利于革命。”“学生和孙中山同意要组织一个新的革命政党”，④经过思想争论和筹备活动，中国同盟会于 1905 年 8 月 20 日在日本东京正式成立。孙中山称之以“吾党为世界最新之革命党”⑤。

从自组织理论审视，中国同盟会作为一个自组织，在其成立过程中，是以兴中、华兴会、光复会等原始组织为基核，它们外与清朝政权、与维新派及其演化而形成的势力，以及它们之间在思想认识和组织构成等方面互相博弈、竞争与合作，主要以孙中山为代表的政治纲领及组织通过辩论说服，意志强加和妥协退让形成主导意识和力量，并完成了组织章程与政治纲领的确立、组织领袖的公举、会员入会程序，初步建立起了从总部到地方分会的组织系统。中国同盟会起源于各资产阶级革命团体，是它们在博弈中聚集的产物，资产阶级革命团体飞跃而为近代中国第一个资产阶级革命政党。中国同盟会的诞生将政党现象和政党力量融进了中国社会政治

① 《剑桥中国晚清史》下卷，中国社会科学出版社 1985 年版，第 564 页。

② 《剑桥中国晚清史》下卷，中国社会科学出版社 1985 年版，第 430 页。

③ 《宋教仁日记》(1905 年 7 月 28 日、29 日)，《宋教仁集》下册，陈旭麓主编，中华书局 1981 年版，第 546 页。

④ 《剑桥中国晚清史》下卷，中国社会科学出版社 1985 年版，第 559 页。

⑤ 冯自由：《革命逸史》第 2 集，中华书局 1981 年版，第 138 页。

近代化进程，使中国近代社会政治内涵获致丰富和发展。

中国同盟会之所以成立于日本东京，并以留学生尤其以留日学生为骨干和基本会员，单就孙中山而言，是与他对留学生的认识有内在关系的。孙中山国内革命受挫，游历海外，逐步认识到留学生是中国革命和建设的重要依靠力量，他为之设想，“今后将发展革命势力于留学界，留学生之献身革命者，分途作领导人”①。于是，他区别对待，要求留学欧美学生“努力向学，成为他日建设之人才”②；希望留日学生“奔走革命”。有学者认为，“同盟会最大程度地体现了中国通过留学日本以寻求民族主义和现代化的具体成果。”③ 日本近代社会阶段超越于当时的中国，中日间存在着相应的政治发展的不平衡性，加之中日历史、文化及地缘政治关系，中国同盟会成立于日本东京是合乎历史逻辑的。更为深刻的是，如果中国近代社会中不具有像革命派及其知识分子这样的社会政治变革的倡导者和实践者，没有中国近代社会对变革的需要，中国同盟会的成立不论在本土与否，都是缺少充分条件的。康有为、梁启超等在戊戌维新后，也曾东渡日本，到欧美、南洋等地活动，在留学生、华侨等社会群体中享有政治影响力，却没有开中国近代政党成立之先河，而只是成立了保皇会。中国社会变革的需要和民主革命力量发展是中国同盟会“立党”的现实依据。中国同盟会的组织基核产生于中国本土并早已开始在本土进行直接性的政治活动。由于中国社会政治体制拒斥以变革尤其要取代自身为对象的政治组织的存在和发展，中国的革命派“在日本人以及中国留学生中间找到了为他们的活动作了较好准备的场所”④。中国同盟会在日本东京成立，意味着中

① 朱和中：《欧洲同盟会纪实》，《辛亥革命回忆录》第6集，第6—7页。
② 朱和中：《欧洲同盟会纪实》，《辛亥革命回忆录》第6集，第6—7页。
③ 《剑桥中国晚清史》下卷，中国社会科学出版社1985年版，第430页。
④ 《剑桥中国晚清史》下卷，中国社会科学出版社1985年版，第427页。

国近代政党一开始就存有组织系统本土化及如何在中国社会历史条件下运作等问题，从政党与国家政权关系言之，中国同盟会在政党作业、实现其政治纲领的过程中，对于左右国家政权的中国近代主要政治参与主体，如皇族、军阀及其他政治势力，面临以怎样的方式或状态与之抗争、制衡而消长等问题，关于这一方面，中国同盟会成立时，孙中山的政党理论之准备是不足的，需要不断予以创新。但孙中山政党思想孕育在他的政治活动及其过程中，此时则已有了针对中国社会实际而关于政党的基本认识。孙中山明确指出，“吾党为世界最新之革命党，应高瞻远瞩，不应当专向种族、政治两大问题，必须并将来最大困难之社会问题亦连带解决之，庶可建设一世界最良善富强之国家”① 政治活动的实际状况影响与之相适应的政党思想的形态，随着孙中山政治实践在中国社会实际中不断深化，孙中山政党思想在形成与发展中逐步具有政党理论体系。

资产阶级立宪派和革命派，中国近代新兴社会政治力量，他们的思想与实践活动，形成清末两股或缓或急的政治革新潮流。立宪派的舆论宣传和政治活动交互为用，立宪派组织团体，开展地方自治活动和国会请愿，资产阶级趋于成熟，组织合法政党问题也被提上议事日程。康有为在清廷立宪后认为，保皇会“此后当无所事事，而成立大党，遍于五洲，实居举国之先河，而为政党之前导者也”②。乃改组“保皇会”为“帝国宪政会”。立宪派为日后夺取国会议席，参与政府权力的重新分配纷纷展开组党活动，从而出现了一些全国性的立宪政党。1910—1911年，宪政实进会、辛亥俱乐部和宪友会等资产阶级合法政党相继组成。立宪派在清末宪政时期，组织各种政团或政党，要求实行君主立宪，实行议会制度，开辟

① 《康有为政论集》上册，中华书局1981年版，第600页。

② 冯自由：《革命逸史》第2集，中华书局1981年版，第138页。

了一条为争取议会民主而创建中国近代政党之路。立宪政党虽迟于民主革命政党而出现，却从其创建之初便与民主革命政党相比较而存在，初步呈现中国近代政党早期发展趋势。中国近代政党是与中国近代社会历史相统一的，撇开其具体历史或单纯以先验性认识来研究中国近代政党，显然有悖于这一统一性。

政党因政治而兴，它与政治结合，自然要产生政党政治，并在政治参与和政党作业过程中形成相应的政党政治类型和运作模式。中国同盟会以民主革命立党，首辟在中国创建政党之路。从中国同盟会开始培育的中国近代政党，政党政治及其类型因国情、社情和政党情使然而具体地历史地存在、演化和发展，这是西方政党及政党理论所涵盖不了的，对于西方政党及政党理论，可以借鉴之，却不可以照搬过来用作唯一认识工具。因此，认识和研究近代中国政党及其政党政治，需要相应的认识观念和方法，以达至历史与逻辑的统一。

# 附录二　第一次国共合作时期中国共产党关于孙中山三民主义的认识和研究

中国共产党在新民主主义革命时期的理论与实践，最根本的一点就是，中国共产党逐步将马克思主义的基本原理与中国社会实际相结合，在实践中探索出了一条富有中国特色的新民主主义革命道路，同时在理论上创立了来源于实践且指导实践，并在实践中日趋完善的新民主主义理论。

这里，我们不能不认识到，在中国共产党、共产国际和苏俄帮助下，孙中山通过改组中国国民党而重新解释的三民主义，是包括在当时中国社会实际之中，并与中国共产党有着直接历史联系，与中国共产党的民主革命纲领有着共同政治基础的一种社会思想实际。这是中国共产党在创建新民主主义理论过程中所不可回避的，是中国共产党认识中国社会的研究对象之一，也是其间接经验之一。同时，这也是我们考察中国共产党新民主主义理论创建史的一个重要组成部分和认识角度。

中国共产党对于孙中山三民主义的认识和研究，表现为一个自觉的能动的历史发展过程，体现出阶段性和连续性的具体统一。这一认识运动有着三种基本形式：对孙中山三民主义的宣传和解释，对孙中山三民主义的理论研究，对各种三民主义认识观的扬弃与批判。

在孙中山三民主义的认识运动中，中国共产党对于孙中山三民主义的认识总体上呈不断深入和日趋成熟趋势，但也局部存在着不确切的思想观点，构成中国共产党内对孙中山三民主义认识的一对矛盾，这在与其他三民主义认识观相互作用中，也构成对于三民主义认识的又一对矛盾。另一方面，中国共产党在认识和研究孙中山三民主义的过程中，不断寻找新民主主义理论的生长点，随着对孙中山三民主义认识和研究的深入，为新民主主义理论的形成和发展提供了大量的认识素材。

中国共产党对于孙中山三民主义的认识过程是与创建新民主主义理论相伴而发展的历史过程，在第一次国共合作时期，中国共产党在认识国民党、孙中山及其三民主义的过程中，开展国民革命，推进国共合作，同时汲取孙中山三民主义的合理因素，在一定意义上促进了新民主主义思想在第一次国内革命战争时期的基本形成；同样，在第二次国共合作时期，中国共产党对于孙中山三民主义认识和研究的逐步成熟，推动了新民主主义理论在发展中日趋完善。

但是，相对于第二次国共合作时期，学术界关于第一次国共合作时期中国共产党对于孙中山三民主义的认识和研究这一课题，重视是不够的，研究较为薄弱，也存在一些值得商榷的问题。为历史地认识中国共产党的孙中山三民主义认识史和新民主主义理论创建史，以及二者之间的关系，确有必要对此课题给予足够的重视和研究。

## 一、三民主义由旧到新的发展

### （一）三民主义的历史沿革

20 世纪初，中国民族危机深重，社会矛盾尖锐，政治上越来越丧失独立地位，经济上逐渐成为国际资本主义的附庸。与此相伴，中国民族资本主义工商业则有了长足发展，民族资产阶级特别是民族资产阶级中下层登上政治舞台，形成资产阶级革命民主派。

以孙中山为代表的中国资产阶级革命民主派为推翻清朝封建帝制，建立并统一全国性革命组织，提出了“驱逐鞑虏，恢复中华，创立民国，平均地权”[①]的革命宗旨和行动纲领。在理论建设方面，孙中山在1905年10月中国同盟会机关报《民报》发刊词中，第一次将其政治主张概括为“三民主义”：“余维欧美之进化，凡以三大主义：曰民族，曰民权，曰民生。”[②]三民主义由此发端。孙中山在其后的理论与实践中，对三民主义作了详细阐述和理论建构，基本形成三民主义理论体系。

孙中山的三民主义掀起了中国近代政治思想史上一次空前的思想解放运动，它指导并推动了当时的资产阶级民主革命实践。但是，没有明确反帝反封建思想的三民主义导致辛亥革命在根本意义上失败了，中国半殖民地半封建的社会秩序没有真正改变，社会主要矛盾一个也未能解决。尽管如此，三民主义中具有革命性和民主性的部分总是要发挥其应有作用的，它本身也为更加先进的思想积累了丰富的思想资料，创造了一定的思想传播的环境。因此，五四运动后马克思主义在中国的传播与孙中山的三民主义，既不是取而代之的问题，又不是互不相容的问题。这两大思想运动之间存在着一定的历史联系，它们都旨在解决中国社会的基本矛盾，程度不同地反映了中国社会实际，适应了不同时期中国社会的需要，孙中山三民主义的基本精神不仅不因辛亥革命的失败而丧失，而且在马克思主义在中国传播的新的历史条件下得到了进一步发挥，这是孙中山三民主义之所以能够发展到新阶段的重要历史原因。基于此，考察马克思主义在中国的传播，不能不考察三民主义为之所创造的社会条件和思想背景；同样，考察三民主义发展史，也不能不考察在马克思

---

① 《东京军事训练班誓词》(1903)，《孙中山全集》第一卷，中华书局1981年版，第224页。

② 《〈民报〉发刊词》(1905年10月20日)，《孙中山全集》第一卷，中华书局1981年版，第288页。

主义广泛传播的情况下，三民主义又是怎样继续存在和发展的，这是认识二者之间关系的一个基本态度。

孙中山在多次革命失败中积累了许多经验教训，开始重新考察和检验自己的三民主义。尤其是五四时期，思想有很大转变。孙中山从十月革命的胜利看到了世界潮流的变化和无产阶级、劳动人民的革命力量。三民主义也顺乎时代发展，跳出由辛亥革命前的“三民主义”到辛亥革命后民生主义的“一民主义”，袁世凯枪杀宋教仁后又恢复到民权、民生的“二民主义”，洪宪帝制破产后再次倒退到民生主义的“一民主义”这一历史徘徊，至1919年10月10日，在《中国国民党规约》的总纲中以“本党以巩固共和，实行三民主义为宗旨”[①]而正式完整地再现出来。历史性的飞跃是1924年1月中国国民党“一大”通过的有共产党人参加起草的《国民党第一次全国代表大会宣言》，它接受了共产党提出的反帝反封建的政治主张，给三民主义赋予了新的解释，即用联俄、联共、扶助农工三大政策解释三民主义，使旧三民主义发展为新三民主义。

（二）三民主义反帝反封建思想内容的确立

三民主义由旧到新的发展，就是确立了反帝反封建的思想内容，并贯穿于三民主义整个理论体系之中。这与中国共产党在民主革命阶段的纲领，基本上是相同的，成为国共合作的政治基础。

民族主义是三民主义的政治前提。尽管旧三民主义的民族主义：“一、驱逐鞑虏……覆彼政府，还我主权；二、恢复中华，中国者，中国人之中国；中国之政治，中国人任之，驱逐鞑虏之后，光复我民族的国家。”[②]虽

① 《中国国民党规约》，《孙中山全集》第五卷，中华书局1985年版，第127页。

② 《中国同盟会革命方略》（1906年秋冬间），《孙中山全集》第一卷，中华书局1981年版，第296—297页。

然“欲免瓜分，非先倒满清政府，则无挽救之法也。”① 但实际结果归于反帝被反满取而代之。新的民族主义则汲取旧的民族主义的合理部分，更重要的是鲜明地提出了反帝纲领。新的民族主义“一则中国民族自求解放，二则中国境内各族一律平等。”② 这对旧的民族主义中的单纯排满和大汉族主义作了改变，弥补了其不足之处，并超越旧的民族主义而发展到最高成就。

三民主义的核心是民权主义。孙中山民权主义主要来源于西方资产阶级民主主义思想和民主共和国方案，但又有自己的创见，即建立民主共和国，军政、训政、宪政三个时期循序以进。尽管孙中山曾反复申述“主权在民”思想，但在实际斗争中，旧的民权主义以反皇权压倒了反封建。新的民权主义强调，“国民党之民权主义，于间接民权之外，复行直接民权。即为国民者，不但有选举权，且兼有创制、复决、罢官诸权也。”③ 这就有了明确的反封建内容。

反封建的内容更进一步地反映在民生主义由旧到新的发展。民生主义是孙中山三民主义中最具有思想特色的部分。在辛亥革命时期，孙中山主要论述了平均地权的思想。但就当时中国社会的实际而言，平均地权无论从理论上或实践上，都不可能满足农民对土地的要求。新的民生主义，不仅“一曰平均地权；二曰节制资本”，④ 而且有了“耕者有其田”的思想内

---

① 《驳保皇报书》（1904 年 1 月），《孙中山全集》第一卷，中华书局 1981 年版，第 234 页。

② 《国民党第一次全国代表大会宣言》（1924 年 1 月），见中国人民解放军政治学院党史教研室编：《中共党史参考资料》第 3 册，第 7、8 页。

③ 《国民党第一次全国代表大会宣言》（1924 年 1 月），见中国人民解放军政治学院党史教研室编：《中共党史参考资料》第 3 册，第 7、8 页。

④ 《国民党第一次全国代表大会宣言》（1924 年 1 月），见中国人民解放军政治学院党史教研室编：《中共党史参考资料》第 3 册，第 7、8 页。

容，这就是“推翻一般大地主，把全国的田土都分到一般农民，让耕者有其田”。[①] 耕者有其田，对旧的民生主义作了重要的补充与发展，这也说明孙中山的思想更加切合中国国情，因为中国当时的现实问题，不是首先解决城市的地价税，而是首先要打倒农村的封建势力，满足农民对土地的要求。

反帝反封建的思想内容在三民主义中的确立，是三民主义自身的发展，也是孙中山对中国共产党反帝反封建政治主张的接受。也就是说，新三民主义主要体现了孙中山的思想观点，同时也体现了中国共产党的思想观点。这一思想的相通性，赋予了中国共产党对于孙中山三民主义更多的发言权，使得中国共产党对于三民主义的认识，能更有机地贯彻到创建新民主主义理论的过程中去，而非机械地搬用或嫁接；通过对三民主义的认识，也能比其他社会思潮或理论更多地为中国共产党创建新民主主义理论所用，其认识成果也容易为中国共产党辩证地吸取。这是中国共产党认识和研究孙中山三民主义的一大认识动因和推动力量，通过对孙中山三民主义的认识和研究，并与新民主主义革命实践相配合，虽程度不同，却是共同推动中国共产党新民主主义理论的创建的。

中国国民党“一大”确立了孙中山三民主义，国共实现了党内合作。就国民党而言，尽管改组后存在着左右派之争，但孙中山及国民党左派占据绝对政治优势，国共合作进展顺利，孙中山三民主义的理论权威在实际斗争中逐步确立并得到维护。之所以如此，首先，主要是孙中山三民主义具有反帝反封建的思想内容，基本反映了中国社会实际，适应了当时政治斗争实践的需要；其次，这也是与历史形成的孙中山的政治权威，以及他

---

① 《在广州农民运动讲习所第一届毕业礼的演说》(1924年8月21日)，《孙中山全集》第十卷，中华书局1986年版，第556页。

积极推行联俄、联共、扶助农工政策所密不可分的。

这里，孙中山三民主义作为一种社会意识，是由与之相应的社会存在决定的。这一社会存在主要表现为中国是一个半殖民地半封建的社会，只要中国社会主要矛盾得不到真正解决，半殖民地半封建的社会性质就不会自行改变。那么，由此种社会性质决定的孙中山三民主义总是要发挥其能动作用的。但是，上述第二个方面，关键因素是孙中山个人魅力，它会随着孙中山逝世而发生比较大的变化。事实上，也正是由于孙中山逝世，国民党失去政治权威，左右派斗争加剧，国民党右派的理论纲领主要是戴季陶主义得以出笼，它以阐释孙中山三民主义为名，行歪曲、篡改之实，逐渐发展成为一种颇有影响的社会思潮，危及着国共合作，孙中山三民主义遇到了严峻挑战。

这样，第一次国共合作时期，孙中山三民主义所处状态以孙中山逝世为界，表现出阶段性差异：孙中山在世时，孙中山三民主义的理论权威逐步确立，并得到维护；孙中山逝世后，孙中山三民主义的理论权威遇到了主要来自国民党内部的严峻挑战，戴季陶主义逐步影响开来。

在中国共产党这里，国共合作后，共产党坚持政治上的独立性，开展工农运动，新民主主义的一些思想在民主革命实践中逐步萌芽和发展。同时，共产党加强在国民党内工作，与孙中山及国民党左派结成国共合作派，宣传孙中山三民主义，并开始对孙中山三民主义进行认识和研究，形成了一系列思想观点和认识成果。

但是，随着孙中山逝世，中国共产党对于孙中山三民主义的认识和研究呈现出一个总结和上升的趋势。中共中央在孙中山逝世前夕，针对孙中山逝世后的宣传问题，提出了宣传孙中山三民主义的依据，以及具有完整意义的孙中山三民主义的基本原则。共产党人（主要是赵世炎，其后是恽代英）在孙中山逝世后不久，提出了“孙中山主义”的概念。尤为要指出的是，因孙中山逝世，戴季陶主义出笼，中国共产党对于孙中山三民主义的认识和研究活动，除了宣传贯彻、理论研究外，增加了理论论战的形式。

从上述历史发展中，也同样可以看出，第一次国共合作时期，就共产党而言的孙中山三民主义所处的状态，即对于孙中山三民主义的认识和研究，以孙中山逝世为界，呈现出前后两个阶段：①孙中山在世阶段，②孙中山以后阶段。

关于民主革命时期中国共产党对于孙中山三民主义的认识和研究。其中，第一次国共合作时期相对于第二次国共合作时期较为薄弱和不成熟，但是，就整个新民主主义革命时期而言，第一次国共合作时期既是初创时期，又是一个认识的高涨时期。

第二次国共合作时期，中国共产党新民主主义理论日益成熟，为中国共产党对于孙中山三民主义的认识和研究提供了理论指导。新民主主义理论愈成熟，对于孙中山三民主义的认识也愈加成熟，同时，对于孙中山三民主义认识成熟，也推动着新民主主义理论日趋完善，二者是相辅相成的。但是，第一次国共合作时期却不具备上述条件，因此，第一次国共合作时期中国共产党对于孙中山三民主义的认识和研究，相对于第二次国共合作时期是较薄弱的。

但是，由于第一次国共合作时期，国共关系问题、国民党左右派斗争问题等，成为当时中国共产党所面临的重要实际问题，也是必须加以认识和解决的重大理论问题。只有对国民党及其主义、政纲、政策和策略进行认识和研究，对国民党左右派进行区分，才能制定出相应的政策和策略，以适应实际斗争的需要。同时，也由于中国共产党创建新民主主义理论。在马克思主义与中国社会实际相结合中，中国共产党新民主主义理论不断丰富和发展；在认识和研究孙中山三民主义中，中国共产党汲取其中合理营养，不断寻找新民主主义理论的生长点。

上述现实斗争和思想建设的需要，促使中国共产党必须认识和研究孙中山三民主义。在国共合作和国民革命的理论与实践中，中国共产党，无论是中共中央还是共产党人，根据孙中山三民主义，结合当时的政治斗争实际，发挥自身主观能动性和理论创造性，都对孙中山三民主义进行了认识和研究工作，形成了一系列思想观点和认识成果。因此，可以说，第一次国共合作时期，是中国共产党认识和研究孙中山三民主义的一个高涨时期。

再者，对事物的认识和研究过程是一个阶段性与连续性相统一的具体过程。因此，在考察某一阶段时，要将其置于整个历史发展时期中去进行认识，同时，在考察整个历史发展时期时，也要对每个阶段进行具体的阶段性分析。我们考察第一次国共合作时期中国共产党对于孙中山三民主义的认识和研究，也同样如此。只有这样，才能对此有一个较为具体的历史的理解和深入认识。因此，将第一次国共合作时期中国共产党对于孙中山三民主义的认识和研究过程进行分段研究是必要的。第一次国共合作时期，中国共产党对于孙中山三民主义的认识和研究，可以划分为两个阶段：孙中山在世阶段和孙中山以后阶段，其标志是孙中山逝世，其根据是孙中山三民主义所处状态的变动。

## 二、中国共产党关于孙中山三民主义的认识和研究

中国共产党在渐进认识中国国民党、孙中山及其三民主义的过程中，逐步确立了与之“共同建立一个民主主义的联合战线”的方针；在帮助孙中山改组国民党，参与制订国民党“一大”宣言的过程中，推动了三民主义由旧到新的发展，并在反帝反封建的政治基础上实现了国共合作，在国

民革命的实践中，中国共产党的新民主主义思想不断形成和增长，这一方面主要来自马克思主义与中国社会实际的逐步结合；另一方面也得益于对孙中山三民主义的认识和研究。

（一）孙中山在世阶段（1924 年 1 月—1925 年 3 月）

孙中山在世阶段，中国共产党对于孙中山三民主义的认识和研究，是中国共产党的孙中山三民主义认识史的初创阶段，其认识活动和认识成果是与这一阶段的社会历史特点分不开的。其一，孙中山信任共产党，共产党与国民党左派支持孙中山，结成革命联盟内的国共合作派，在联盟内占有绝对政治优势；其二，中国共产党坚持政治上的独立性，开展工农群众运动，并在国共合作中遵守国民党政纲，宣传和贯彻孙中山三民主义。中国共产党对于孙中山三民主义的认识和研究，正是在这样的背景下及其过程中展开的。

**1. 中共中央的认识和研究**

（1）宣传孙中山三民主义依据的提出

中国共产党不仅参与制订了国民党“一大”宣言，而且在国共合作中对于宣言积极宣传和贯彻落实。

在党的宣传工作上，中共中央认为，“国民党此次议定之宣言书，为国民党精神之所寄托。”在宣传中，一方面“应站在国民党立脚点上”，另一方面“根据此宣言书”，努力向国民党党内党外宣传。① 当时，中共中央强调宣言的宣传工作，是有针对性的，“不可听其为数党员仍如以前忽视旧有的党纲一样，使宣言书又成为一种具文，党的活动及中国的政治上不生关系。所以他〔我〕们须常引起国民党党内党外的人，

① 《同志们在国民党工作及态度决议案》，见《中共中央第一次国内革命战争时期统一战线文件选编》，档案出版社 1991 年版，第 47 页。

对于此宣言书的注意。"[①] 这里，中共中央不仅提出要以宣言为依据，加强宣传工作，而且要使宣言得到真正落实，"使国民党真成为国民主义的党。"[②]

当时在国民党内是有左右派别之分的，上述"为数党员"，主要是指国民党右派分子。中国共产党在国民党内工作，首先要区分国民党左派和右派。在中共中央看来，当时国民党左派，除共产党外，还有"孙中山及其一派"，其中"其一派"是"现时愿意实行已通过之'宣言'里的政纲的一派"。[③] 这表明中共中央是将宣言作为基本依据来划分国民党左右派的。

在实际斗争中，中共中央没有偏离国民党"一大"宣言。为引导民众参加国民革命，同时矫正民众的错误观念（如和平，联省，宪法各主张），中共中央认为，"惟有在国民党中努力工作，从民众中发展国民党之组织，及宣传国民党之党纲及政纲（根据国民党第一次大会宣言）。"[④] 孙中山的逝世，是"中国民族自由运动一大损失"，但是中国共产党并没有因此而改变对国民党"一大"宣言的信守，而且认为，"因为中山先生所创造的国民党仍旧存在；这个党，尤其是其中革命分子，必然遵守大会宣言，必然遵守中山先生的遗嘱，依照中山先生的主张与战略——打倒军阀

---

① 《同志们在国民党工作及态度决议案》，见《中共中央第一次国内革命战争时期统一战线文件选编》，档案出版社 1991 年版，第 47 页。

② 《共产党在国民党内的工作问题议决案》，见中央档案馆编：《中共中央文件选集》(1921—1925)，中共中央党校出版社 1989 年版，第 230 页。

③ 《共产党在国民党内的工作问题议决案》，见中央档案馆编：《中共中央文件选集》(1921—1925)，中共中央党校出版社 1989 年版，第 230 页。

④ 《湘区报告》，《共产党在国民党内的工作问题议决案》，见中央档案馆编：《中共中央文件选集》(1921—1925)，中共中央党校出版社 1989 年版，第 266 页。

必须打倒帝国主义”,[1] 中国民族自由运动“是决不会随中山先生之死而停止的。”[2]

中共中央明确地提出宣传孙中山三民主义的依据也正是在孙中山逝世前夕。中共中央就对孙中山逝世的宣传上指出，宣传中山的三民主义，应以一九二四年一月国民党大会的宣言、党纲、政纲为根据，并同时强调指出了在宣传孙中山三民主义中应避免的两种倾向:“切不可明于空空理论”“尤其须切戒拿三民主义与共产主义或社会主义作比较”;“对于民主主义亦不可多作解释”。[3] 中共中央对于宣传孙中山三民主义依据的提出，为在实践中贯彻孙中山三民主义提供了思想指导，同时也为中国共产党人认识和研究孙中山三民主义指明了方向。

(2) 对于孙中山三民主义内容的认识和理解

国共合作是在孙中山三民主义的基础上建立起来的。对于国共合作的必要性，中共中央明确指出，“本党所以必须与国民党合作，因就中国眼前之经济状况，必须经过民主主义的国民革命，这是国民党对于中国的历史的使命。”[4] 在分析国民党的性质和特点时，中共中央认为，“只有反

---

① 《中国共产党为孙中山之死告中国民众》(1925 年 3 月 15 日),《共产党在国民党内的工作问题议决案》，见中央档案馆编:《中共中央文件选集》(1921—1925)，中共中央党校出版社 1989 年版，第 400、399 页。

② 《中国共产党为孙中山之死告中国民众》(1925 年 3 月 15 日),《共产党在国民党内的工作问题议决案》，见中央档案馆编:《中共中央文件选集》(1921—1925)，中共中央党校出版社 1989 年版，第 400、399 页。

③ 《中共中央通告第五号——关于孙中山逝世后之宣传问题》(1925 年 2 月 5 日)，见《中共中央第一次国内革命战争时期统一战线文件选编》，档案出版社 1991 年版，第 92 页。

④ 《中共中央通告第五号——关于孙中山逝世后之宣传问题》(1925 年 2 月 5 日)，见《中共中央第一次国内革命战争时期统一战线文件选编》，档案出版社 1991 年版，第 92 页。

帝国主义和民权主义可以做大多数平民群众的斗争的共同政纲"①，由此指出，共产党的责任，"就是使国民党不断的有规画的宣传'宣言'里的反对帝国主义及军阀，要求民权的原则。"② 中共中央在这里不笼统地提民族主义，只强调反帝国主义和民权主义，这是有其认识根源的，中共中央认为，"在原则上，当此时期我们与国民党并无主义上的政策上冲突之实质"③；对于党纲草案，"惟关于民族主义内容的解释，我们主张是：对外反抗侵略主义的列强加于我人之压迫，对内解除我人加于殖民地弱小民族（如蒙古西藏）之压迫。"④ 对于民生主义，中共中央指出，"实际上在国民党政府领域之内实行农民问题的改良政策实行赞助工人组织。"⑤ 当时，中共中央依据对孙中山三民主义的理解，对国民党左右派作了区分，认为"国民党内——对于反帝国主义，民权主义农民问题的改良政策，对工人利益的让步问题——便发现两派的力量"。⑥ 也就是说，孙中山和国民党左派是主张反对帝国主义，实行农民问题的改良和工人利益问题的让步政策的。因此，中共中央强调，"我们固然要帮助国民党在实际运动上在组

① 《共产党在国民党内的工作问题议决案》，见中央档案馆编：《中共中央文件选集》（1921—1925），中共中央党校出版社1989年版，第230页。

② 《共产党在国民党内的工作问题议决案》，见中央档案馆编：《中共中央文件选集》（1921—1925），中共中央党校出版社1989年版，第230页。

③ 《中国共产党中国社会主义青年团中央局对于国民党全国大会意见》（1924年1月），中央档案馆编：《中共中央文件选集》（1921—1925），中共中央党校出版社1989年版，第215页。

④ 《中国共产党中国社会主义青年团中央局对于国民党全国大会意见》（1924年1月），见中央档案馆编：《中共中央文件选集》（1921—1925），中共中央党校出版社1989年版，第215—216页。

⑤ 《共产党在国民党内的工作问题议决案》，见中央档案馆编：《中共中央文件选集》（1921—1925），中共中央党校出版社1989年版，第232页。

⑥ 《共产党在国民党内的工作问题议决案》，见中央档案馆编：《中共中央文件选集》（1921—1925），中共中央党校出版社1989年版，第232页。

织上发展，同时也不可忘了在国民党中的争斗：反帝国主义的政治争斗，农工阶级的经济争斗”；[①] 对于中国共产党在工人群众中宣传民族革命应根据工人阶级自身的具体的政治上经济上的利益，“决不应笼统地抽象地宣传三民主义或孙中山个人。”[②]

随着宣传孙中山三民主义依据的明确提出，中共中央对于孙中山三民主义也有了一个完整的理解，即提出了孙中山三民主义的基本原则。对于民族主义，中共中央解释为，“以根本反对帝国主义，取消一切对外条约，要求中华民族独立为原则”；民权主义，“以根本打倒障碍民权之军阀，建设民主政府，要求人民集会、结社、出版、言论等之绝对自由为原则”；民生主义，“以铲除目前妨碍民生之帝国主义与军阀，再以真正人民的国家力量发展农业厚利民生为原则。”[③] 孙中山三民主义基本原则的提出，是当时中共中央对于孙中山三民主义认识的深化，在此基础上，进一步提炼出“中山主义”这一概念，中山主义即“反帝国主义反军阀的革命主义”。中共中央认为，孙中山之后，“国民党必然仍为中山的革命主义所统一，一切革命分子必须因中山之死更加团结一致”，并且，“建立在中山革命主义之上的统一”，才是真正的统一，是防御敌人进攻的真正担保和完成中山志愿的真正前提。[④]

---

① 《对于民众革命运动之议决案》，见中央档案馆编：《中共中央文件选集》（1921—1925），中共中央党校出版社 1989 年版，第 340 页。

② 《对于职工运动之议决案》，见中央档案馆编：《中共中央文件选集》（1921—1925），中共中央党校出版社 1989 年版，第 347—348 页。

③ 《中共中央通告第五号——关于孙中山逝世后之宣传问题》（1925 年 2 月 5 日），见《中共中央第一次国内革命战争时期统一战线文件选编》，档案出版社 1991 年版，第 92 页。

④ 《中国共产党致唁中国国民党——为孙中山之死》（1925 年 3 月 15 日），见中央档案馆编：《中共中央文件选集》（1921—1925），中共中央党校出版社 1989 年版，第 402—403 页。

**2. 个案分析：瞿秋白的认识和研究**

孙中山三民主义最集中表述于《国民党第一次全国代表大会宣言》中。这一宣言的诞生，是由中国国民党、中国共产党和共产国际代表共同制订出来的。孙中山是宣言的第一作者和思想指导者，具有共产国际和苏联政府代表双重身份的鲍罗廷发挥了重要作用，中国共产党主要是通过鲍罗廷这一渠道而参与宣言的制订工作的。其中，共产党人瞿秋白扮演了重要角色。他当时担任着鲍罗廷的助手和翻译，有机会经常参加或列席对宣言草案的讨论。鲍罗廷起草的宣言俄文稿是他汉译的，他在其中所做的文字修饰工作，使他实际上成为宣言的起草者之一。参与宣言的起草，在瞿秋白认识和研究孙中山三民主义活动中是占第一位的因素。他在1924年1月发表的《中国革命史之第二篇》①，更使他在孙中山三民主义研究中脱颖而出。

（1）三民主义的实践性

A. 三民主义起于中国现实经济状况。

中国经济变动，导致新主义、新思想发生。瞿秋白认为，“至于三民主义的发生，是完全由于中国现实经济状况而起的，是中国已需要此种主义完全与外来的乌托邦不同。”② 三民主义是当时中国经济情形本身有此种要求而发生，他具体考察分析了三民主义发生的经济动因。他指出，“因为有外国的压迫和欺凌，故首先有民族主义。”因为中国商埠，外人掌握；政治大权，外人操纵；铁路矿山，外人经营；关税盐税，外人监督。民族主义由此而起。对于民权主义的发生，他指出，“因为经济上已有变动，

① 瞿秋白：《中国革命史之第二篇》（1924年1月），见中国人民解放军政治学院党史教研室编：《中共党史参考资料》第3册，第11—13、11、11—12页。

② 瞿秋白：《中国革命史之第二篇》（1924年1月），见中国人民解放军政治学院党史教研室编：《中共党史参考资料》第3册，第11—13、11、11—12页。

遂发生新的生产关系，同时国内外亦发生新的经济力量。”至于民生主义，“因外国之经济压迫，军阀之政治扰乱，无从保障平民的生活。”① 瞿秋白分析三民主义发生的原因，是将三民主义放置于当时中国社会经济变动中加以具体考察的，从中揭示了孙中山三民主义理论产生的经济动因。

B. 三民主义在革命实践中日趋明晰

三民主义，“因为一天一天的经验”渐渐明了。瞿秋白指出，“因为社会里的革命力还没有十分养成”，三民主义的意义“在十年前却非常之幼稚，”所谓三民主义只是民族主义。“现在已是民国十三年”，经过这十三年斗争，三民主义才日渐明白。② 这里，瞿秋白已认识到三民主义是在实践中发展的，并开始将国民党“一大”时的三民主义与辛亥革命时相区分。

C. 三民主义是现实的革命原则

三民主义不是一种空想的社会，“是平民反对军阀，反对帝国主义，农民工人反对资本家的意志之表示”，是国民革命的一种口号。瞿秋白指出，对于当时的中国社会，“第一步必须先打破现状，而三民主义便是最切近于这现实需要的。”他认为“国民党所提出的三民主义是代表全中国平民的利益的，所以能组织平民，集中革命势力，和反革命势力作战。”③

瞿秋白从三民主义的产生、发展和归宿等方面论述了三民主义的实践意义，包含着丰富的马克思主义认识论内容。

（2）关于三民主义的内在关系的认识

三民主义的民族、民权、民生有着内在不可分的联系。瞿秋白认为，

---

① 瞿秋白：《中国革命史之第二篇》（1924年1月），见中国人民解放军政治学院党史教研室编：《中共党史参考资料》第3册，第11—13、11、11—12页。

② 瞿秋白：《中国革命史之第二篇》（1924年1月），见中国人民解放军政治学院党史教研室编：《中共党史参考资料》第3册，第11—13、11、11—12页。

③ 瞿秋白：《中国革命史之第二篇》（1924年1月），见中国人民解放军政治学院党史教研室编：《中共党史参考资料》第3册，第12页。

辛亥革命时，民族与民权、民生相脱离，"三民主义可说始终不曾达到"。[①]随着资产阶级民主革命实践的发展。三民主义有了反帝反封建的内容，实现了由旧到新的转变。三民主义之间的关系经过"这十三年斗争的苦经验"，日趋明了。瞿秋白具体阐述了三民主义的关系，他指出，"民生民权不达到，则民族主义亦不能达到。因为假使中国人民没有得到政权，则政权必落在军阀手里，他们必然勾结列强以压人民。故民权主义不到，民族主义亦不能达到。"[②] 他进一步分析说，即使人民得到政权，但实际上并不是全体人民，"此等政府如何能代表中国民族！所以民生主义不达到，民族主义断乎不能达到的。"[③] 由此可见，"三民主义是整个的，是浑然一体的，是不能分开的，必完全达到三民主义，然后可以说革命成功。"[④] 瞿秋白结合中国社会实际，从历史发展的角度，揭示了三民主义的内在联系。

瞿秋白在孙中山新三民主义确立不久，便初步揭示了三民主义的实践性及其内在关系，构成这一时期中国共产党人对孙中山三民主义认识的主要成果之一。同时，瞿秋白在对三民主义的认识和研究中，注重对中国社会实际的考察，注重对三民主义历史的考察，呈现出唯物主义的认识特征。这里应指出的是，瞿秋白对于孙中山三民主义的认识又是不断发展的，是与新民主主义思想的形成相统一的。瞿秋白对于孙中山三民主义的认识活动和认识成果，是我们研究瞿秋白政治思想的形成和发展所应具体

---

① 瞿秋白：《中国革命史之第二篇》（1924年1月），见中国人民解放军政治学院党史教研室编：《中共党史参考资料》第3册，第12页。

② 瞿秋白：《中国革命史之第二篇》（1924年1月），见中国人民解放军政治学院党史教研室编：《中共党史参考资料》第3册，第12页。

③ 瞿秋白：《中国革命史之第二篇》（1924年1月），见中国人民解放军政治学院党史教研室编：《中共党史参考资料》第3册，第12页。

④ 瞿秋白：《中国革命史之第二篇》（1924年1月），见中国人民解放军政治学院党史教研室编：《中共党史参考资料》第3册，第12页。

考察的重要组成部分。

（二）孙中山以后阶段（1925 年 3 月—1927 年底）

孙中山逝世，国民党失去政治权威，革命联盟内左中右斗争尖锐。孙中山三民主义也遇到了主要来自国民党内部的挑战。中国共产党虽然在实际斗争中继续开展工农运动，维护国共合作，并以理论的批判维护孙中山三民主义。但是，随着社会实际的发展变化，中国共产党对于孙中山三民主义的认识、态度及其策略也相应地呈现出与前一个阶段不同的内容和特点。

中共中央与共产党人的关系，是组织与个人的，又是领导与被领导的，也体现民主集中的原则。中共中央这一时期对于孙中山三民主义的认识态度曾在 1925 年 11 月以前持“消极的不谈三民主义”，其后，又从“消极的不谈三民主义”转变为“积极的解释三民主义”，构成中共中央对孙中山三民主义认识运动的基本特征。作为个体的共产党人一方面受中共中央上述态度的影响和指导，另一方面发挥自身主观能动性，开展了对孙中山三民主义的进一步认识和研究，取得了一定的认识成果。

**1. 中共中央的认识及其态度的转变**

（1）“消极的不谈三民主义”

从现有文献资料中可以确认，中共中央曾有一段时间在宣传上持“消极的不谈三民主义”。1925 年 11 月 25 日《中央通告第六十五号——与国家主义派及国民党右派斗争问题》① 指出：“和国民党右派的争斗，在宣传上我们应改变以前的态度，变消极的不谈三民主义而为积极的解释三民主义。”因为这个文件是团中央转发的，日期是转发时间。显然，“消极的不

① 《中央通告第六十五号——与国家主义派及国民党右派斗争问题》（1925 年 11 月 25 日），见《中共中央第一次国内革命战争时期统一战线文件选编》，档案出版社 1991 年版，第 150—152、150、151 页。

谈三民主义"的存续时间，下限为1925年11月25日前，那么上限应定在何时呢？尚未查到"消极的不谈三民主义"单独出现的文献资料和档案记载，要确定一个具体时间，根据现有条件恐难做到。"消极的不谈三民主义"，是中国共产党在与国民党右派斗争中所采取的一种宣传态度，这样，我们可以根据这一点推测一个大致时间。从宣传工作上，中国共产党早在1925年1月的"四大"上曾就宣传工作提出，"党的宣传工作有重新整顿的必要"，① 从决议案中可以看出，这是针对党的宣传工作存在的缺陷而言的，所规定的整顿办法也未涉及对于三民主义的态度问题，即使到中共中央发出第五号通告——《关于孙中山逝世后之宣传问题》，② 党的宣传工作不仅没有转向"消极的不谈三民主义"，而且对于如何"宣传中山的三民主义"作了专项规定，"应以一九二四年一月民党大会的宣言、党纲、政纲为根据。" ③ 这说明，"消极的不谈三民主义"不可能出现在孙中山逝世前。孙中山逝世后，戴季陶主义出笼，1925年6月至7月基本形成所谓的戴季陶主义，与此同时，中国共产党与戴季陶主义展开了一场思想论战。中国共产党人在与戴季陶主义论战中，一般不是就三民主义而谈三民主义，也很少与戴季陶就某个问题而大量引用孙中山的言论，较多的是用阶级斗争理论对戴季陶主义进行驳斥。这里显现出中国共产党有摆脱三民主义的趋势。据此可以作出这样的认识，是在孙中山之后中国共产党在与

---

① 《对于宣传工作之议决案》，见中央档案馆编:《中共中央文件选集》（1921—1925），中共中央党校出版社1989年版，第376页。

② 《中共中央通告第五号——关于孙中山逝世后之宣传问题》（1925年2月5日），见《中共中央第一次国内革命战争时期统一战线文件选编》，档案出版社1991年版，第91页。

③ 《中共中央通告第五号——关于孙中山逝世后之宣传问题》（1925年2月5日），见《中共中央第一次国内革命战争时期统一战线文件选编》，档案出版社1991年版，第92页。

国民党右派戴季陶进行思想斗争中很有可能采取了“消极的不谈三民主义”的态度。

至于为什么在这段时间内中国共产党对于三民主义持“消极的不谈三民主义”的态度。笔者认为，对此可以从下面三个方面去理解：①工农运动的高涨，阶级斗争的尖锐，中国共产党新民主主义思想的发展。中国共产党“四大”在分析中国社会各阶级对民族革命态度的基础上，明确提出了无产阶级革命领导权和农民同盟军问题，指出“最受压迫而最有集合力的无产阶级是最有革命性的阶级”，“中国的民族革命运动，必须最革命的无产阶级有力的参加，并且取得领导地位，才能够得到胜利”。[①] 在这种思想指导下，中国共产党对于宣传工作强调指出，“今后本党宣传工作的主要目标必须根据大会关于中国民族革命的新审定，努力宣传民族革命运动与世界革命运动之关联和无产阶级在其中的真实力量及其特征——世界性与阶级性，以端正党的理论方向”[②]。中国共产党对于孙中山三民主义的认识和态度是受这些思想的影响和支配的。②国民党左右派斗争的进一步激化，戴季陶主义以三民主义为名，对孙中山三民主义进行歪曲和篡改。③对于孙中山三民主义认识不足，没有摆正三民主义与马克思主义的关系。中国共产党“四大”在《对于职工运动议决案》中规定，向工人群众宣传，“决不应笼统地抽象地宣传三民主义或孙中山个人。”[③]1925 年 2 月 5 日，《中共中央通告第五号》指出，“宣传中山的主义切不可蹈于空空理论，须举出具体的事实，尤其须切戒拿三

① 《对于民族革命运动之议决案》，见中央档案馆编：《中共中央文件选集》（1921—1925），中共中央党校出版社 1989 年版，第 333 页。

② 《对于民族革命运动之议决案》，见中央档案馆编：《中共中央文件选集》（1921—1925），中共中央党校出版社 1989 年版，第 375 页。

③ 《对于宣传工作之议决案》，见中央档案馆编：《中共中央文件选集》（1921—1925），中共中央党校出版社 1989 年版，第 375 页。

民主义与共产主义或社会主义作比较。”① 这直接影响着中国共产党对于孙中山三民主义的态度。

“消极的不谈三民主义”表现为中国共产党在一定时期对于孙中山三民主义的认识及其态度，同时限制了中国共产党对于孙中山三民主义的认识，不利于中国共产党新民主主义思想的成长，也影响着在当时的历史条件下对戴季陶主义进行彻底的批判，戴季陶主义以阐释孙中山三民主义为名，具有一定的欺骗性，这一主义为其后大地主大资产阶级图谋政治所用，它是国民革命失败，国共合作破裂的思想缘由之一。

（2）“积极的解释三民主义”

“消极的不谈三民主义”满足不了实际斗争的需要。为适应与“国民党右派之思想上的争斗”，② 中共中央在对孙中山三民主义的态度上，从“消极的不谈三民主义”转变为“积极的解释三民主义”。如果说“消极的不谈三民主义”有在回避中摆脱三民主义的倾向的话，那么“积极的解释三民主义”却有着在解释中摆脱三民主义的趋势。

中共中央在阐述“积极的解释三民主义”的态度时，包含着具有新民主主义理论特点的思想。《中央通告第六十五号》指出，“和国民党右派的争斗，在宣传上我们应改变以前的态度，变消极的不谈三民主义而为积极的解释三民主义，各地可在国民党党员中组织三民主义学会，根据国民党第一次大会宣言，及我们的理论，解释三民主义，以巩固并发展国民党左派的理想。解释三民主义时，不可多涉理论，最重要的是用如何方法，如

① 《中共中央通告第五号——关于孙中山逝世后之宣传问题》（1925 年 2 月 5 日），见《中共中央第一次国内革命战争时期统一战线文件选编》，档案出版社 1991 年版，第 92 页。

② 《中央通告第六十五号——与国家主义派及国民党右派斗争问题》（1925 年 11 月 25 日），见《中共中央第一次国内革命战争时期统一战线文件选编》，档案出版社 1991 年版，第 150—152 页。

何力量，才能使三民主义实现。”[①] 这里，中共中央提出了解释三民主义的两个基本依据：①国民党第一次大会宣言；②中国共产党的理论，同时又指出，注重解释实现三民主义的方法和依靠力量，少涉及理论。更进一步，《通告》强调，“要多举事实，说明离开阶级争斗，便无法防止资产阶级的妥协，实现民族主义；便无法使工农奋起使全国最大多数的人民得到民权；便无法使资产阶级承认节制资本，地主阶级承认平均地权，实现民生主义，更进一步非到共产社会，民生主义不能算完满成功”。[②] 中共中央强调指出，阶级斗争是实现三民主义的方法，而且民生主义只有到“共产社会”，才能得以彻底实现。这些思想超越了孙中山三民主义理论。由此可以看出，不仅新民主主义思想的增长促成了中国共产党对于孙中山三民主义态度的转变。当时中国共产党已开始认识到无产阶级是国民革命的领导阶级。而且，新民主主义思想作为解释三民主义的依据，在解释三民主义的过程中不断形成新的思想观点。

在中国共产党持“积极的解释三民主义”态度的时期，中国共产党对于孙中山三民主义的认识曾发展到一分为二的认识高度。1927 年 10 月 24 日中央机关刊物《布尔塞维克》在发刊词中，开始将三民主义区分为“革命精神”和“反动思想”。这一思想观点是一分为二地认识和研究孙中山三民主义思想认识的萌芽，虽不成系统，却为辩证地认识孙中山三民主义提供了一个研究思路和方向。

但是，国民革命的失败，国共合作的破裂，中国共产党对于孙中山

---

① 《中央通告第六十五号——与国家主义派及国民党右派斗争问题》（1925 年 11 月 25 日），见《中共中央第一次国内革命战争时期统一战线文件选编》，档案出版社 1991 年版，第 150—152、150、151 页。

② 《中央通告第六十五号——与国家主义派及国民党右派斗争问题》（1925 年 11 月 25 日），见《中共中央第一次国内革命战争时期统一战线文件选编》，档案出版社 1991 年版，第 150—152、150、151 页。

三民主义的认识迅速走向批评三民主义的极端。1927年12月31日《中央通告第二十五号——对国民党的工作》明确指出:“根据中央的策略和布报的文章，在理论上批评孙中山的三民主义。”中国共产党从解释三民主义到批评三民主义，说明中国共产党对于三民主义的认识更多地与政治斗争实际紧密相连，这是事物认识上的一个方面。同时，认识还有着自身发展规律，相对于它所依据的社会实际是稳定的。当时中国半殖民地半封建的社会实际在国共合作破裂后并没有发生根本变化。因此，对于孙中山三民主义这一理论认识体系的认识是要采取实事求是的辩证唯物主义态度加以具体分析的，不仅要依据三民主义所反映的社会实际，而且要考察三民主义理论本身。斗争环境的变化只是影响认识事物的一种因素，而非一种决定因素。只有这样，才能在中国民主革命的理论与实践中，逐步形成对于孙中山三民主义较为科学的思想认识和研究成果。

2. 中国共产党人的认识和研究

(1)“孙中山主义”概念的提出和阐述

孙中山逝世前后，中国共产党人更多地关注孙中山的思想、精神。在这方面的一个认识成果就是提出了“孙中山主义”这一概念，并对概念的具体内容作了进一步阐述。

是共产党人赵世炎首先提出并界定“孙中山主义”这一概念的。赵世炎指出，“中山先生逝世以后唯一可贵的存在就是孙中山主义。”[①]“孙中山主义这个名词是我们现在要郑重提出的。我们以为孙中山主义有其明显的涵义，在现在已经确定。相信孙中山主义的人此后的责任，便是如何把他

① 赵世炎:《孙中山主义与其遗命》(1925年3月15日)，见《赵世炎选集》，四川人民出版社1984年版，第239页。

发扬光大，期于实际。”① 赵世炎对于“孙中山主义”概念的内容分三层意思作了阐述。其一，“在这三四十年之中，把民族之独立与自由放在革命目的的第一单位上，始终为大多数人民的利益而奋斗，这便是孙中山主义的第一个成份，而且是最重要的成份。”② 其二，在指出“孙中山主义就是三民主义”③ 之解答过于简略且将引出片面观察的错误后，他认为，“孙中山主义之最正确的解释应当是：中山先生所自倡的三民主义与其应用。这个解释的要点，即在包括三民主义在中山先生时所曾应用，与崇奉孙中山主义者所当应用。”④ 其三，对“三民主义本身的真义”的阐释。“三民主义中之民族主义，最确切的解释起来，就是根本反对帝国主义，主张取消一切不平等条约，要求中华民族之解放与独立。三民主义中之民权主义，最确切的解释起来，就是：根本打倒障碍民权之军阀，建设民主的政府，要求人民集会结社出版言论之绝对自由。三民主义中之民生主义，最确切的解释起来，就是：根本铲除目前障碍民主之帝国主义与军阀，用人民的国家的力量，开发实业，发展农业以厚利民生。”⑤ 赵世炎在解释三民主义的真义时，提出了解释的依据，“当以一九二四年一月国民党大会所发表之宣言与政纲所诠释者为准。”⑥ 他进一步分析说，“这一次的解释，一方

① 赵世炎:《孙中山主义与其遵命》(1925 年 3 月 15 日)，见《赵世炎选集》，四川人民出版社 1984 年版，第 239 页。

② 赵世炎:《孙中山主义与其遗命》(1925 年 3 月 15 日)，见《赵世炎选集》，四川人民出版社 1984 年版，第 240 页。

③ 赵世炎:《孙中山主义与其遗命》(1925 年 3 月 15 日)，见《赵世炎选集》，四川人民出版社 1984 年版，第 240 页。

④ 赵世炎:《孙中山主义与其遗命》(1925 年 3 月 15 日)，见《赵世炎选集》，四川人民出版社 1984 年版，第 240 页。

⑤ 《孙中山主义与其遗命》(1925 年 3 月 15 日)，见《赵世炎选集》，四川人民出版社 1984 年版，第 241 页。

⑥ 《孙中山主义与其遗命》(1925 年 3 月 15 日)，见《赵世炎选集》，四川人民出版社 1984 年版，第 241 页。

面是中山先生于革命工作忙碌中，自己的理论建设之一次的总归宿，另一方面则是民族革命运动已普遍于全国，在革命目的之指导计划上，已入于健全时期。”① 从这里可以看出，赵世炎在界定“孙中山主义”时，是注重对理论所产生的背景及其条件的考察的，这是对待理论的基本态度问题。他指出，“一种革命的理论之来源，更是从实际的社会政治与经济状况产生而出。中山先生一生的事迹，就是估量革命实际的环境，而成为他的信仰之运用。”② 这是“孙中山主义”的实践意义，也反映出当时中国共产党人对于孙中山三民主义进行认识和研究中所表现出来的认识活动的特征，就是将所考察的事物放在相应的社会历史中去分析研究。笔者认为，这本身又是赵世炎之所以能够提出并界定“孙中山主义”这一概念的重要的认识原因之一。

恽代英在 1925 年 12 月 27 日发表文章阐述“孙中山主义”，是在与戴季陶主义的比较中展开的。这里，恽代英在考察“孙中山主义”时，同样贯彻了将所考察的事物放在相应的社会历史中去分析研究的认识活动特征。恽代英在分析“中山主义是甚么?”之后，紧接着考察了“中山主义”的背景。他明确指出，“孙先生生于封建社会的中国，所以他实在是有些封建社会的思想”，③ 孙先生一生都在各种环境里，接受各种进步的思想。所以他有封建社会的资产阶级的与无产阶级的各种思想。④ 笔者认为，上

① 《孙中山主义与其遗命》（1925 年 3 月 15 日），见《赵世炎选集》，四川人民出版社 1984 年版，第 241 页。

② 《孙中山主义与其遗命》（1925 年 3 月 15 日），见《赵世炎选集》，四川人民出版社 1984 年版，第 241 页。

③ 恽代英：《孙中山主义与戴季陶主义》（1925 年 12 月 27 日），见《恽代英文集》下卷，人民出版社 1984 年版，第 749、749—750、750 页。

④ 恽代英：《孙中山主义与戴季陶主义》（1925 年 12 月 27 日），见《恽代英文集》下卷，人民出版社 1984 年版，第 749、749—750、750 页。

述认识活动特征也是恽代英在批驳戴季陶主义的理论斗争中能够科学把握“孙中山主义”的认识方面的原因之一，而且恽代英比赵世炎在阐述“孙中山主义”时更具针对性和战斗性，但也正由于此，恽代英在解答“中山主义是甚么”时没有赵世炎阐述得系统和完整。尽管如此，赵世炎、恽代英对于“孙中山主义”的论述构成当时中国共产党人对“孙中山主义”认识的主体部分。对于“孙中山主义”的认识和研究是中国共产党人对于“孙中山三民主义”认识的深化和拓展，表现出对于“孙中山三民主义”认识和研究的发展和提升，同样是这个时期中国共产党人对于孙中山三民主义认识的重要组成部分和研究成果。

（2）对于孙中山三民主义与共产主义关系的初步探索

孙中山三民主义与共产主义在中国民主革命时期有着共同的政治基础——反帝反封建。正由于此，中国国民党和中国共产党在第一次国内革命战争时期结成了反帝反封建的革命联盟，实现了国共合作。就理论体系本身而言，孙中山三民主义与共产主义是中国两个不同阶级——资产阶级与无产阶级，两个不同的政党——中国国民党与中国共产党的两个不同的思想体系。对于孙中山三民主义与共产主义的关系问题，中国共产党人曾在这一阶段进行了初步探索，这构成中国共产党的孙中山三民主义认识观的一项重要内容。

这里，由于受文献资料的局限，对所选定的认识主体在孙中山三民主义与共产主义关系问题上的认识发展轨迹暂不作具体考察，只截取认识主体在这个时期所达到的认识高度和所获得的认识成果进行分析，以此窥见中国共产党人对上述两大主义关系问题的初步探索。

共产党人蔡和森在1925年4月发表文章解剖冯自由派反革命运动中论及“中山主义的社会基础”时，指出“中山于民族民权之外，又形成了他的民生主义，以为引导劳苦群众参加革命的理想，——这种理想当然不是共产主义，所以中山的三民主义完全是中国落后的社会关系之反映。"[①]蔡和森在此认为孙中山的民生主义不是共产主义，这将二者用否定式判断加以区别，并没有触及对二者关系问题的探索。到1927年4月，也就是第一次国内革命战争失败的前夕，蔡和森关于民生主义与共产主义的关系问题的认识已触及孙中山三民主义与共产主义的关系，他认为，"三民主义之民生主义，其结果即是共产主义。"他具体分析说，"如谓三民主义与共产主义不同，则须除去民生主义，应为二民主义，"[②]这实际上将三民主义等同于共产主义。蔡和森虽在探索三民主义与共产主义关系问题中认识有所深化。

恽代英也曾试图揭示三民主义与共产主义的关系，最集中的体现就是，他认为"孙先生的思想不完全同于马克思或列宁，因为他有他的复杂背景。所以他的思想是不能完全合于根据马克思列宁学说的共产党的。"[③]这里，恽代英认识到了二者因背景不同而致思想、主义不同，但这还不是恽代英所要表达的思想观点。他所要表达的是，"不过他（指孙中山——作者注）虽不说无产阶级革命，他却是要消灭阶级。他要世界上没有资本家压迫工人，没有地主压迫农民，换句话说，他仍旧是要达到共产主义的社会。"[④]也就是说，恽代英认为三民主义是要达到共产主义的社会的。实际上，恽代英与蔡和森一样，将三民主义与共产主义看成了同一个思想体

① 蔡和森：《冯自由派反革命运动的解剖》（1925年4月19日），见《蔡和森文集》，人民出版社1980年版，第738页。

② 蔡和森：《在国民党湖南省党部欢迎会上的演讲词》，（1927年4月1日），见《蔡和森文集》，人民出版社1980年版，第768页。

③ 恽代英：《孙中山主义与戴季陶主义》(1925年12月27日)，见《恽代英文集》下卷，人民出版社1984年版，第749、749—750、750页。

④ 恽代英：《孙中山主义与戴季陶主义》(1925年12月27日)，见《恽代英文集》下卷，人民出版社1984年版，第749、749—750、750页。

系，没有揭示出二者的关系。

与蔡和森、恽代英相比，瞿秋白在关于三民主义与共产主义关系问题上的认识是较为深刻的。瞿秋白认为，“孙中山的民生主义的真面目，实在就是中国小资产阶级在帝国主义压迫之下，幻想进于富国强兵的资本主义乌托邦。”① 他试图抓住孙中山民生主义的实质，将孙中山三民主义与共产主义区别开来，但他只是提供了一个思路，而在当时并没有得到进一步阐述。

萧楚女在认识三民主义与共产主义的关系问题上却是有所突破的。萧楚女在与戴季陶主义论战中，为驳斥戴季陶主义，在回答共产党为何要加入国民党时说，“现在我们明白说罢！共产党为什么才加入国民党的呢？为了是要先成就民族的国民革命，以便完成那社会革命中最必要的产业发达而集中的条件”。② 他进一步指出，“三民主义是共产主义实现过程中之一阶段；所以三民主义是与共产主义相成而非相反的，因此共产党才来加入国民党。”③ 这些具有新民主主义理论特色的思想观点，即认为三民主义是共产主义的同盟，又认为共产主义高于三民主义。这一认识成果作为中国共产党人在第一次国共合作时期对于三民主义与共产主义关系问题探索上的突破性的认识，为第二次国共合作时期中国共产党人系统认识和解决二者的关系问题提供了具有先导意义的思想素材。

孙中山三民主义与共产主义的关系问题是客观存在的，它既是中国共产党在中国民主革命时期所面临的重大实践问题，又是重大理论问题。但是，认识、解决这一关系问题又是一个长期的理论与实践的复杂曲折的历

① 转引自宋进：《挈其瑰宝——抗战时期中共与三民主义研究》，广西师范大学出版社 1994 年版，第 101 页。

② 萧楚女：《国民革命与中国共产党》，《党史研究》1982 年第 4 期。

③ 萧楚女：《国民革命与中国共产党》，《党史研究》1982 年第 4 期。

史过程。随着新民主主义理论与实践的不断深入发展，中国共产党在第二次国共合作时期从理论上基本上解决了这一问题，较为系统地回答了二者的关系，实现了关于这一问题认识上的一次历史性飞跃。

（3）中国共产党人论战戴季陶主义

国共合作正式建立后，在政治实践中，两个相互联系的基本问题便突显出来，这就是：①思想上，三民主义与马克思主义（共产主义）的关系问题；②组织领导上，国共两党的关系问题，这不仅包含能否合作，尽管在实践上已实现了国共合作，而且更多地包含在革命联盟内如何合作以及革命的领导权问题。三民主义与马克思主义的关系问题是国共两党关系问题的认识基础和理论指导，而国共两党的关系问题具体反映三民主义与马克思主义的关系问题，二者在中国民主革命时期以国共两党为主体的理论与实践中是不可分割的。

三民主义在中国传播已久，有着深厚的思想基础和社会基础，政治影响很大。尤其是重新解释的三民主义，适应新的历史特点。就中国共产党而言，孙中山三民主义与马克思主义是两大不同的思想理论体系，这一点很明确，对于三民主义的认识是一个复杂的认识过程；对于马克思主义则有个逐步与中国社会实际相结合的过程。当时，中国共产党尚处在这两个过程的初级阶段。孙中山三民主义与马克思主义的关系问题，在实际政治斗争中直接影响着国共两党的关系及其发展。

在国共合作的条件下，国民党作为革命联盟的组织形式，其内部各阶级有着一定的共同利益和政治基础，同时各阶级和各阶层因有着不同的阶级或阶层利益，参加革命联盟的目的也是不相同的。因此，革命联盟是个在一定历史条件下的矛盾的统一体。随着它的历史条件的变化，这一统一体的矛盾性便会发生相应的变化。尤其是工农运动的高涨，国民党内左、中、右的斗争随之日益尖锐起来，其理论斗争的中心问题就是坚持还是反对国民党“一大”所确立的新三民主义以及与之相适应的联俄、联共和扶助农工三大政策，反映在国共两党关系上就是坚持还是反对国共合作。

戴季陶在孙中山之后以阐释孙中山三民主义为名，行歪曲、篡改之实，形成戴季陶主义。它危及孙中山三民主义，危及国共合作。中国共产党人以主动的姿态与戴季陶主义展开了一场思想论战，这一论战关系到革命统一战线的存在和发展。

从一定意义上说，戴季陶主义是一种三民主义解释或认识观，是旧的社会条件的表现而已。中国共产党人与之论战，是一种思想战线上的斗争实践，又是当时中国共产党人对于孙中山三民主义认识发展的一种形式，在二者的相比较和相斗争中，中国共产党人对于孙中山三民主义的认识观得以生成和发展。因此，我们考察中国共产党人对于孙中山三民主义的认识和研究，也必须在考察中国共产党人论战戴季陶主义这一认识活动中去把握，因为离开了当时客观存在的思想实际，实际上就脱离了当时的社会历史环境，是难以对当时中国共产党人对孙中山三民主义的认识和研究作出全面的实事求是的分析的。

学术界对于中国共产党人与戴季陶主义的论战已作了较为客观的历史考察。这里，笔者认为应该注意的是，学术界对于这一方面的历史考察和研究，较多地关注论战本身，而对于论战对中国共产党人思想认识的影响，以及关于论战对中国共产党人对于孙中山三民主义的认识所产生的作用，却重视不够，考察不足。认识与实践是对立统一的，论战作为一种斗争实践，对参与这一斗争实践的主体的认识不免会产生一定影响和发挥应有作用的。

关于哲学基础的论战。戴季陶认为孙中山三民主义是有哲学基础的。他指出，孙中山建立的是一个“以中国之历史的哲学思想为基础，以适合中国民族之迫切的需要为方法，以世界的民生问题为解决对象，以世界人类的大同进化为终结目的之三民主义。”① 对于哲学基础，他进一步解释说：“我确信中山先生的主义最崇高的一点是在他说明忠孝、仁爱、信义、和平的道德精神是民族自信力的基础。”② 其中，“民族主义的基础，就是在孝慈的道德，民权主义的基础，就是在信义的道德，民生主义的基础，就是在仁爱和平的道德。”③ 这里，在戴季陶看来，孙中山三民主义理论体系的哲学基础只能是孔孟伦理思想和中国道统说，民生是宇宙的必然规律。哲学基础问题是一个理论体系的基本问题，中国共产党人论战戴季陶关于三民主义的哲学基础问题，首先应有自身对于孙中山三民主义哲学基础问题的认识，况且，批驳戴季陶关于三民主义哲学基础的理解，也会促使中国共产党人对孙中山三民主义的哲学基础进行深刻的认识。

针对戴季陶关于三民主义的哲学基础的论述，瞿秋白给予了否定。他认为戴季陶“思想的根本点，便是一种唯心论的道统说：所谓孙中山三民主义的哲学基础，竟只是仁慈忠孝的伟大人格，竟只是继承尧舜禹汤周孔的道统。”④ 但是，瞿秋白未能重视孙中山三民主义的哲学基础问题并加以深入研究，他指出：“其实三民主义是很简单明了的中国一般民众——各阶级所共同的政治要求，并用不着什么哲学基础。”⑤ 不过，瞿秋白在分析各阶级的政治要求中，还是指出了孙中山三民主义所具有的唯物主

① 《戴季陶主义资料选编》，中国人民大学中共党史系编印，1983 年，第 63、51 页。

② 《戴季陶主义资料选编》，中国人民大学中共党史系编印，1983 年，第 63、51 页。

③ 《戴季陶主义资料选编》，中国人民大学中共党史系编印，1983 年，第 63、51 页。

④ 瞿秋白：《中国国民革命与戴季陶主义》（1925 年 9 月），见中国人民解放军政治学院党史教研室编：《中共党史参考资料》第 3 册，第 350、354 页。

⑤ 瞿秋白：《中国国民革命与戴季陶主义》（1925 年 9 月），见中国人民解放军政治学院党史教研室编：《中共党史参考资料》第 3 册，第 350、354 页。

义性质，“中国的资产阶级、小资产阶级、农民、工人等一致要求民族独立，民权政治及所谓民生问题的解决（经济及生活的政善），很明显的是因为帝国主义军阀的压迫和侵略，是因为中国国内资本主义的发展，所以各阶级要求脱离共同的束缚，而有这一联合战线的共同政纲，这是唯物史观对于中国状况明切的解释。”① 萧楚女在批驳戴季陶所谓三民主义的哲学基础归于中国固有的道统中，明确指出孙中山三民主义是“唯物的孙文主义”。② 这里，在关于孙中山三民主义哲学基础问题上，当时参加论战的一些共产党人揭露了戴季陶主义的唯心的理论特征。萧楚女认为，“在这千载一时的五卅运动中，”某个“自命为孙文主义的革命家却不肯十分为这项运动努力，反而坐在屋子里著书立说，图谋发展一种反对为国民革命努力的共产党的情绪，排斥一般稍有‘别信’的真正革命分子”。③ 在论战中，中国共产党人关于孙中山三民主义具有唯物主义性质的认识，构成中国共产党的孙中山三民主义认识观的重要内容之一。孙中山三民主义由于时代和阶级的局限，不可避免地糅合着唯心主义杂质和二元主义倾向。戴季陶利用孙中山三民主义这一缺陷，夸大和伪造其中的唯心主义杂质，把孙中山描绘成儒教的继承者。第二次国共合作时期，之所以中国共产党的三民主义认识观达到成熟，其中一个重要原因就在于中国共产党对于孙中山三民主义的哲学基础有了较为全面的认识，抓住了事物的实质。毛泽东在“新民主主义论”中指出：“所谓民生史观，实质上是二元论或唯心论。”④ 这一认识奠定了中国共产党对于孙中山三民主义的基本立场和根本

① 瞿秋白：《中国国民革命与戴季陶主义》（1925 年 9 月），见中国人民解放军政治学院党史教研室编：《中共党史参考资料》第 3 册，第 350、354 页。

② 萧楚女：《国民革命与中国共产党》，《党史研究》1982 年第 4 期。

③ 萧楚女：《国民革命与中国共产党》，《党史研究》1982 年第 4 期。

④ 《新民主主义论》，见《毛泽东选集》第二卷，人民出版社 1991 年版，第 688 页。

观点。

中国共产党人在阶级斗争问题以及国共合作问题上对戴季陶主义的论战，更为直接地给予了国民革命和国共合作的维护及发展以理论支持。由于孙中山三民主义在第一次国共合作时期，主要在国共合作、国民革命中宣传和贯彻的，因此，中国共产党人在论战中以战斗的姿态也给予了孙中山三民主义及其政策的实施以理论捍卫，在一定意义上促进了中国共产党的新民主主义一些思想的萌生。

戴季陶否认中国社会存在着阶级对立，进而认为中国目前没有进行阶级斗争的需要。阶级斗争是由中国半殖民地半封建社会主要矛盾所决定的。陈独秀认为，因为要“完成国家和民族的需要，便抹杀阶级争斗的需要”，“不但抹杀了阶级的利益，并且使民族争斗之进行要受极大的损失。”因此，“在民族争斗中实有阶级争斗之必要。”① 阶级斗争与民族斗争是相交织而共存的，是中国社会所需要的。陈独秀进而指出，究竟用什么力量才可以达到国家自由民族平等，是中国国民革命各种问题中第一个重要的实际问题，“当然只能说用国民中一大部分革命的民众之力量。”② 陈独秀这些旨在批驳戴季陶主义的论述，回答了中国民主革命的基本任务以及革命的主力军和依靠力量，是新民主主义思想的重要内容。瞿秋白在驳斥戴季陶主张建立一个所谓纯粹国民党的观点时，指出这“事实上是资产阶级排拒无产阶级，资产阶级要求政治思想‘独立’。不受无产阶级的‘牵制’，要鲜明自己的阶级旗帜。”③ 瞿秋白在此实际上坚持和贯彻了中国共产党

---

① 陈独秀：《给戴季陶的一封信》，见中国人民解放军政治学院党史教研室编：《中共党史参考资料》第 3 册，第 345 页。

② 陈独秀：《给戴季陶的一封信》，见中国人民解放军政治学院党史教研室编：《中共党史参考资料》第 3 册，第 345 页。

③ 瞿秋白：《中国国民革命与戴季陶主义》（1925 年 9 月），见中国人民解放军政治学院党史教研室编：《中共党史参考资料》第 3 册，第 350、354 页。

“四大”关于无产阶级领导权的思想。也就是说，中国共产党人在论战戴季陶主义，捍卫孙中山三民主义的过程中，既有一些新民主主义思想从中逐步形成，又有一些成熟的新民主主义思想观点被共产党人用作了批判的武器，增强了论战的理论色彩，以理论的批判推进了国民革命。

（三）关于中国共产党对于“三大政策”认识问题的讨论

在研究孙中山三民主义发展史上，有一个新与旧的区分问题，还有一个真与假的辨别问题。前者是个关于发展的问题，后者是个关于认识的问题。关于新与旧三民主义，所谓新三民主义就是三大政策的三民主义；在真与假的问题上，到底什么是真三民主义，是否孙中山在各个时期有关三民主义的解释都是真三民主义，是否有其特定的历史含义？由于联俄、联共、扶助农工三大政策是实现孙中山三民主义的政策保证，它标志着新与旧三民主义的历史转换；就三民主义的内容而言，新三民主义与真三民主义所指均为同一个事物，这两个概念是可以互换的，只是因场合、范畴不同，所使用的概念有所选择而已。因此，三大政策如同界定新三民主义就是三大政策的三民主义一样，真三民主义实质上是指三大政策的三民主义，撇开三大政策去认识三民主义，是行不通的；同样，忽略三大政策与三民主义的内在关系去认识三民主义或三大政策，也都不是实事求是的态度，是不可能真正科学地对三民主义进行认识和研究的，对于三大政策也是如此。考察中国共产党对于孙中山三民主义的认识，一方面要依据中国共产党对于孙中山三民主义认识的实际，另一方面更为主要地依据三大政策及其与三民主义关系的实际。从这里可以看出，“三大政策”不仅有着与三民主义不可分割的历史地位，而且也有着重要的不可替代的学术价值和地位。“三大政策”是认识和解决孙中山三民主义发展史上新与旧、真与假问题的一个关键的基本概念。

在三民主义由旧到新的发展中，国民党“一大”宣言、决议和会议记录中没有出现“三大政策”这一概念，孙中山也没有给定“三大政策”这一术语。尽管如此，我们不能否认其历史存在，因为三大政策的具体内容是实实在在的，在国民党“一大”上得到确认，并在国共合作下的国民革命实践中具体贯彻，付诸了实践的。“三大政策”这一概念提出或确立与否，无碍“三大政策”具体内容的存在。“三大政策”概念的提出和确立只是说明提出和确立这一概念的主体对于三民主义认识的深化和提高，是衡量对于三民主义认识水平的一个重要尺度，同时也为认识和研究三民主义的其他问题提供了一个重要的认识工具，开辟了一条认识途径。

中国共产党在认识和研究孙中山三民主义的过程中，对于“三大政策”概念是在逐步认识的基础上提出来的，它经历了一个具体的认识过程。在学术研究中，学术界基本廓清了一条中国共产党对于“三大政策”内容的认识及其概念提出的历史线索，这就是，中国共产党提出“三大政策”的概念，一开始就与中国共产党确立国民党左中右的政治派别的标准相伴而生的，是在认识和鉴别国民党左中右的过程中提出来的，所依据的文献资料主要有：①陈为人：“左派主张联合反帝国主义的苏俄为朋友”——《国民党左右派之争》(1924年8月27日)；②中共中央执委会第二次扩大会议：《中国共产党与中国国民党关系议决案》，其中国民党“一大”宣言的内容被概括为包括“赞助工农运动”“联络苏俄与共产党”等五条；③邓中夏：国民党“一大”的政策是“对外之联络政策，对内之农工政策，和共产党合作政策”——《邓中夏同志在中华全国总工会欢迎国民党第二次全国代表大会代表时的讲话》（1926年1月3日）。与此相联系，学术界从现有史料考证认为，将联俄、联共、扶助农工政策统称为“三大政策”的公开性文章，最早应是发表在黄埔军校黄埔同学会机关刊物《黄埔潮》周刊上的两篇文章；④余洒度：《黄埔同学会目前重要的工作》，提出“确遵总理对革命的三大政策。A. 联俄，B. 联共，C. 拥护农工利益。”⑤游步瀛：

《孙文主义与列宁主义之比较观》，其中有“孙文主义和孙中山先生所手订的——‘联共’‘农工’三政策”。⑥ 1926 年 11 月 4 日的《陈独秀关于国民党问题报告》指出，黄埔军校中的左派学生的政纲有继续总理联俄联共扶助工农三大政策的内容。[①] 这是“三大政策”概念第一次在中共中央会议报告中使用。

从上述材料中可以看出，中国共产党主要依据孙中山的言论，国民党“一大”宣言，以及从分析国民党左右派政治主张等方面对“三大政策”加以认识和初步概括的。“三大政策”的思想内容主要体现在孙中山的有关言论以及对“三大政策”的基本内容作过阐述的国民党“一大”宣言及其一系列决议中。同时，中国共产党对于孙中山三民主义的认识是与政治斗争实际分不开的。国民党左右派的存在和斗争，要求中国共产党对它们进行辨别，并依此制订出相应的政治斗争的具体策略，而政治主张则是一个派别区别于其他派别的最集中的体现，就国民党而言，不同派别的政治主张中涉及“三大政策”思想内容的部分应该说是比较明显和突出的，因此，分析国民党左右派政治主张中，不可避免地会对“三大政策”进行主要考察，这是中国共产党结合政治斗争实际认识“三大政策”的一种主要形式。可以这样说，为考察中国共产党对“三大政策”的认识过程，学术界所检索的上述文献资料是具有一定的代表性和覆盖面的。

上述文献资料的提供者是多个的，也分属不同层次，如果将这多个文献资料的提供者选定是所要考察的认识主体，分别给予具体分析，至少能够在占有资料的基础上在一定程度上揭示出某个认识主体对于“三大政策”的认识过程，在此基础上，进一步分析这一个个认识过程之间的联系和影

① 《陈独秀关于国民党问题报告》(1926 年 11 月 4 日)，见《中共中央第一次国内革命战争时期统一战线文件选编》，档案出版社 1991 年版，第 293 页。

响。但是，上述文献资料所构成的分析思路却是不全面的。尽管上述文献资料在时间的排列上有先后之分，却并不能说明它们所记载的关于“三大政策”的思想认识存在着历史的递进性，依此，当然不能具体地历史地反映对一个事物思想认识的发展的。这不仅需要一定的条件，而且需要一个复杂的认识运动过程。

一个认识过程是阶段性和连续性的统一，相应地，考察一个认识主体的认识发展，也要贯彻阶段性和连续性的具体统一原则。为推进对中国共产党关于“三大政策”认识过程这一课题的研究，仍需要在现有学术研究基础上大量挖掘多方面的文献资料，详尽地占有资料，同时，在对所挖掘资料的分析方面，坚持科学的方法论。

“三大政策”是孙中山在三民主义由旧到新的发展过程中逐步形成，并在国民革命的实践中得以具体贯彻的。“三大政策”是孙中山三民主义的具体政策体现，是确立在孙中山三民主义理论体系之中的。“三大政策”与孙中山三民主义的内在联系，是中国共产党认识“三大政策”的过程中所应给予揭示的，这是确立“三大政策”概念的重要内容。在第一次国共合作时期，中国共产党对于“三大政策”的认识，不仅提出了“三大政策”概念，而且初步确立了“三大政策”概念，即初步揭示了“三大政策”与孙中山三民主义的关系。

根据当时国民党左中右矛盾斗争的需要，中共中央在1925年10月的执行委员会第二次扩大会议上提出，“现在我们对国民党的政策，是反对右派而与左派结合密切的联盟，竭力赞助左派和右派斗争，”[①] 在区分国民党左右派及反动派中，中共中央分别根据他们各自的政治主张进行了界

① 《中国共产党与中国国民党关系议决案》，见中央档案馆编：《中共中央文件选集》(1921—1925)，中共中央党校出版社1989年版，第489、491页。

定，其中对于国民党左派的政治主张的概括，即包含三民主义，又包括三大政策的主要思想，即将“反对一切帝国主义到底”，“为民主政治而反对军阀”，“肃清一切反动势力”与“为革命而赞助工农运动”，“联络苏俄与共产党”相提并论，组成国民党左派的政治主张。① 这里初步概括出了三大政策的主要内容，同时也应认识到，中共中央在概括“三大政策”时是与三民主义相联系的。1926 年 11 月 3 日《中央政治通讯》第十期发表的《中央关于国民军中工作方针的决议》，是这样阐述孙中山的革命策略的：“此外又宜宣传孙中山的革命策略，如联俄、联共，拥护工农利益的民生主义；打倒满清，打倒帝国主义的民族主义；尊重人民集会、结社、言论、出版自由的民权主义。不宜宣传空洞抽象的三民主义，更不要宣传什么建国方略和五权宪法。”② 这里，中共中央不仅使用了“联俄”“联共”“拥护工农”，而且将“联俄”“联共”与“民生主义”理解为同一个策略。更有意义的是，民生主义被界定为“拥护工农利益的民生主义”，拥护工农利益已被作为三民主义中民生主义的核心内容来理解。中共中央指出“不宜宣传空洞抽象的三民主义”，其实质是要从三民主义的具体内容，从体现三民主义的具体政策去宣传三民主义。这些思想认识表明，中共中央一方面在不断概括三大政策的内容中向提出“三大政策”概念靠近，因为这一决议与首次出现“三大政策”概念的中共中央会议报告《陈独秀关于国民党问题报告》（1926 年 11 月 4 日）在时间上仅相差一天；另一方面，中共中央已开始将三大政策部分地理解为三民主义的核心。也就是说，中共中央在提出“三大政策”概念的过程中，逐步具有了将三大政策作为三民主

① 《中国共产党与中国国民党关系议决案》，见中央档案馆编：《中共中央文件选集》（1921—1925），中共中央党校出版社 1989 年版，第 489、491 页。

② 《中央关于国民军中工作方针的决议》，见《中共中央第一次国内革命战争时期统一战线文件选编》，档案出版社 1991 年版，第 280 页。

义的核心来理解的初步思想意识和思想内容。这一认识工作是在第二次国共合作时期完成的。

## 三、新民主主义理论创建的基本特征

新民主主义理论创建之初就已基本具有历史承继性和时代发展性。它是中国共产党在中国民主革命的理论与实践中创立并不断丰富、发展起来的，是在中国共产党将马克思主义的基本原理与中国社会实际逐步结合中不断萌发和产生出来的。就新民主主义理论的创建与对于三民主义的认识的关系而言，新民主主义理论也是在中国共产党不断认识和研究孙中山三民主义的过程中，逐步探索中国民主革命的基本规律和特征，在继承、扬弃孙中山三民主义中发展、升华而来的。

### （一）历史承继性

中国共产党创建新民主主义理论，一开始就处在三民主义所营造的中国资产阶级民主革命思想的氛围中，面对的是三民主义业已存在和传播的社会思想实际。这是不可回避，不以人的主观意志为转移的客观实在。三民主义尽管有着阶级和历史等的局限，但在它由旧到新的发展过程中，孙中山三民主义在新民主主义理论形成之前存在，先于新民主主义理论基本反映中国社会实际，因为新民主主义理论是一定要反映中国半殖民地半封建的社会实际的；同时，孙中山三民主义又在与中国共产党创建新民主主义理论相伴共处中发展的，可以说，孙中山三民主义是中国共产创建新民主主义理论的间接经验、认识来源之一，这是由历史发展所决定的。事实上，中国共产党也是将孙中山三民主义作为其间接经验加以认识和研究的。孙中山三民主义是中国共产党认识中国社会思想实际的研究对象之一。认识和研究孙中山三民主义是中国共产党认识当时中国社会，探索中国民主革命规律的重要途径。

（二）时代发展性

中国共产党在创建新民主主义理论的过程中，把马克思主义教条化或照抄照搬外国的经验，是不可能创建出与中国民主革命实践相统一的新民主主义理论的。当然，单单继承孙中山三民主义也同样是不可能的。逐步将马克思主义基本原理与中国社会实际有机结合，这是中国共产党创建新民主主义理论的根本道路。中国共产党在将马克思主义基本原理与中国半殖民地半封建的社会实际有机结合的过程中，也将孙中山三民主义作为当时中国社会的思想实际之一而加以认识和研究的。中国共产党一方面在国共合作中在坚持政治上的独立性的前提下信守孙中山三民主义，实践贯彻联俄、联共、扶助农工“三大政策”；另一方面用马克思主义的立场、观点和方法尽可能驳斥和批判各种非孙中山三民主义理论或思潮，从中捍卫了孙中山三民主义之真义和革命精神，而且坚持、宣传了马克思主义，并与当时的社会实际逐步结合。这样，中国共产党对于孙中山三民主义的认识和研究，便被纳入了中国共产党将马克思主义基本原理与中国社会实际相结合的历史进程之中，新民主主义理论的生长点也从中不断涌现。

中国共产党在中国民主革命的理论与实践中，在第一次国内革命战争时期，制定了反帝反封建的民主革命纲领；与资产阶级革命民主派合作建立了革命统一战线；提出了无产阶级在民主革命中的领导权和农民同盟军问题。尤以毛泽东为主要代表，将马克思主义关于阶级斗争的理论与中国社会的阶级状况相结合，具体分析了中国革命的性质，分析了中国社会各阶级，并提出了党在新民主主义革命中的策略。由此，中国共产党的新民主主义革命的基本思想得以逐步确立。

就中国共产党对于孙中山三民主义的认识和研究而言，从第一次国共合作时期开始，历史地推进到第二次国共合作时期，基本形成对孙中山三民主义的认识体系，这时的新民主主义理论也日趋成熟。可以这样认为，新民主主义理论愈成熟，对于孙中山三民主义的认识和研究在其指导下也愈加成熟；反过来，对于孙中山三民主义的认识愈成熟，也推动着新民主主义理论的发展和完善。总之，中国共产党对于孙中山三民主义的认识和研究，与新民主主义理论的创建是两个相辅相成的历史发展过程。

# 附录三　宋教仁年谱简编

## 1882 年（清光绪八年）

4 月 5 日

诞生于湖南省桃源县上坊村湘冲（今八字路乡渔父村）。宋教仁说，“吾则沅湘间产也”[①]。《北京国民党之诔词》载，“诞降湘沅，负笈楚荆”[②]。

## 1894 年（清光绪二十年）

中日甲午战争爆发。

## 1898 年（清光绪二十四年）

戊戌变法。宋教仁与方氏结婚。

## 1899 年（清光绪二十五年）

是年春，入桃源县漳江书院学习。曾在与同学文骏登漳江阁时说，“中国苦满政久矣。有英雄起，雄踞武昌，东扼九江，下江南，北出武胜

① 转引自吴相湘：《宋教仁：中国民主宪政的先驱》，第 6 页。
② 杞忧子编：《宋渔父》，见《宋教仁血案》，岳麓书社 1986 年版，第 309 页。

关，断黄河铁桥，西通蜀，南则取粮于湘，击鄂督之头于肘，然后可得志于天下。”①

## 1902年（清光绪二十八年）

从漳江书院肄业。据他在读时的书院老师瞿方梅回忆，他“专力地理，上下沿革，尤所注意，形势塞厄”②。

冬，考中武昌普通中学堂。上书湖南巡抚，提出改岳麓、城南、求忠等书院为学堂。③

## 1903年（清光绪二十九年）

黄兴从日归国，在武昌普通中学堂演讲时，宋教仁与之结识。

11月4日

参加筹组革命团体华兴会，④黄兴在成立大会上说，“本会皆实行革命之同志”，并希望会员“对于本省、外省各界与有机缘者分途运动，俟有成效，再议发难与应援之策”⑤。

## 1904年（清光绪三十年）

7月3日

科学补习所成立，宋教仁任文书。

在华兴会筹划长沙起义时，宋教仁负责常德一路。10月31日，“申

---

① 文思：《故农林总长宋教仁传》。

② 《民立报》1913年4月28日。

③ 张之洞：《请奖各学堂毕业生及管理员教员折》，《张文襄公全集》，卷70。

④ 章士钊：《与黄克强相交始末》，《辛亥革命回忆录》（二），第139页。

⑤ 黄兴：《在华兴会成立会上的讲话》（1903年11月），《黄兴集》，中华书局1981年版，第1—2页。

初，抵常德，登岸至五省栈晤胡范菴、刘瑶臣。”起义失败。有史为证者，宋教仁在日记中载，11月6日，“亚伯[①]乃要余至圣公会堂晤黄吉亭牧师，吉亭示余以所抄得游、萧口供，内开五路总管，有余名在焉。惟误开为‘家仁’二字，亚伯复告余，昨日已派兵往常德严拿，宜速走云云。”[②]

11月10日

乘船至湖北螺山，作长歌一篇，内有“谋自由独立于湖湘之一隅兮，事竟败于垂成”，“则欲完我神圣之主义兮，亦惟有重振夫天戈”[③]。

12月

自11月21日，在上海半月，之后乘船赴日。在船上，与杨度相识。宋教仁在日记中对海上旅途的情况作了具体记载。13日到达日本东京。[④]

## 1905年（清光绪三十一年）

在日本筹办《二十世纪之支那》杂志，至6月24日，第一期杂志出版。[⑤]始自6月14日，入法政大学上课。

7月19日

与程家柽一起“赴宫崎滔天之约”，与宫崎滔天相识。

---

① 亚伯，即曹亚伯。他1900年肄业于两湖书院。1904年在武昌入科学补习所。曾在长沙起义失败后护送黄兴脱险。1905年在日本入同盟会。1906年留学英国。著作《武昌革命真史》对辛亥革命多有记载。参见上海书店1982年影印本《武昌革命真史》。

② 宋教仁：《我之历史》第一卷，《宋教仁集》（下），第499页。

③ 对照《宋教仁日记》与《宋教仁集》所辑《我之历史》，对于此长歌的记载，其中，最后一句有别。后者载为：“则欲完我神圣之主义兮，亦惟有重展……”前者则根据《建国月刊》补正如此。

④ 宋教仁：《我之历史》第1卷，《宋教仁集》（下），第505—507页。

⑤ 据宋教仁记载，6月24日，“知《二十世纪之支那》杂志已出版，已发邮约明日开会发行矣。”见宋教仁：《我之历史》第二卷，《宋教仁集》（下），第540页。

7月28日

与孙中山在《二十世纪之支那》杂志社晤面。①

8月13日

主持中国留日学生欢迎孙中山会。②

8月20日

中国同盟会成立，被推选为司法部检事长。据邹鲁:《中国国民党史稿》第一篇第二章载，司法部职员中，判事长邓家彦，判事张继、何天翰，检事长宋教仁，其他不详。

8月22日

作《清太后之宪政谈》，指出“满政府必不能实行立宪”③。

11月

中国同盟会机关报《民报》在日本东京创刊，其前身是《二十世纪之支那》。有史为证，其一，在同盟会成立大会上，由黄兴提议，“谓《二十世纪之友那》杂志社同人半皆已入本会，今该社员愿将此杂志提入本会作为机关报，何如？众皆拍手赞成议决俟下次再商办法”；④其二，宋教仁于9月21日，“至黄庆午寓，庆午言:《二十世纪之支那》停办后拟另办之报，已名曰《民报》，下礼拜日拟开会商议办法。”⑤

① 宋教仁在日记中载，“余既见面，逸仙问此间同志多少、如何?”“逸仙乃纵谈现今大势及革命方法，大概不外联络人才一义。”见宋教仁:《我之历史》第2卷,《宋教仁集》(下)，第545—546页。

② 宋教仁对当时的场面有所记述，他说:“孙中山至，遂开会，先由余述欢迎词，众皆拍手大喝采，次乃请孙逸仙演说。”见宋教仁:《我之历史》第2卷,《宋教仁集》(下)，第549页。

③ 宋教仁:《清太后之宪政谈》,《宋教仁集》(上)，第16—18页；宋教仁:《我之历史》第2卷,《宋教仁集》(下)，第550页。

④ 宋教仁:《我之历史》第二卷,《宋教仁集》(下)，第550页。

⑤ 宋教仁:《我之历史》第二卷,《宋教仁集》(下)，第559页。

## 1906年（清光绪三十二年）

1月11日

开始译《日本宪法》。

1月21日

与清出洋考察宪政大臣随员杨笃生晤谈。①

1月27日

读王阳明的《传习录》。据他在日记中载，此后一个时期内经常阅读《王阳明集》。

2月1日

入日本早稻田大学留学生部预科班，所修主要课程有数学、地理、历史、日语、体操、理科、图画等。

日本留学生取缔规则出笼后，据佚名的《宋教仁遇害大事记》，宋教仁被驻日清公使杨枢除名，不许留学，宋教仁改名宋錬，“复入早稻田学习法政”②。

3月15日

始译《英国制度要览》。至4月7日译毕并校正。

5月21日

致信李星次③，指出“近日人皆言爱国，然国皆由个人而成，人为构成国家之分子，即须有不愧为构成国家之分子之资格，换言之，即个人须

① 据宋教仁记载，“笃生自北京来，充出洋考察政治大臣随员者也（是日，清出洋大臣载泽等抵京），谈良久出。”见宋教仁：《我之历史》第二卷，《宋教仁集》（下），第565—566页。

② 宋教仁在6月17日的日记中也说，“至公使馆，因更余在早稻田学校名，而用宋錬名，乃写证书一纸，请其盖保人印章焉。”见宋教仁：《我之历史》第6卷，《宋教仁集》（下）第615页。

③ 李星次，湖南桃源人，与宋教仁同乡。

具有能为国民之实质，再换言之，即个人须完乎为人之道而后可也。”“为人之道约言有数要者，即思想、道德、知识、能力是也。”①

7月6日

与章太炎第一次晤面。②

10月8日

评论清政府预备立宪，指出，“盖此即政府讲真正专制主义之策，而不欲实行立宪之明证，以压制国民者也”，并认为“今而后吾乃益知民族的革命与政治的革命不可不行于中国矣”③。

12月2日

参加《民报》周年纪念大会。④

## 1907年（清光绪三十三年）

1月4日

黄兴请宋教仁代理同盟会庶务干事。⑤

1月10日

在孙中山寓所与日本《国民新闻》记者辩论。针对《国民新闻》对中国革命的“恶评”，他认为，“支那革命乃国民的革命，贵社而加革命之恶评，即伤感情于支那国民；就记者提出的中国土地广大，语言不一，

---

① 宋教仁：《我之历史》第三卷，《宋教仁集》（下），第606—607页。

② 据宋教仁载，“与余一见面时，甫通姓名，即谈及哲学研究之法。”见宋教仁：《我之历史》第四卷，《宋教仁集》（下），第619页。

③ 宋教仁：《我之历史》第五卷，《宋教仁集》（下），第668—669页。

④ 据宋教仁记载，在会上，孙中山在演说社会主义之后，“复演说将来宪法不宜仅仿三权分立，宜加入试验权、监察权，皆使独立，为五权分立方好”。见宋教仁：《我之历史》第五卷，《宋教仁集》（下），第694—695页。

⑤ 据宋教仁记载，黄兴向孙中山推荐，“逸仙与余言代理庶务事，余问其一切事务如何？”见宋教仁：《我之历史》第六卷，《宋教仁集》（下），第704页。

革命发生能否统一”的问题，指出，“革命之事原非一人的事业，乃国民的事业也。全国国民而有此思想，以起革命，则可成矣，何不能统一之有乎？”①

3月

辞同盟会代理庶务干事职，离日本赴中国东北联络马侠，创立同盟会辽东支部。②

4月9日

至信李逢春，称“马贼”为“马军”，“集义辽海之间，以扶弱抑强，抗官济民为志”，表示要与之通好，“南北交攻，共图大举”。③

## 1908年（清光绪三十四年）

黄兴在日本邀同盟会各省分会长商议，组织勤学舍，宋教仁是其骨干之一。④

8月

在日本东京写成《间岛问题》。

10月12日

致信李家驹、胡惟德，指出编著《间岛问题》一书的目的是“欲以为政府外交援助”⑤。

---

① 宋教仁：《我之历史》第六卷，《宋教仁集》（下），第705—706页。

② 宁武：《东北辛亥革命简述》，《辛亥革命回忆录》（五）；宋教仁：《我之历史》第六卷，第718—726页。

③ 宋教仁：《我之历史》第六卷，《宋教仁集》（下），第727—728页。

④ 谭人凤：《石叟牌词》，甘肃人民出版社1983年版，第70页。

⑤ 杨天石：《宋教仁佚文钩沉》，《华东师范大学学报（哲学社会科学版）》1985年第2期。

11月26日

在日本东京地方法院审讯《民报》主编章太炎时，以“清语教授”身份任翻译。①

1909年（清宣统元年）

1月3日

与黄兴、宫崎滔天、程家柽等商讨革命大计。

6月

勤学舍因经费困难而解散②。

1910年（清宣统二年）

译《比较财政学》。

6月

为整顿同盟会，曾与孙中山晤谈两次，旋即孙中山离开日本。与谭人凤、赵声商议整顿同盟会，酝酿成立中部同盟会。③

秋

在东京的十一省区同盟分会会长会议上，宋教仁提出“革命三策”，这就是：“上策为中央革命，联络北方军队，以东三省为后援，一举而占北京，然后号令全国，如葡土已事，此策之最善者也；就沿江各省，同样并举，先立政府，然后北伐，此策次善者也；就瓯脱地，密布党羽，进居

① 参见陈旭麓、何泽福：《宋教仁》，江苏古籍出版社1984年版，第107页。
② 谭人凤：《石叟牌词》，甘肃人民出版社1983年版，第70页。
③ 谭人凤：《石叟牌词》，甘肃人民出版社1983年版，第80页。

边要，然后徐图进取，其地则东三省或云南、广西，此策之又次者也。”①

冬

从日本归国。临行前，内田良平、北一辉、清藤幸七郎等日本黑龙会成员为他举行了盛大送别会。

## 1911年（清宣统三年）

1月

任《民立报》主笔。

4月

应黄兴电召，赴香港参加筹备广州起义（即后来的黄花岗起义），接替陈炯明任统筹部编制课课长。起义失败后，回上海。对于起义失败，他总结说，“此次虽失败，然得许多之经验，足以为他日之预备者。”②

7月31日

同盟会中部总会正式成立，宋教仁为文事部干事。起草有《中国同盟会中部总会章程》《中国同盟会中部总会总务会暂行章程》和《中国同盟会中部总会分会章程》等。③

---

① 邹永成：《邹永成回忆录》，《近代史资料》第10期。据宋教仁后来回忆的“革命三策”是这样表述的，“一为中央革命运动，推倒政府，使全国瓦解，此为上策”；“一在长江流域同时大举，隔断南北，使两方交通断绝，制政府命脉，此为中策”；“一在边省起事，徐图中原，然前此用之失败，斯为下策。”其中，“新军如可为用，财政有人接济，中策自属可行。”关于中部同盟会的筹备情况，可参见居正：《辛亥札记》，《居正文集》（上），华中师范大学出版社1989年版，第11页。

② 骚心：《不堪回首》，《宋渔父》第一集，后编。

③ 《宋教仁集》（上），第277—280页。参见《辛亥革命在上海史料选辑》，上海人民出版社1966年版。中国同盟会中部总会以“推覆清政府，建设民主的立宪政体为主义”。宋教仁掌管的文事部，“管理参谋、立案、编辑及其一切各事。”

8月

在《民立报》上发表《社会主义商榷》，认为“夫吾人非反对社会主义者，吾人惟以为凡唱一主义，不可不精审其主义自身之性质与作用，并斟酌其客体事物之现状，以惟定其将来所受之结果，夫如是乃可以坐言而起行。”①

9月25日

在《民立报》上发表《葡国改革之大成功》，指出，“葡国革命之大成功如是，吾人于是而大得革命之教训三焉：一、革命不得外国之承认，则其目的不得完成；二、革命进行时，不可不预计对外关系，而出以使外国乐于承认之手段；三、革命成功后，不必虑及对外关系之困难而恐其不承认。”②

10月9日

被确定为即将在武昌起义后成立的临时政府外交部正长。

10月10日

晚，武昌起义爆发。

10月11日

得悉武昌起义，并对黎元洪为湖北军政府都督表示不满。

10月15日

在《民立报》上发表《湖北形势地理说》社论，指出，“今日之形势，以天下言之，则重在武昌；以东南言之，则重在金陵。”③

---

① 宋教仁：《社会主义商榷》，《民立报》1911年8月13—14日，《宋教仁集》（上），第291页。

② 宋教仁：《葡国改革之大成功》，《民立报》1911年9月25日，《宋教仁集》（上），第327页。

③ 宋教仁：《湖北形势地理说》（一），《民立报》1911年10月15日，《宋教仁集》（上），第345页。

10月25日

对清政府向日本借款发表评论，认为“日人之野心勃勃，无微不至，真可畏也哉!”①

10月28日

与黄兴一起抵武汉，着手起草《中华民国鄂州约法》。

10月31日

致函陈其美等，指出，“此间战事吃紧，亟望各处响应。”②

11月1日

参加湖北军政府军事会议。在会议上，他就焦达峰、陈作新事件认为，焦达峰为光复湖南的功臣，改他人任湖南都督不是适宜的。③

11月21日

致书李燮和，认为袁世凯“本不学无术，其品更恶劣可鄙。”④

12月3日

南京光复后，与于右任赶赴南京，江苏都督程德全坚请其任政务司长。

12月25日

孙中山归国，抵达上海。

---

① 宋教仁：《日人借款》，《民立报》1911年10月25日，《宋教仁集》(上)，第349页。

② 宋教仁：《致陈英士等函》(1911年10月31日)，上海社会科学院历史研究所编：《辛亥革命在上海史料选辑》，上海人民出版社1966年版。

③ 这时，宋教仁尚不知焦达峰、陈作新已被杀害，武昌起义爆发后，焦达峰与陈作新一起组织湖南会党与新军积极响应，10月22日率军攻占长沙，次日，湖南军政府成立，焦、陈分别被举为都督和和副都督。31日，立宪派筹划新军管带梅馨发动政变，焦、陈被杀害。

④ 《宋参谋致李司令函》，《民立报》1911年11月21日，《宋教仁集》(上)，第368页。

12 月 26 日

参加在孙中山寓所召开的同盟会干部会议，在会上主张内阁制。

12 月 27 日

赴南京参加各省都督府代表联合会。

12 月 29 日

与居正、吕志伊一起提出《中华民国临时政府组织大纲》修正案。孙中山当选为中华民国临时大总统。

## 1912 年（民国元年）

1 月 1 日

中华民国南京临时政府成立，参加孙中山就职临时大总统的典礼。

1 月 15 日

在内务总长提名未获通过之后，旋被孙中山委任为总统府法制院院长。

1 月 27 日

《民立报》发表宋教仁起草的《中华民国临时政府组织法》草案。孙中山曾将之咨送临时参议院参考。

2 月 12 日

清帝溥仪宣布退位。

2 月 18 日

孙中山特派蔡元培为迎袁南下就职专使，宋教仁、汪精卫等八人为欢迎员。①

---

① 孙中山于 1912 年 2 月 18 日复袁世凯电，派教育总长蔡元培为欢迎专使，魏宸组、刘冠雄、钮永建、宋教仁、曾昭文、黄恺元、王正廷、汪精卫等为欢迎员，前往北京专迎袁世凯赴南京就任临时大总统。

2月26日

随迎袁专使团抵京。他曾口述说："此次专使到北京，袁总统竭诚招待，至袁对于南京政府毫无私见，袁幕府中人以唐绍仪为最，其余得力者，则为杨度、汪京宝、梁士诒等。"①

2月29日

北洋曹锟第三镇陆军两营在北京发动兵变。宋教仁在致岑伟生的信中认为，"目下至京，忽逢大难，此中隐情，定是手段。"②

3月3日

同盟会在南京召开会员大会，改组为公开政党。宋教仁被举为政务部主任干事。

3月10日

《中华民国临时约法》正式公布。

3月16日

临时参议院通过唐内阁国务员名单，宋教仁任农林总长。

4月2日

临时参议院决议临时政府移设北京。

4月27日

在北京就任农林总长，暂在农工商部旧署内设立办公处。③

5月13日

在北京临时参议院发表演说，宣布政见。对于农林一项，拟以十年为期，定国家施政方针，并逐渐实行，具体政策包括垦土地、修林政、兴

---

① 《宋教仁口述专使遇险确情》，《民立报》1912年3月10日。参见《迎袁专使遇险记》，《宋教仁集》（下），第380页。

② 宋教仁：《致岑伟生书》，《宋教仁集》（下），第383页。

③ 《农林部咨国务院总长就职日期等文》，《政府公报》1912年5月11日。

水利等。

5月24日

在农林部召集水产司办事员会议，商定水产司实政方针，以保护为主义。①

5月30日

参加国务院会议，提出关于官制、行政、裁兵、理财的办法；主张实行军民分治，集中军政财政于中央政府，并附设“计划十二条”②。

6月23日

宋教仁、蔡元培、王宠惠等联名提出辞总长职务。

6月28日

同盟会召开职员会议。宋教仁在会上发言，主张纯粹政党内阁，得到多数同意。

7月8日

正式向袁世凯提交辞呈。在呈文中指出，“任事已及三月，部事既未就绪，国务亦不克有所赞助，伴食之讥，在所不免，虽由于开创时代，建设事业之不易，实由于教仁政治之素养与经验不足，有以致之。”③

7月21日

参加同盟会全体会员大会，被选为总务部主任干事，总揽会务。他在会上指出，“现在内政外交诸多危险，欲图补救全恃政党；必使国会今日趋强固，方能收效。”④

---

① 《农林部行政方针》，《民立报》1912年6月1日，《宋教仁集》（下），第397页。

② 宋教仁：《关于官制行政裁兵理财之办法》，《宋教仁集》（下），第398—399页。参见《民立报》1912年6月2日的《北京电报》。

③ 宋教仁：《呈袁总统辞职文》，《宋教仁集》（下），第407页。

④ 《同盟会大会纪事》，《民立报》1912年7月28日。

8月11日

参加同盟会、统一共和党、国民公党、国民共进会、共和实进会五党合并正式筹备会议，宋教仁被推举为临时主席，并代表同盟会作报告。

8月13日

同盟会、统一共和党、国民公党、国民共进会、共和实进会等五党联名正式宣布国民党成立。

8月25日

国民党在北京举行成立大会。宋教仁被选为九位理事之一，得票仅次于孙中山、黄兴。

9月3日

孙中山被选为国民党理事长不久，委任宋教仁为代理理事长。

10月18日

与王宠惠沿京汉铁路回湘省亲。

11月5日

在武昌与黎元洪谈论借款与省官制、税制问题。①

12月3日

为《亚东丛报》撰写《发刊祝词》②。

12月24日

在《民立报》发表《江汉大学之前途》，指出，“强国之要，学战为先，希望甚大，誓同世界争雄。”③

① 《宋渔父都督府中一席话》，《长沙日报》1912年11月6日，《宋教仁集》（下），第426—427页。

② 《亚东丛报》，1912年12月3日出版发行。

③ 宋教仁：《江汉大学之前途》，《民立报》1912年12月24日，《宋教仁集》（下），第431—432页。

12月27日

离桃源到常德，踏上国会竞选征途。

## 1913年（民国二年）

1月8日

国民党湘支部召开欢迎宋教仁大会。宋教仁在会上发表演说，强调了国民党与国家的关系。

1月11日

湖南筹蒙会成立，宋教仁任筹蒙会名誉会长。①

1月17日

湖南提倡国货会、农务总会、工业总会、商务总会、木业公司联合举行欢迎宋教仁大会。宋教仁发表演说，指出，“中国初立，万端初创，实业发达而后乃能富强。”②

1月21日

与谭延闿、陈家鼎同游岳麓山，祭烈士墓。③

2月1日

国民党鄂支部、汉口交通部干部和国民党国会议员候选人举行欢迎宋教仁大会。宋教仁发表演说，要求国民党“专注于选举运动”④。

---

① 为抵抗俄国对蒙古的侵略，筹备蒙事，湖南筹蒙会成立。据《长沙日报》1913年1月13日载，筹蒙会名誉会长还有黄兴、孙道仁、谭延闿、谭人凤，会长是湖南绅士、国民党湘支部评议会评议长龙璋。

② 《联合欢迎宋先生》，《长沙日报》1913年1月19日。

③ 这里葬有陈天华、姚宏业和禹之谟。宋教仁曾为陈天华作传，陈家鼎护送陈天华灵梓归葬，并与禹之谟发动万人公葬陈天华、姚宏业。事后，禹之谟被清政府逮捕并残害致死，陈家鼎幸免。

④ 宋教仁：《国民党鄂支部欢迎会演说辞》，《宋教仁集》（下），第456—457页。

2月6日

到湖北黄州（今黄冈），在各界欢迎会上发表演说。①

2月10日

在国民党鄂省交通部欢迎会上发表演说，再次抨击北京临时政府的内政与外交政策。②

2月13日

在国民党九江交通部的欢迎会上发表演说。

2月15日

抵达上海。此时，全国总选结果已揭晓。

2月19日

在国民党沪交通部欢迎会上发表演说，重点谈论宪法问题。③

2月23日

与于右任、陈其美一起抵杭州后，出席国民党浙支部欢迎会，并发表演说。他指出，“建设政府全藉政党才识”，号召国民党党员“尽力图维”④。

3月9日

在南京出席国民党宁支部欢迎会，并发表演说。⑤

---

① 据载，“宋在黄州演词，甚激烈。袁阅之言：‘其口锋何必如此尖刻？’”见张国淦：《孙中山与袁世凯的斗争》，《北洋军阀史料选辑》(5)，中国社会科学出版社1981年版，第154页。

② 宋教仁：《国民党鄂省交通部欢迎会演说辞》，《宋教仁集》（下），第457—459页。

③ 宋教仁：《国民党沪交通部欢迎会演说辞》，《宋教仁集》（下），第459—466页。

④ 宋教仁：《国民党浙支部欢迎会演说辞》，《宋教仁集》（下），第463页。

⑤ 《民立报》(1913年3月11日）以《苦口婆心医国手》为题发表了此次宋教仁的演说。

3 月 13 日

在上海法租界尚贤堂发表题为《中央行政与地方行政分划之大政见》的演说。①

3 月 17 日

在于右任为社长的救国社的欢迎会上发表演说，并被该社推为名誉社长。

3 月 18 日

在国民党交通部公宴会上发表演说。②

3 月 20 日

晚，应袁世凯之邀，准备乘火车自上海赴南京，经浦口转车到北京，在沪宁车站遭武士英枪击，被送至车站附近的铁路医院救治。

向于右任嘱托三事：①将其书籍赠南京图书馆；②请友人抚恤其家，善待其母；③嘱同志勿生悲观，宜奋力国事。③

授意黄兴代拟致袁世凯的电文，希望保护民权、国会制定宪法。④

3 月 22 日

晨，在铁路医院辞世，享年 31 岁。国民党沪交通部发布通告："本党代理理事长宋先生之丧，各党员臂缠黑纱志哀。"⑤

孙中山从日本回国，挽宋教仁："作公民保障，谁非后死者。为宪法

---

① 这篇演说辞在宋教仁被刺后，由《民立报》于 1913 年 3 月 23 日发表。

② 宋教仁：《国民党交通部公宴会演说辞》（1913 年 3 月 18 日），《宋教仁集》（下），第 486—487 页。这篇演说曾以题为《遭害前二日国民党交通部公宴会之演说》，收入《渔父先生雄辩集》。

③ 丁中江：《宋教仁被刺》（上），《宋教仁传记资料》（一），第 37 页。

④ 《痛苦中之不忘国事》，《民立报》1913 年 3 月 22 日，参见《致袁世凯电》，《宋教仁集》（下），第 496 页。

⑤ 徐血儿筹编：《宋教仁血案》，岳麓书社 1986 年版，第 405 页。

流血，公真第一人!”①

4月13日

国民党在上海张园举行追悼宋教仁大会。

6月26日

由谭人凤主持仪式，宋教仁被安葬在上海闸北“宋园”。②

① 孙中山曾写有挽宋教仁联二则。除此之外，另有：“三尺剑、万言书，美雨欧风志不磨，天地有正气，豪杰自牢笼，数十年季子舌锋，效庄生索笔；五丈原、一抔土，卧龙跃马今何在？冠盖满京华，斯人独憔悴，洒几点苌弘血泪，向屈子招魂!”见《孙中山挽宋教仁》，《团结报》1982年7月3日。

② 由谭人凤经营，在上海闸北购买一块约一百多亩的土地，作为宋教仁的墓园，命名为“宋园”。

# 附录四　图表

表 1.1　《宋教仁集》分类统计一览表

| 类别<br>年份 | 文体 | | | | | | | | | 出处 | | | | | | | | | | | |
|---|---|---|---|---|---|---|---|---|---|---|---|---|---|---|---|---|---|---|---|---|---|
| | 诗文 | 信函电文 | 评论（时、政、史） | 序与跋 | 书评 | 法令规章 | 演说 | 公报呈文 | 其他 | 二十世纪之支那 | 民报 | 醒狮 | 民立报 | 民视报 | 申报 | 亚细亚日报 | 长沙日报 | 手稿 | 政府公报（包括临时） | 文集及其他 | 备注 |
| 1902（1） | 1 | | | | | | | | | | | | | | | | | | | 1 | 《间岛问题》（1908年）、《程家柽革命大事略》（1912）以及《我之历史》六卷是宋教仁的部分代表著作，故单列出来 |
| 1903（完）1904（2） | 2 | | | | | | | | | | | | | | | | | | | 2 | |
| 1905（12） | | | 9 | 2 | | | | | 1 | 8 | 1 | 3 | | | | | | | | 2 | |
| 1906（8） | 2 | | 5 | | | | | | 1 | | 6 | | | | | | | | | | |
| 1907（1） | 1 | | | | | | | | | | | | | | | | | | | 1 | |
| 1908（1） | | | | | | | | | 1 | | | | | | | | | | | 1 | |
| 1909（无）1910（1） | | | | 1 | | | | | | | | | | | | | | | | 1 | |

续表

| 类别／年份 | 文体 | | | | | | | | | 出处 | | | | | | | | | | | |
|---|---|---|---|---|---|---|---|---|---|---|---|---|---|---|---|---|---|---|---|---|---|
| | 诗文 | 信函电文 | 评论（时、政、史） | 序与跋 | 书评 | 法令规章 | 演说 | 公报呈文 | 其他 | 二十世纪之支那 | 民报 | 醒狮 | 民立报 | 民视报 | 申报 | 亚细亚日报 | 长沙日报 | 手稿 | 政府公报（包括临时） | 文集及其他 | 备注 |
| 1911（132） | 1 | 19 | 80 | | 26 | 5 | | | 1 | | | | 115 | | 1 | | | | | 16 | |
| 1912（64） | | 23 | | 6 | | 15 | 10 | 9 | 2 | | | | 17 | 2 | | 3 | 1 | 4 | 13 | 24 | |
| 1913（23） | 3 | 1 | 4 | | | 2 | 11 | | 2 | | | | 12 | | | | 8 | | | 3 | |

资料来源：（1）陈旭麓主编：《宋教仁集》（上、下册），中华书局 1981 年版；

（2）湖南省哲学社会科学研究所古代近代史研究室校注：《宋教仁日记》，湖南人民出版社 1980 年版。

**表 1.2　宋教仁佚文存目一览表**

| 内容／时间 | 目录 |
|---|---|
| 1905 年 1 月 1 日 | 《致警钟社函》 |
| 1905 年 1 月 3 日 | 《在〈二十世纪之支那〉杂志发起会上的演说辞》《在文普通同学会上的演说辞》 |
| 1905 年 1 月 5 日 | 《〈二十世纪之支那〉杂志章程（草稿）》 |
| 1905 年 1 月 8 日 | 《在〈二十世纪之支那〉杂志开办会上的演说辞》 |
| 1905 年 1 月 10 日 | 《印刷〈二十世纪之支那〉杂志章程》 |
| 1905 年 1 月 11 日 | 《致罗立中函》 |
| 1905 年 1 月 15 日 | 《中国新纪年》（拟） |
| 1905 年 1 月 25 日 | 《致胡经武函》 |
| 1905 年 2 月 5 日 | 《呜呼，汉奴!》 |
| 1905 年 2 月 6 日 | 《致万午亭函》 |
| 1905 年 2 月 19 日 | 《致刘林生函》 |

续表

| 时间 \ 内容 | 目录 |
| --- | --- |
| 1905年2月28日 | 《致震亚社函》《致李仲卿函》 |
| 1905年3月1日 | 《致〈新民丛报〉社函》 |
| 1905年3月3日 | 《〈二十世纪之支那〉时评》（二则，国内时评）《致罗立中、曾松乔、欧阳骏民、汪毓松函》 |
| 1905年3月4日 | 《〈二十世纪之支那〉时评》（三则）（国内时评） |
| 1905年3月6日 | 《致冯自由函》时评，（三则，评论之评论） |
| 1905年3月10日 | 时评二则（国内、国外各一） |
| 1905年3月11日 | 《致曾松乔、欧阳骏民函》《练神机营何为乎?》 |
| 1905年3月13日 | 辑《竹头木屑录》（三则） |
| 1905年3月15日 | 《太平天国地理志》（拟） |
| 1905年3月19日 | 《在〈二十世纪之支那〉会馆的演说辞》 |
| 1905年3月20日 | 《致陈义卿函》 |
| 1905年3月21日 | 《致石卿函》《致仙舫函》 |
| 1905年3月25日 | 《致〈国粹学报〉社函》 |
| 1905年3月27日 | 《复戴渭卿、江浴岷、陈性农函》《不主张解散〈二十世纪之支那〉的意见书》 |
| 1905年4月17日 | 《致黄节函》 |
| 1905年4月21日 | 编《二月份时事日史》 |
| 1905年4月26日 | 《致〈国粹学报〉馆函》 |
| 1905年4月28日 | 《我们汉种人观者》 |
| 1905年5月2日 | 《日、俄海战与中国之关系》 |
| 1905年5月12日 | 《致陈义卿函》 |
| 1905年5月15日 | 《致〈时报〉馆函》《上端方书》 |

续表

| 时间＼内容 | 目录 |
|---|---|
| 1905 年 5 月 20 日 | 《致石卿函》《致文卿函》 |
| 1905 年 5 月 21 日 | 《请看端方在湖南之举动》 |
| 1905 年 5 月 23 日 | 《俄波罗的海舰队之前途》 |
| 1905 年 6 月 3 日 | 《工艺厂章程》 |
| 1905 年 6 月 7 日 | 《致罗律中函》 |
| 1905 年 6 月 9 日 | 《纪年之意义》 |
| 1905 年 6 月 20 日 | 《致文卿函》 |
| 1905 年 7 月 3 日 | 《致欧阳骏民、曹德名函》 |
| 1905 年 7 月 8 日 | 《致〈二十世纪之支那〉发行各处函》 |
| 1905 年 7 月 12 日 | 《致姚真核函》 |
| 1905 年 7 月 24 日 | 《致杨晰子函》 |
| 1905 年 7 月 30 日 | 《致戴臻璋函》 |
| 1905 年 8 月 13 日 | 《俄人抗议开张家口、库伦为商埠事》《在孙逸仙演说会上的欢迎辞》 |
| 1905 年 8 月 15 日 | 《某公使干涉江西试题》 |
| 1905 年 8 月 16 日 | 《又催解内务府经费》 |
| 1905 年 8 月 17 日 | 《致上海〈国粹学报〉馆函》 |
| 1905 年 8 月 18 日 | 《致〈时报〉馆函》《留学生殿试》 |
| 1905 年 8 月 25 日 | 《关于中山开演说会意见函》 |
| 1905 年 8 月 26 日 | 《复刘瑶臣函》 |
| 1905 年 9 月 9 日 | 《致欧阳骏民，曹德名函》 |
| 1905 年 9 月 12 日 | 《致宫崎滔天函》 |
| 1905 年 9 月 18 日 | 《复石信函》 |

续表

| 时间＼内容 | 目录 |
| --- | --- |
| 1905 年 9 月 20 日 | 《致黄庆午函》《致石卿函》《致曹亚伯函》《致胡文岩函》《致吴寿田函》 |
| 1905 年 9 月 21 日 | 《中国新纪年》第二章 |
| 1906 年 1 月 11 日 | 译《日本宪法》 |
| 1906 年 1 月 17 日 | 《致新智社函》《致黄韧之函》《致吴良愧函》 |
| 1906 年 1 月 20 日 | 《致〈民报〉各撰述员函》 |
| 1906 年 1 月 23 日 | 《致〈民报〉发行各处函》 |
| 1906 年 1 月 28 日 | 《俄国革命党女杰列传》 |
| 1906 年 1 月 30 日 | 《致石卿函》《致刘福申函》 |
| 1906 年 2 月 7 日 | 《复李和生函》 |
| 1906 年 2 月 8 日 | 《致邱心荣函》 |
| 1906 年 2 月 9 日 | 《劝常德游学各省书》 |
| 1906 年 2 月 13 日 | 《致曹亚伯函》 |
| 1906 年 2 月 14 日 | 《致吴谷函》《致刘瑶臣函》 |
| 1906 年 2 月 20 日 | 《致李和生函》 |
| 1906 年 2 月 9—20 日 | 译《露国之革命》 |
| 1906 年 2 月 21 日 | 《致李和生函》 |
| 1906 年 2 月 24 日 | 《致李和生函》 |
| 1906 年 2 月 28 日 | 《致杨笃生函》《致姚剑生函》《致易希谷函》《致龚铁铮函》《致张步青函》 |
| 1906 年 3 月 9 日 | 《致丸善函》 |
| 1906 年 3 月 15 日 | 《致石卿函》《致仙航函》《致中国书林函》 |
| 1906 年 3 月 21 日 | 《致吴绍先函》 |

续表

| 内容<br>时间 | 目录 |
| --- | --- |
| 1906年4月5日 | 《一千九百零五年露国之革命》校正表 |
| 1906年4月7日 | 校译《英国制度要览》 |
| 1906年4月8日 | 《致文卿函》 |
| 1906年4月9日 | 《致胡展堂函》 |
| 1906年4月16日 | 《致平民舍函》 |
| 1906年4月8—17日 | 译《万国社会党大会略史》(载《宋教仁》(上)，第40—56页) |
| 1906年5月2日 | 《致杨笃生函》 |
| 1906年4月18日—5月3日 | 译《各国警察制度》 |
| 1906年5月7日 | 《对于〈新民丛报〉为陈星台辨驳》(拟) |
| 1906年5月11日 | 译《中村进午论南昌教案》 |
| 1906年5月14日 | 《致李和生函》 |
| 1906年5月16日 | 《致〈津报〉函》《清俄谈判与俄人之野心》(刊于《津报》) |
| 1906年5月17日 | 译《国际私法讲义》 |
| 1906年5月21日 | 《致李星次函》 |
| 1906年5月23日 | 译《西洋历史表·埃及史表》 |
| 1906年5月26日 | 译《俄国制度要览》《致于业乾函》 |
| 1906年5月30日 | 《致杨笃生函》 |
| 1906年6月1日 | 《复杨笃生函》 |
| 1906年6月2—6日 | 译《澳大利亚匈牙利制度要览》 |
| 1906年6月8日 | 《致吴绍先函》 |
| 1906年6月13日 | 《致李和生函》《致吴绍先函》 |

续表

| 内容<br>时间 | 目录 |
|---|---|
| 1906年6月<br>9—14日 | 译《美国制度概要》 |
| 1906年6月<br>15—17日 | 译《澳匈国财政制度》 |
| 1906年6月21日 | 《致吴绍先函》 |
| 1906年6月22日 | 《致李和生函》 |
| 1906年6月27日 | 《致董特生函》 |
| 1906年7月15日 | 《致石卿函》 |
| 1906年8月7日 | 《致李和生函》 |
| 1906年8月9日 | 《致吴绍先函》《致李和生函》 |
| 1906年8月15日 | 《致罗律中函》 |
| 1906年8月19日 | 《致吴绍先函》《致李星次函》 |
| 1906年8月23日 | 《致吴绍先、杨勉卿函》 |
| 1906年8月27日 | 《致李和生函》 |
| 1906年9月1日 | 《致刘瑶臣、胡幻庵函》 |
| 1906年9月2日 | 《致曹亚伯函》 |
| 1906年9月3日 | 《致〈世界杂志〉函》 |
| 1906年9月4日 | 《致戢元臣函》 |
| 1906年9月5—6日 | 《致李星次函》 |
| 1906年9月7日 | 《致富崎寅藏函》 |
| 1906年9月11日 | 《致李星次、吴绍先函》 |
| 1906年9月13日 | 《致欧阳骏民、曹德民函》 |
| 1906年9月19日 | 《致湖北图书发行所函》 |

续表

| 内容<br>时间 | 目录 |
|---|---|
| 1906年9月20日 | 《致戢元臣函》 |
| 1906年9月22日 | 《致真英堂函》（日文） |
| 1906年9月24日 | 《复李和卿函》 |
| 1906年9月27日 | 《复陈伟臣函》 |
| 1906年9月29日 | 《致守田利远函》（日文） |
| 1906年9月30日 | 《复陈伟臣函》 |
| 1906年10月1日 | 《致母亲书》 |
| 1906年10月3日 | 《致宋海南索债函》 |
| 1906年10月4日 | 《夏李和卿函》 |
| 1906年10月5日 | 《致董特生函》《致章枚叔函》《致兄长函》 |
| 1906年10月7日 | 《致戢元臣函》《致李和生函》 |
| 1906年10月11日 | 《致陈炳焕函》 |
| 1906年10月14日 | 《致〈革命评论〉函》《致瞿孙娄函》 |
| 1906年10月15日 | 《致〈南方报〉馆函》 |
| 1906年10月21日 | 《致杨勉卿函》 |
| 1906年10月24日 | 《致阵伟臣，龚柬伯函》 |
| 1906年10月28日 | 《复黄庆午函》 |
| 1906年10月30日 | 译《中和歌》《复瞿孙娄函》《复空虚子函》 |
| 1906年10月25日—11月3日 | 译《德国官制》 |
| 1906年11月7日—1907年1月2日 | 修订《孙逸仙传》 |
| 1906年11月12日—30日 | 译《普国官制》 |

续表

| 时间＼内容 | 目录 |
| --- | --- |
| 1906 年 12 月 9 日 | 《致杨勉卿函》 |
| 1906 年 12 月 24 日 | 《感怀》（诗）《姚洪（宏）业传》 |
| 1907 年 1 月 10 日 | 《与（国民新闻）记者辩》 |
| 1907 年 1 月 14 日 | 译《与支那人函》 |
| 1906 年 11 月 9 日 | 《致黄庆午函》 |
| 1907 年 1 月 18 日 | 《致汤松函》《汉文学讲义总论》 |
| 1907 年 1 月 19 日 | 《形体之起原》 |
| 1907 年 1 月 20 日 | 《形体之构造》 |
| 1907 年 1 月 21 日 | 《形体之变迁》 |
| 1907 年 1 月 23 日 | 译《日本地方渔政法规要览》 |
| 1907 年 1 月 31 日 | 《音韵》 |
| 1907 年 2 月 2 日 | 《致陈汉元函》 |
| 1907 年 2 月 3 日 | 《挽刘秉生联》 |
| 1907 年 2 月 4 日 | 《致成文（女）学校告假函》 |
| 1907 年 2 月 5 日 | 《东语自习・序》 |
| 1907 年 2 月 13 日 | 《致赵遯函》 |
| 1907 年 2 月 14 日 | 《复成女学校学生贺年片》 |
| 1907 年 2 月 15 日 | 《音韵之起源》 |
| 1907 年 2 月 18 日 | 《音韵之分别》 |
| 1907 年 2 月 21 日 | 《刘秉生传》目录（与刘林生合拟） |
| 1907 年 2 月 22 日 | 《辨任子城非革命党电》《营救宁仙霞电》（与刘林生合拟） |
| 1907 年 2 月 19—23 日 | 《音韵之和谐》 |

续表

| 内容<br>时间 | 目录 |
| --- | --- |
| 1907 年 3 月 15 日 | 《纪年之意义》 |
| 1907 年 3 月 18 日 | 《腹笥草跋》 |
| 1907 年 3 月 21 日 | 《黄庆午传》（寄交宫崎滔天） |
| 1907 年 3 月 23 日 | 《致吴绍先函》《致覃理鸣函》 |
| 1907 年 4 月 1 日 | 《致黄庆午函》 |
| 1907 年 4 月 3 日 | 《致李逢春函》 |
| 1907 年 4 月 5 日 | 《致黄庆午函》 |
| 1907 年 4 月 9 日 | 《致李逢等函》 |
| 1912 年 10 月 | 《各国最近财政史论》（一卷） |

资料来源：1.《宋教仁日记》，湖南省哲学社会科学研究所古代近代史研究室校注，湖南人民出版社 1980 年版。
2. 陈旭麓主编：《宋教仁集》（上、下），中华书局 1981 年版。
3. 杨天石：《宋教仁佚文钩沉》，《华东师范大学学报》1985 年第 2 期。
4. 迟云飞：《宋教仁与中国民主宪政》，湖南师范大学出版社 1997 年版。
5. 吴相湘：《〈宋教仁与中国革命〉引用史源及重要参考资料》，《中国现代史丛刊》（第二册）。
6. 吴志铿：《有关宋教仁的史料及研究成果简介》，载于《宋教仁传记资料》（五），（中国台北）天一出版社。

**表 1.3 国外宋教仁研究成果辑录**

| 内容<br>作者 | 论文索引 |
| --- | --- |
| 田中比吕志 | 《宋教仁の“革命”论》（《历史学研究》1990 年 8 月）《民国元年の政治と宋教仁》（《历史学研究》1991 年 1 月 1 日） |
| 狭間，直樹 | 宋教仁にみる伝統と近代——《日記》を中心に［《東方學報》（京都），1990 年 3 月］ |

续表

| 内容 作者 | 论文索引 |
|---|---|
| 竹内弘行 | 松本英紀譯註《宋教仁の日記》（书评）（《東洋史研究》1990年12月） |
| 片倉芳和 | 宋教仁の経済思想 纪要（自大 经济研）1996年3月，《片仓芳和谈宋教仁研究》《辛亥革命研究动态》1997年第二期，《武昌起义与宋教仁》（日本《史丛》第16号），《大日本逗留期间的宋教仁》《近代日本形成过程研究》）（日本1978年版），《宋教仁年谱稿》《辛亥革命时期桃源人物集》（国际展望出版社1991年） |
| 上村希美雄 | 《论宋教仁的日记》（《近代中国》120） |
| 木通泉克夫 | 宋教仁「我之歷史」について［纪要〈和光大〉 1982年3月］ |
| 松本英紀 | 中華民国臨時約法の成立と宋教仁（《立命館史学》，1981年3月）《宋教仁の日記》《宋教仁和间岛问题》［《纪念辛亥革命七十周年学讨论会论文集》下册，中华书局1983年版］ |
| 木岛淑男 | 《辛亥の春，孙竹丹、赵声、宋教仁》（《辛亥革命研究》，1985年10月） |
| 小松原伴子 | 《宋教仁气の青年时代と日本》——［我之历史］に読书の迹互探句（《沫集》1987年3月） |
| 久保田文次 | 《辛亥革命与孙文宋教仁——中国革命同盟会的解体过程》（《历史学研究》第408号） |
| 日本外务档案 | 《宋教仁和同盟会资料》（《国外中国近代史研究》第16辑） |
| ［美］普莱斯 | 《辛亥革命时期孙中山宋教仁与资产阶级民主的困境》《孙中山和他的时代——孙中山研究国际学术讨论会文集》（中华书局1989年版）；《革命与宪法：宋教仁政治策略的发展》（《纪念辛亥革命七十周年学术讨论会论文集》，中华书局1983年版） |
| 刘吉祥（Kit Siong Liew） | 《Struggle for Democracy：Sung C’hiao Jen and the 1911 Chinese Revolution》 |
| 北一輝 | 《支那革命外史》（《北一輝著作集》第2卷，三铃书房1979年版） |

资料来源：1. 中国社科院近代史研究所编：《近代史研究》，中国社会科学出版社版。
2. 中国社科院近代史研究所编：《国外近代史研究》，中国社会科学出版社版。
3. 中国社科院近代史研究所编：《近代史资料》，中国社会科学出版社版。
4.《辛亥革命史丛刊》，中华书局。

**表 3.1　宋教仁阐释国民党政纲对照表**

| 条款＼文本 | 甲 | 乙 | 丙 | 丁 | 戊 |
|---|---|---|---|---|---|
| 《同盟会本部总务部通告海外书》（1912 年 8 月 13 日） | 保持政治统一 | 发展地方自治 | 励行种族同化 | 采用民生政策 | 维持国际和平 |
| 《国民党宣言》（1912 年 8 月 13 日） | 保持政治统一，将以建单一之国，行集权之制，使建设之事纲举而目张 | 发展地方自治，将以练国民之能力，养共和之基础，补中央之所未逮 | 励行种族同化，将以发达国内平等文明，收道一同风之效 | 采用民生政策，将以实行国家社会主义，保育国民生计，以国家权力，使一国经济之发达均衡而迅速 | 维持国际和平，将以尊重外交之信义，维持均势之现状，以专力于内治 |
| 《国民党湘支部欢迎会演说辞》（1913 年 1 月 8 日） | 统一政治，当今谋国家统一，毋使外人讥为十八国 | 地方自治 | 种族同化，今五族内程度文明不齐，库伦独立实由于此，欲求开化，非国民党不为功 | 民生主义。曩者他党多讥为劫富济贫，此大误也，天民生效，在欲使贫者亦富，如能行之，即国家社会政策不使富者愈富，贫者愈贫，致有劳动家与资本家之冲突也 | 维持国际和平，“方今民国初立，创痍未瘳，以意剧战，实非易事，惟俄蒙问题，则不得不以强硬手段对付” |

续表

| 条款＼文本 | 甲 | 乙 | 丙 | 丁 | 戊 |
| --- | --- | --- | --- | --- | --- |
| 《代草国民党之大政见》（约1913年3月） | 主张单一国制和责任内阁制。“吾党不特主张宪法采用单一国制，并力谋实际上举单一国制之精神。” | 主张省为自治团体，有列举立法权：“吾人不重在地方分权，而重在地方自治也。” | — | 主张开发产业，兴办国有交通业 | “今者吾国积弱，非善运用外交不足以求存。一日联络素日亲厚之与国；维持列国对我支持之主义。” |

资料来源：1. 陈旭麓主编：《宋教仁集》（下），中华书局 1981 年版，第 418—419、445—447、488—496、747—750 页。

2.《民立报》1912 年 8 月 18 日，《长沙日报》1913 年 1 月 9 日，《民立报》1913 年 4 月 2—7 日。

3. 邹鲁：《中国国民党史稿》，上海书店 1989 年影印版，《民国丛书》第一编（25）第二章“中国同盟会”；第三章“国民党”，第 44—158 页。

图 4.1　民初政党组织演革示意图

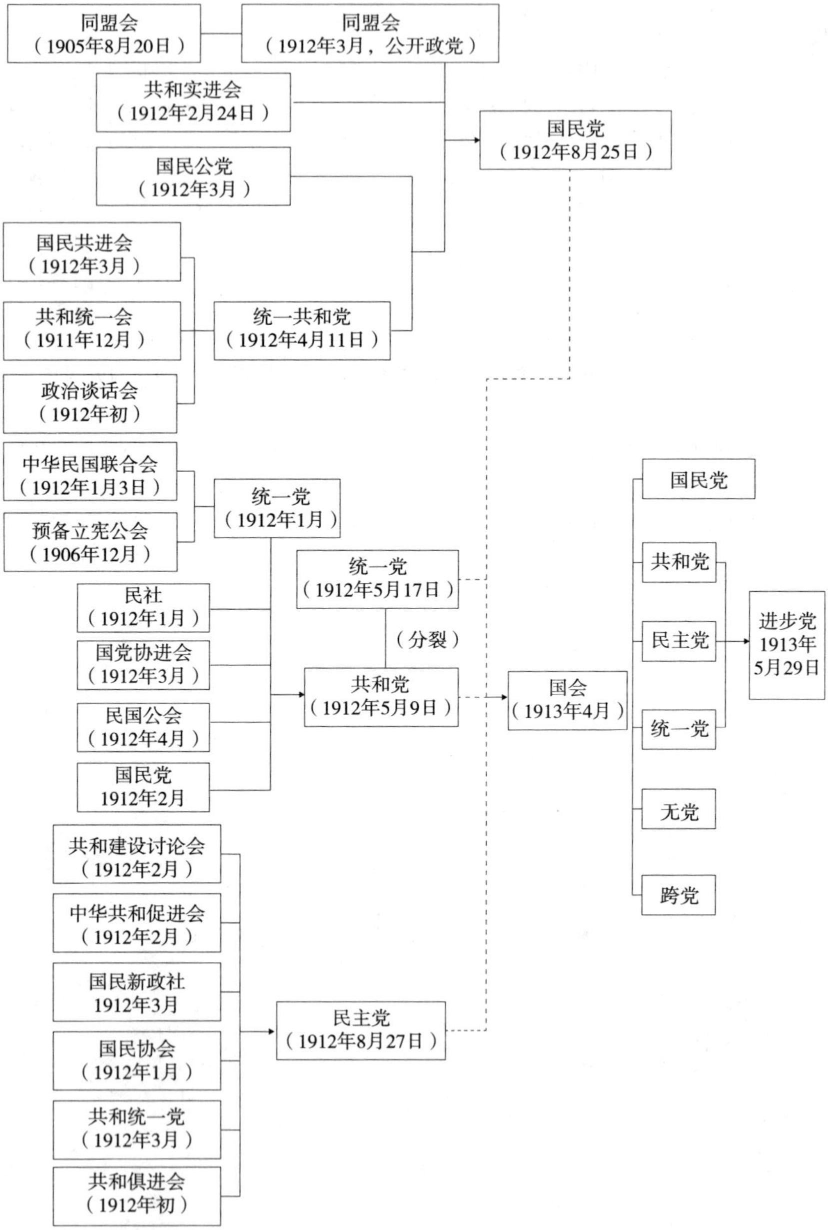

资料来源：（1）宗方小太郎：《一九一二年中国之政党结社》，《近代稗海》，四川人民出版社 1988 年版；（2）杨幼炯：《中国政党史》，《中国文化史丛书》第一集，上海书店 1984 年版；（3）李剑农：《戊戌以后 30 年中国政治史》。

## 表 4.2　国民党构成情况一览表

<table>
<tr><th rowspan="2">内容<br>党派</th><th colspan="2">主要代表人物</th><th rowspan="2">政　纲</th><th rowspan="2">政治倾向</th></tr>
<tr><th>姓名</th><th>政治地位</th></tr>
<tr><td rowspan="6">同盟会</td><td>孙中山</td><td>总理</td><td rowspan="6">以巩固中华民国，实行民生主义为宗旨。<br>1.完成行政统一，促进地方自治<br>2.实行种族同化<br>3.采用国家社会政策<br>4.普及义务教育<br>5.主张男女平权<br>6.励行征兵制度<br>7.整理财政，厘定税则<br>8.力谋国际平等<br>9.注意移民垦殖事业</td><td rowspan="6">①公开宣布为政党；<br>②《中国同盟会总章》未写上原同盟会的“平均地权”一条；<br>③党势扩大，“趋势者多归同盟会，一日二、三千人；不数月间，而会员增至十数万人，支部遍于十八行省”；<br>④组织不纯，“一班官僚、政客及投机分子，纷来入党”，有人“因不满所期另组他党”；<br>⑤力联他党合组大党；<br>⑥主张建立责任内阁制</td></tr>
<tr><td>黄兴</td><td>协理</td></tr>
<tr><td>黎元洪</td><td>协理</td></tr>
<tr><td>宋教仁</td><td>总务部主任干事</td></tr>
<tr><td>张继</td><td>交际部主任干事</td></tr>
<tr><td>此外，还有汪精卫，胡汉民、蔡元培、王宠惠、魏宸组等</td><td></td></tr>
</table>

续表

| 党派＼内容 | 主要代表人物 | | 政　纲 | 政治倾向 |
|---|---|---|---|---|
| | 姓名 | 政治地位 | | |
| 共和实进会 | 晏起<br>董之云<br>许廉 | 发起人 | 监督行政，补助立法 | ①南京临时政府时，曾一度主张定都南京，北京兵变时，致函斥袁；②维护《临时约法》，主张保障人权；③“既无依榜，亦无范围，有话便说，有事就办”；④党员不足百人；⑤后期主张政党内阁，与同盟会取一致行动；⑥晏起反袁被害；⑦与国民党合并不久，重新独立，改组为群进会 |
| | 王宠惠 | 领袖 | | |
| 国民公党 | 夏廷桢 | 发起人 | | |
| | 岑春煊<br>伍廷芳<br>程德全 | 名誉总理 | 旨在组成健全政党，制造真确舆论，巩固民国基础。主张实行平民政治，尊重法律，保护人权，提倡国民外交 | ①王人文，温宗尧主持党务；②1912年7月，与统一共和党合并 |
| | 王人文 | 总理 | | |
| | 温宗尧 | 协理 | | |

续表

<table>
<tr><th rowspan="2">内容<br>党派</th><th colspan="2">主要代表人物</th><th rowspan="2">政　纲</th><th rowspan="2">政治倾向</th></tr>
<tr><th>姓名</th><th>政治地位</th></tr>
<tr><td rowspan="4">国民共进会</td><td>王宠惠<br>徐谦<br>陈锦涛<br>许世英</td><td>发起人</td><td rowspan="4">主张完成健全共和政体。尊崇国家主义；反对政治复古；筹备平民生计；振兴工商实业；同化五大民族</td><td rowspan="4">①会员中有“帝国宪政实进会”和“宪友会”成员；②以西北为发展方向，屯垦，训练“民团”“商团”等；③王宠惠、徐谦、陈锦涛、许世英为唐内阁成员</td></tr>
<tr><td>伍廷芳</td><td>会长</td></tr>
<tr><td>王宠惠</td><td>副会长</td></tr>
<tr><td colspan="2">重要成员：金兆丰、罗文干、陈锡恩</td></tr>
<tr><td rowspan="2">统一共和党</td><td>蔡锷<br>张凤翙<br>孙毓筠<br>王芝祥<br>沈秉堃</td><td>总务干事</td><td rowspan="2">以巩固全国统一，建设完美共和政治，循世界之趋势，发展国力，力图进步为宗旨。谋求中央统一，注重民生，采用社会政策，发展交通，实行军国民教育等</td><td rowspan="2">①由共和统一会、国民共进会和政治谈话会联合组成。其中共和统一会由陈其美、王宠惠、于右任等同盟会员联络张謇、赵凤昌等立宪党人发起组建；政治谈话会由刘彦、彭允彝等同盟会员组织；②总部迁到北京后，“支部遍10余省，党员达数万人”。吴景濂、谷钟秀为该党实际领袖</td></tr>
<tr><td>吴景濂<br>景耀月<br>刘彦等 20 人</td><td>干事</td></tr>
</table>

资料来源：1.《中国同盟会杂志》第三期，1912 年。

2. 中国近代史资料丛刊《辛亥革命》。

3.［日］宗方小太郎：《一九一二年中国之政党结社》，冯正宝译，《近代稗海》，四川人民出版社 1988 年版，第 57—167 页。

4.《浙江辛亥革命回忆录》，中国人民政治协商会议浙江省委员会文史资料研究委员会编，浙江人民出版社 1981 年版。

5.《民立报》1912 年 3 月 10 日，《民立报》1911 年 11 月 7 日。

表 4.3　共和党构成情况一览表

| 党派＼内容 | 主要代表人物：姓名 | 主要代表人物：政治地位 | 政　纲 | 政治倾向 |
|---|---|---|---|---|
| 统一党 * | 章太炎<br>程德全<br>张謇<br>熊希龄 | 理事 | 以统一全国，建设坚强之中央政府，促进完美共和政治为主义。<br>主张团结全国之领土，厘定行政区域；完成责任内阁制度，注意人民生活问题，采取社会政策，发展国民经济，普及义务教育，力谋全国交通，励行移民开垦殖民事业，维护国际和平，保全国家权利 | ①由章太炎的中华民国联合会和预备立宪公会合并成立。<br>②成立不久，在与他党合并问题上发生分化。<br>③与同盟会对抗 |
| | 汤寿潜<br>汤化龙<br>温宗尧<br>赵凤昌<br>等 12 人 | 参事 | | |
| 民社 | 黎元洪<br>孙武<br>刘成禺 | 发起人 | 对共和统一政治持进步主义，以谋求国利民福，提倡军国民教育，采用保护贸易政策，扩张海陆军军备，主张铁路国有 | ①反对南京临时政府，与袁世凯接近，又与统一党联络<br>②主要成员为旧军官、旧官僚、失意同盟会员，清末立宪分子 |
| | 黎元洪 | 领袖 | | |
| | 吴敬恒 | 总干事 | | |
| 国民协进会 | 范源濂<br>籍忠寅<br>黄远庸 | 发起人 | 巩固共和政治，确立统一主义，发展社会实力 | ①成员多来自宪友会和辛亥俱乐部。<br>②拥袁拒孙。<br>③与民社联合，推黎元洪为党魁 |
| | 严修<br>范源濂<br>籍忠寅<br>等 18 人 | 常务干事 | | |
| 民国公会 | 陈敬第<br>沈钧业<br>董鸿韩 | 发起人 | 保持中华民国之统一，建设巩固之中央政府，顺应世界大势；促进民国进步；兴起健全之舆论，保证民国之民权，期望国民经济之发展 | ①以浙江人为核心。<br>②由立宪党人与老光复会员发起。<br>③政纲与章太炎的统一党接近，支持袁世凯的统一活动，反对南京临时政府和同盟会 |
| | 张国维 | 领袖 | | |

续表

| 党派＼内容 | 主要代表人物 | | 政　纲 | 政治倾向 |
|---|---|---|---|---|
| | 姓名 | 政治地位 | | |
| 国民党 ** | 朱寿明<br>潘昌煦<br>温宗尧 | 发起人 | 养成共和精神，采取美国之共和制，外交以亲美为主义，尊重国民之权利、义务，制定完全之宪法，期望召开国会 | ①与统一党接近。<br>②亲美。<br>③党员少，“未经成立以前，暂称国民党同志会” |
| | 伍廷芳 | 领袖 | | |

资料来源：1. 宗方小太郎著，冯正宝译：《一九一二年中国之政党结社》，《近代裨海》，四川人民出版社 1988 年版，第 57—165 页。

2.《辛亥革命在上海史料选辑》，上海人民出版社 1981 年版。

3.《辛亥革命回忆录》第 2 集，中国人民政治协商会议全国委员会文史资料研究委员会编，中华书局 1961 年版，文史资料出版社 1981 年重印版。

4. 汤志钧编：《章太炎政论选集》，中华书局 1977 年版。

5. 丁文江、赵丰田：《梁启超年谱长编》，上海人民出版社 1985 年版。

* 在统一党并入共和党问题上，章太炎与张謇发生意见分歧。它是 1912 年 5 月 17 日章太炎发表《关于统一党不与他党合并的演说》，统一党从共和党内独立出来，由章太炎任总理，一部分统一党党员则留在了共和党内，致使统一党分裂。

** 此不是由同盟会改组后与他党联合成立的“国民党”。它于 1912 年 2 月 19 日在上海成立；1912 年 2 月 19 日由保皇会、帝国宪政会改组而成的。康有为在《致各埠同志书》中将其名称演变表述为：“保皇”→“帝国宪政”→“国民党”。

表 4.4　民主党构成情况一览表

<table>
<tr><th rowspan="2">内容<br>党派</th><th colspan="2">主要代表人物</th><th rowspan="2">政　纲</th><th rowspan="2">政治倾向</th></tr>
<tr><th>姓名</th><th>政治地位</th></tr>
<tr><td rowspan="3">共和建设讨论会</td><td>林长民<br>孙洪伊</td><td>发起人</td><td rowspan="3">以稳健进步为宗旨，志在创立坚强之政党</td><td rowspan="3">①以立宪党人为主，多为旧谘议局联合会残党；<br>②经费大部分来自于军阀官僚；<br>③联袁反孙。中华共和促进</td></tr>
<tr><td>汤化龙</td><td>主任干事</td></tr>
<tr><td>谢远涵<br>林长民<br>萧湘<br>杨增荦</td><td>文书干事</td></tr>
<tr><td rowspan="3">中华共和促进会</td><td>沙淦<br>厉明度<br>张明远</td><td>骨干</td><td rowspan="3">促进共和，建立单一制国家，设内阁总理，实行国家主义，主张中央集权，谋求宪法及各种法律之改良，发达经济，实行强制教育，全国励行征兵制度，扩张军备，实行移民开荒，巩固边境</td><td rowspan="3">①在政治活动中具有一定独立性；<br>②南北议和期间，拥护南北统一</td></tr>
<tr><td>伍廷芳</td><td>名誉会长</td></tr>
<tr><td>陈其美</td><td>名誉副会长</td></tr>
<tr><td rowspan="2">国民新政社</td><td>章太炎</td><td>会长（拒绝）</td><td rowspan="2">扶持宪政，扩张国权</td><td rowspan="2">①浙江地方性团体；<br>②主张“从办报筹饷两项入手”，“辅军政府之不逮”；<br>反对孙中山，依附袁世凯、黎元洪</td></tr>
<tr><td>陈介石</td><td>副会长<br>（后为会长）</td></tr>
</table>

续表

| 内容<br>党派 | 主要代表人物 | | 政纲 | 政治倾向 |
| --- | --- | --- | --- | --- |
| | 姓名 | 政治地位 | | |
| 国民协会 | 唐文治 | 名誉会长 | 以谋中华民国之统一，促进共和政体之完成为宗旨。主张“统一国权，培养国民元气，发展民力” | ①会员多为旧官僚、地方绅士；<br>②反对同盟会 |
| | 温宗尧 | 干事总长（辞） | | |
| | 唐绍仪 | 名誉总理 | | |
| | 张嘉璈 | 实际负责人 | | |
| 共和统一党 | 孙洪伊 | 发起人、理事长 | 以巩固民权，监督政府，谋国家统一进行为宗旨，主张建设统一的共和国体，宪法取固定主义，统一军政，维持国家均势，实行国民教育等 | “极小之政团”，活动不多 |
| 共和俱进会 | 孙百斛<br>王树翰 | 骨干 | 与上述政纲近似 | 会员多为立宪党人，其主要活动为，在临时参议院中对抗同盟会 |

资料来源：1.［日］宗方小太郎：《一九一二年中国之政党结社》，冯正宝译，《近代稗海》第 12 辑，四川人民出版社 1988 年版，第 67—165 页。

2.《共和促进会之进行》，《申报》1912 年 2 月 5 日。

3.《温州通信》，《申报》1912 年 2 月 6 日。

4. 杨幼炯：《中国政党史》，《中国文化史丛书》（第一辑），上海书店 1984 年版。

5. 丁文江、赵丰田：《梁启超年谱长编》，上海人民出版社 1985 年版。

**表 5.1　宋教仁等建议修正《中华民国临时政府组织大纲》条文一览表**

| 内容<br>条款 | 草案（1911.12.3，通过并公布） | 修正案<br>（1911.12.29） | 备　注 |
|---|---|---|---|
| 第一章 | 临时大总统 | 临时大总统、<br>临时副总统 | 修正案，删除了草案中的第十八条、第十九条。<br>②草案公布后，1911 年 12 月 14 日，各省代表会在南京开会。15 日，追加一条：临时大总统未举定以前，其职权由大元帅暂行之；16 日，又在此追加条后，增加“大元帅不能在临时政府所在地时，以副元帅代行其职权”等内容。<br>③宋教仁等的修正案，因各省代表会散会，未及全部议定。1912 年 1 月 2 日，马君武等另提出一个修正案，并获通过。<br>④草案起草员为雷奋、马君武、王正廷，修正案的提案人是湖南代表宋教仁、云南代表吕志伊、湖北代表居正 |
| 第一条 | 临时大总统内各省都督府代表选举之 | 临时大总统、副总统，皆由各省代表选举之 | |
| 第五条 | 临时大总统得参议院之同意，有任用各部部长及派遣外交专使之权 | 临时大总统制定官制官规，并任免文武职员，但任命国务各员，须得参议院之同意 | |
| 第三章 | 行政各部 | 国务各员 | |
| 第七条 | | 临时副总统于大总统因故去职时升任之，但于大总统有故障不能视事时，得受大总统之委任代行其职权 | |
| 第十七条 | 行政各部如左：外交部、内务部、财政部、军备部、交通部 | 行政各部设部长一人，为国务员，辅佐临时大总统办理各部事务 | |
| 第十八条 | 各部设部长一人，总理本部事务 | 删除 | |
| 第十九条 | 各部所属职员之编制及其权限由部长规定，经临时大总统批准施行 | 删除 | |
| 第二十条 | 召集国民会议 | 召集国民会议，制定民国宪法 | |

此表根据如下资料制作：

1.《民立报》1912 年 12 月 11 日的《中华民国临时政府组织大纲》草案；

2. 谷钟秀：《中华民国开国史》，第 52 页；

3. 刘星楠：《辛亥各省代表会议日志》，《回忆辛亥革命》，第 356 页。

4.《中华民国临时政府组织大纲》，中国第二历史档案馆整编《中华民国史史料长编》（辛亥年，第一册），南京大学出版社 1993 年版，第 586—590 页；前引书，民国元年，第二册，第 15 页。

表 6.1　中华民国第一届国会选举结果及议员分布情况统计表

| 分布情况<br>省别 | 参议员 | | | | | | | 众议员 | | | | | | |
|---|---|---|---|---|---|---|---|---|---|---|---|---|---|---|
| | 总数 | 政党 | | | | | | 总数 | 政党 | | | | | |
| | | 国民党 | 共和党 | 统一党 | 民主党 | 跨党者 | 未定者 | | 国民党 | 共和党 | 统一党 | 民主党 | 跨党者 | 未定者 |
| 直隶 | 10 | 5 | 5 | 0 | 0 | 0 | 0 | 46 | 22 | 16 | 0 | 1 | 7 | 0 |
| 奉天 | 10 | 4 | 0 | 0 | 3 | 3 | 0 | 16 | 8 | 0 | 0 | 0 | 8 | 0 |
| 吉林 | 10 | 8 | 0 | 1 | 0 | 1 | 0 | 10 | 7 | 0 | 0 | 0 | 1 | 2 |
| 黑龙江 | 10 | 5 | 1 | 0 | 1 | 3 | 0 | 10 | 3 | 2 | 0 | 0 | 5 | 0 |
| 江苏 | 10 | 3 | 1 | 0 | 1 | 5 | 0 | 40 | 11 | 13 | 0 | 4 | 12 | 0 |
| 安徽 | 10 | 4 | 0 | 0 | 0 | 6 | 0 | 27 | 9 | 2 | 2 | 0 | 14 | 0 |
| 江西 | 10 | 10 | 0 | 0 | 0 | 0 | 0 | 35 | 20 | 4 | 0 | 0 | 11 | 0 |
| 浙江 | 10 | 5 | 3 | 0 | 0 | 2 | 0 | 38 | 18 | 7 | 0 | 1 | 12 | 0 |
| 福建 | 10 | 7 | 2 | 0 | 1 | 0 | 0 | 25 | 3 | 4 | 0 | 2 | 16 | 0 |
| 湖北 | 10 | 5 | 5 | 0 | 0 | 0 | 0 | 26 | 11 | 11 | 0 | 1 | 0 | 3 |
| 湖南 | 10 | 10 | 0 | 0 | 0 | 0 | 0 | 27 | 22 | 3 | 0 | 0 | 2 | 0 |
| 山东 | 10 | 2 | 3 | 1 | 0 | 2 | 2 | 33 | 9 | 15 | 0 | 1 | 8 | 0 |
| 河南 | 10 | 5 | 1 | 4 | 0 | 0 | 0 | 32 | 8 | 3 | 12 | 0 | 9 | 0 |
| 山西 | 10 | 6 | 0 | 0 | 1 | 3 | 0 | 28 | 15 | 1 | 0 | 3 | 9 | 0 |
| 陕西 | 10 | 8 | 0 | 0 | 0 | 2 | 0 | 21 | 18 | 0 | 0 | 0 | 3 | 0 |
| 甘肃 | 10 | 5 | 3 | 0 | 0 | 2 | 0 | 14 | 5 | 1 | 0 | 0 | 8 | 0 |
| 四川 | 10 | 0 | 0 | 0 | 0 | 0 | 10 | 35 | 13 | 5 | 0 | 1 | 14 | 2 |
| 广东 | 10 | 10 | 0 | 0 | 0 | 0 | 0 | 30 | 30 | 0 | 0 | 0 | 0 | 0 |
| 广西 | 10 | 9 | 1 | 0 | 0 | 0 | 0 | 19 | 13 | 4 | 0 | 0 | 2 | 0 |
| 云南 | 10 | 6 | 3 | 0 | 0 | 1 | 0 | 22 | 18 | 3 | 0 | 0 | 1 | 0 |
| 贵州 | 10 | 0 | 8 | 0 | 1 | 1 | 0 | 13 | 0 | 11 | 0 | 0 | 2 | 0 |
| 新疆 | 10 | 9 | 0 | 0 | 0 | 1 | 0 | 10 | 0 | 7 | 0 | 0 | 3 | 0 |
| 蒙古 | 27 | 0 | 10 | 0 | 0 | 6 | 11 | 27 | 6 | 9 | 4 | 2 | 0 | 6 |
| 西藏 | 10 | 0 | 0 | 0 | 0 | 0 | 10 | 10 | 0 | 0 | 0 | 0 | 0 | 10 |

续表

| 分布情况<br>省别 | 参议员 | | | | | | | 众议员 | | | | | | |
|---|---|---|---|---|---|---|---|---|---|---|---|---|---|---|
| | 总数 | 政党 | | | | | | 总数 | 政党 | | | | | |
| | | 国民党 | 共和党 | 统一党 | 民主党 | 跨党者 | 未定者 | | 国民党 | 共和党 | 统一党 | 民主党 | 跨党者 | 未定者 |
| 青海 | 3 | 0 | 0 | 0 | 0 | 0 | 3 | 3 | 0 | 0 | 0 | 0 | 0 | 3 |
| 中央学会 | 8 | 0 | 0 | 0 | 0 | 0 | 8 | — | — | — | — | — | — | — |
| 华侨 | 6 | 6 | 0 | 0 | 0 | 0 | 0 | — | — | — | — | — | — | — |
| 合计 | 274 | 123 | 55 | 6 | 8 | 38 | 44 | 597 | 269 | 120 | 18 | 16 | 147 | 26 |

说明：1. 省区分布：

a.《中华民国国会组织法》第二条、第四条、第五条；中国第二历史档案馆整编：《中华民国史史料长编》（民国元年，第二册），南京大学出版社 1993 年版。

b. 张亦工：《第一届国会的建立及阶级结构》，《历史研究》1984 年第 6 期，第 116—117 页。

2. 党籍分布：

a. 张玉法：《民国初年的国会》，附录《两院议员表》，台湾“中研院”《近代史研究所集刊》1984 年第 13 期。

b. 刘景泉：《北京民国政府的议会政治》，《众议院议员党籍分配表》和《参议院议员党籍分配表》，天津古籍出版社 1996 年版，第 285—286 页。

3. 李剑农：《戊戌以后 30 年中国政治史》，第 169 页。

4. 刘景泉：《参议院议员党籍分配表》，“青海 10 名”，“西藏 3 名”，统计有误，应改为“青海 3 名”，“西藏 10 名”。

5. 政党的国会议席：

除跨党和未确定党籍者外，

a. 众议院：众议员数（597/2）> 国民党（269）> 共和党（120）+ 统一党（18）+ 民主党（16）；

b. 参议院：参议员数（274/2）> 国民党（123）> 共和党（55）+ 统一党（6）+ 民主党（8）。

### 表 6.2　宋教仁的竞选演说辞一览表

| 名称 | 时间 | 出处 | 备注 |
|---|---|---|---|
| 《国民党湘支部欢迎会演说辞》 | 1913 年 1 月 8 日 | 1913 年 1 月 9 日《长沙日报》，原题为《国民党湘支部欢迎宋教仁先生大会纪事》 | |

续表

| 名　称 | 时　间 | 出　处 | 备　注 |
|---|---|---|---|
| 《湘省铁道协会欢迎会演说辞》 | 1913 年 1 月 9 日 | 1913 年 1 月 10—11 日《长沙日报》，原题为《铁道协会欢迎宋教仁先生纪事》 | |
| 《湖南筹蒙会成立大会演说辞》 | 1913 年 1 月 11 日 | 1913 年 1 月 13 日《长沙日报》，原题为《湖南筹蒙会成立》 | |
| 《湘省提倡国货会农务总会工业总会商务总会木业公司联合欢迎会演说辞》 | 1913 年 1 月 17 日 | 1913 年 1 月 19 日《长沙日报》，原题为《联合欢迎宋先生》 | |
| 《曲园宴会演说辞》 | 1913 年 1 月 23 日 | 1913 年 1 月 24 日《长沙日报》，原题为《曲园一席话》 | |
| 《国民党鄂支部欢迎会演说辞》 | 1913 年 2 月 1 日 | 蔡寄鸥:《鄂州血史》 | |
| 《国民党鄂省交通部欢迎会演说辞》 | 1913 年 2 月 10 日 | 1913 年 2 月 13 日《民立报》，原题为《宋遯初之危言》 | |
| 《国民党沪交通部欢迎会演说辞》 | 1913 年 2 月 19 日 | 1913 年 2 月 20—21 日《民立报》，原题为《宋钝初先生演说辞》 | 黄兴早于宋教仁于 1913 年 1 月 26 日在此发表关涉选举的演讲。见《民立报》1913 年 1 月 28 日 |

续表

| 名　称 | 时　间 | 出　处 | 备　注 |
| --- | --- | --- | --- |
| 《国民党湘支部欢迎会演说辞》 | 1913年2月23日 | 1913年2月25日《民立报》，原题为《宋于二先生欢迎会》 | |
| 《国民党宁支部欢迎会演说辞》 | 1913年3月9日 | 1913年3月11日《民立报》，原题为《苦口婆心医国手》 | |
| 《中央行政与地方行政分划之大政见》 | 1913年3月12日 | 1913年3月23日《民立报》，此为宋教仁在尚贤堂演说时发表，由宋教仁亲笔草拟大纲，徐血儿得此原稿并发表 | |
| 《国民党交通部公宴会演说辞》 | 1913年3月18日 | 《渔父先生雄辩集》，原题为《遇害前二日国民党交通部公宴会之演说》 | |

资料来源：

1. 陈旭麓主编：《宋教仁集》（下），中华书局 1981 年版。

2.《民立报》1913 年 1—3 月的有关报道，北京图书馆《民立报》缩印版。

3.《渔父先生雄辩集》。

表 7.3 北京临时政府时期内阁情况一览表

| 阁别<br>职位 | 唐绍仪内阁（正式）（1912 年 3 月 13 日—6 月 27 日） | | |
|---|---|---|---|
| | 姓　名 | 政治背景 | 内阁职务变动 |
| 国务总理 | 唐绍仪 | 袁世凯在天津小站训练“新建陆军”时，协助徐世昌负责营务处。辛亥革命时，充任袁世凯内阁全权代表，袁世凯任临时大总统后，被任命为第一任国务总理，后加入同盟会 | 1912 年 6 月 15 日由北京出走天津辞总理职，1912 年 6 月 27 日被免职 |
| 外交总长 | 陆征祥 | 1906 年任驻荷兰公使，1911 年转任驻俄公使 | 唐辞职后，先代理国务总理，后奉命组阁，所提内阁人选被国会否决，并受到弹劾而辞职 |
| 内务总长 | 赵秉钧 | 中日甲午战争后追随袁世凯，由典史、同知升为巡警道，袁任直隶总督兼协办大学士时，任民政部侍郎，后为尚书 | 1912 年 7 月 14 日，财政总长熊希龄免职，由赵秉钧代。陆征祥辞职后，赵秉钧为国务总理兼内务总长 |
| 财政总长 | 熊希龄 | 1905 年，充出洋考察宪政五大臣参赞，后调任奉天盐运史。中华民国创立时，与立宪派张謇等主张选举袁世凯为临时大总统 | 未到任前由施肇基兼署，1912 年 7 月 14 日免职，1913 年与梁启超、张謇等组成熊希龄内阁并兼财政总长 |
| 陆军总长 | 段祺瑞 | 1896 年被袁世凯奏调至小站，协助训练“新建陆军”，任炮兵学堂总办兼炮兵统带。1901 年袁任直隶总督，随往保定负责编练北洋军。1905 年调任第四镇统制，1909 年改任第六镇统制，1911 年任湖广总督，南北和议时奉袁世凯意旨领衔北洋将领四十六人通电，要求清室退位 | 宋案发生后，赵秉钧被免总理职，1913 年 5 月 1 日由段祺瑞代理，7 月 17 日朱启钤代理，7 月 19 日仍由段祺瑞代理 |

续表

| 职位 \ 阁别 | 唐绍仪内阁（正式）（1912年3月13日—6月27日） | | |
|---|---|---|---|
| | 姓　名 | 政治背景 | 内阁职务变动 |
| 海军总长 | 刘冠雄 | 字资颖，福建闽侯人。福建船政学堂毕业，英国留学。清季任海天军舰舰长。1912年，袁任大总统，任刘为海军部部长，1913年，任海洋巡阅使，率舰队到福建镇压革命，封为海军上将兼陆海军大元帅办事处办事员、海军总司令。袁称帝时，封刘为二等公，袁死后，靠近皖系。1917年护法军兴，海军分裂，刘因此去职 | 北京临时政府内一直担任海军总长 |
| 司法总长 | 王宠惠 | 1911年广东光复后入同盟会，1912年1月南京临时政府成立，任外交总长 | 1912年7月14日辞职 |
| 教育总长 | 蔡元培 | 1905年在上海入同盟会，被指定为上海分部主盟员，1912年1月任南京临时政府教育总长，2月被孙中山任命为迎袁专使 | 1912年7月14日辞职 |
| 农林总长 | 宋教仁 | 1905年加入同盟会，任司法部检事长，1912年1月南京临时政府成立，任法制院院长 | 1912年7月14日辞职 |
| 工商总长 | 陈其美 | 1909至1910年在上海创办《中国公报》、《民声丛报》，并协助宋教仁、于右任等办《民立报》，上海光复后被举为沪军都督 | 1912年6月29日免职后以次长王正廷署理，7月14日王正廷辞职 |
| 交通总长 | 施肇基 | 1908年任天津海关道，1910年署理吉林洋务局总办，不久任外务部左丞，出使美、墨、秘、古大臣 | 一度署理财政总长 |

续表

| 职位＼阁别 | 陆征祥内阁（正式）（1912 年 6 月 29 日—9 月 22 日） | | |
|---|---|---|---|
| | 姓　名 | 政治背景 | 内阁职务变动 |
| 国务总理 | 陆征祥 | 1906 年任驻荷兰公使，1911 年转任驻俄公使 | 1912 年 8 月 20 日，由赵秉钧代理，9 月 22 日准予辞职 |
| 外交总长 | 梁如浩 | 1874 年 9 月，与第三批幼童赴美留学。1883 年任中国德籍顾问穆麟德随员，筹设海关。1885 年袁世凯任驻朝鲜通商事宜大臣，任为幕僚。1894 年随袁回国，1911 年 11 月，任袁世凯内阁邮传部副大臣 | 接陆征祥外交部长，后入赵秉钧内阁，仍任外交部长。1912 年 11 月，陆征祥任外交部长 |
| 内务总长 | 赵秉钧 | 中日甲午战争后追随袁世凯，由典史、同知升为巡警道。袁任直隶总督兼协办大学士时，任民政部侍郎，后为尚书 | 1912 年 7 月 14 日，财政总长熊希龄免职，由赵秉钧代。陆征祥免职后，赵秉钧为国务总理兼内务总长 |
| 财政总长 | 周学熙 | 1902 年筹办直隶银元局，1905 年署天津道，1906 年任长芦盐运使，后调任直隶按察使、工商部丞等职。“久在北洋” | 辞职 |
| 陆军总长 | 段祺瑞 | 1896 年被袁世凯奏调至小站，协助训练“新建陆军”，任炮兵学堂总办兼炮兵统带。1901 年袁任直隶总督，随往保定负责编练北洋军。1905 年调任第四镇统制，1909 年改任第六镇统制，1911 年任湖广总督，南北和议时奉袁世凯意旨领衔北洋将领四十六人通电，要求清室退位 | 宋案发生后，赵秉钧免总理职，1913 年 5 月 1 日由段祺瑞代理，7 月 17 日朱启钤代理，7 月 19 日段祺瑞仍代理 |

续表

| 职位 \ 阁别 | 陆征祥内阁（正式）（1912 年 6 月 29 日—9 月 22 日） | | |
| --- | --- | --- | --- |
| | 姓　名 | 政治背景 | 内阁职务变动 |
| 海军总长 | 刘冠雄 | 字资颖，福建闽侯人。福建船政学堂毕业，英国留学。清季任海天军舰舰长。1912 年，袁任大总统，任刘为海军部部长，1913 年，任海洋巡阅使，率舰队到福建镇压革命，封为海军上将兼陆海军大元帅办事处办事员、海军总司令。袁称帝时，封刘为二等公，袁死后，靠近皖系。1917 年护法军兴，海军分裂，刘因此去职 | 北京临时政府时期内一直担任海军总长 |
| 司法总长 | 许世英 | 1897 年任刑部主事，1908 年任奉天高等审判厅厅长，1910 年被清政府派赴欧美考察司法、监狱，1911 年任山西提法司、布政司，辛亥革命时，与张锡銮等联名要求清帝退位。是“段祺瑞派” | 1913 年任奉天民政长 |
| 教育总长 | 范源濂 | 曾任清政府学部参事，1912 年 1 月任南京临时政府教育部次长。“立宪派，与同盟会接近。” | |
| 农林总长 | 陈振先 | “同盟派”，入阁为个人行为 | |
| 工商总长 | 刘揆一 | 1907 年 1 月加入同盟会，2 月代理执行部庶务干事。任工商总长后，旋即声明脱离同盟会，宋案后，另组“相友会” | 1912 年 7 月，因工商部私外债受到攻击而去职，后天津创办《公民报》 |
| 交通总长 | 朱启钤 | 举人出身，1904 年任北京外城警察总厅厅丞，内城警察总监，后任蒙古事务督办，津浦铁路督办等 | 1912 年 7 月连任陆征祥内阁、赵秉钧内阁、段祺瑞内阁的交通总长 |

续表

| 阁别<br>职位 | 赵秉钧内阁（正式）（1912年9月25日—1913年7月16日） | | |
|---|---|---|---|
| | 姓　名 | 政治背景 | 内阁职务变动 |
| 国务总理 | 赵秉钧 | 中日甲午战争后追随袁世凯，由典史、同知升为巡警道。袁任直隶总督兼协办大学士时，任民政部侍郎，后为尚书 | 1912年7月14日，财政总长熊希龄免职，由赵秉钧代。陆征祥免职后，赵秉钧为国务总理兼内务总长 |
| 外交总长 | 梁如浩 | 同“陆征祥内阁”中“外交总长”一栏 | 11月改由陆征祥任外交总长 |
| 内务总长 | 赵秉钧 | 同“陆征祥内阁”中“内务总长”一栏 | 兼职 |
| 财政总长 | 周学熙 | 1902年筹办直隶银元局，1905年署天津道，1906年任长芦盐运使，后调任直隶按察使，工商部丞等职。“久在北洋” | 辞职 |
| 陆军总长 | 段祺瑞 | 1896年被袁世凯奏调至小站，协助训练“新建陆军”，任炮兵学堂总办兼炮兵统带。1901年袁任直隶总督，随往保定负责编练北洋军。1905年调任第四镇统制，1909年改任第六镇统制，1911年任湖广总督，南北和议时奉袁世凯意旨领衔北洋将领四十六人通电，要求清室退位 | 宋案发生后，赵秉钧免总理职，1913年5月1日由段祺瑞代理，7月17日朱启钤代理，7月19日段祺瑞仍代理 |
| 海军总长 | 刘冠雄 | 字资颖，福建闽侯人。福建船政学堂毕业，英国留学。清季任海天军舰舰长。1912年，袁任大总统，任刘为海军部部长，1913年，任海洋巡阅使，率舰队到福建镇压革命，封为海军上将兼陆海军大元帅办事处办事员、海军总司令。袁称帝时，封刘为二等公，袁死后，靠近皖系。1917年护法军兴，海军分裂，刘因此去职 | 1913年1月，兼署教育总长 |

续表

| 职位 \ 阁别 | 赵秉钧内阁（正式）（1912 年 9 月 25 日—1913 年 7 月 16 日） | | |
|---|---|---|---|
| | 姓　名 | 政治背景 | 内阁职务变动 |
| 司法总长 | 许世英 | 1897 年任刑部主事，1908 年任奉天高等审判厅厅长，<br>1910 年被清政府派赴欧美考察司法、监狱。<br>1911 年任山西提法司、布政司，辛亥革命时，与张锡銮等联名要求清帝退位。“段祺瑞派” | 1913 年任奉天民政长 |
| 教育总长 | 范源濂 | 曾任清政府学部参事，1912 年 1 月任南京临时政府教育部次长。“立宪派，与同盟会接近。 | 1913 年 1 月辞职 |
| 农林总长 | 陈振先 | “同盟派”，入阁为个人行为 | |
| 工商总长 | 刘揆一 | 1907 年 1 月加入同盟会，2 月代理执行部庶务干事。任工商总长后，旋即声明脱离同盟会。宋案后，另组“相友会” | 1912 年 7 月因工商部和借外债受到攻击而去职，后在天津创办《公民报》 |
| 交通总长 | 朱启钤 | 举人出身。1904 年任北京外城警察总厅厅丞，内城警察总监，后任蒙古事务督办、津浦铁路督办等 | 1912 年 7 月连任陆征祥内阁、赵秉钧内阁、段祺瑞内阁的交通总长 |

资料来源：1. 张国淦：《中华民国内阁篇》，《近代史资料》，总 40 号，1979 年第 3 号。又刊于杜春和、林斌生、丘权政编：《北洋军阀史料选辑》（上）；张国淦：《北洋述闻》，上海书店出版社 1998 年版。

2. 谢本书：《袁世凯与北洋军阀》，上海人民出版社 1984 年版。

3. 李新、李宗一：《中华民国史》，第二编，北洋军阀统治时期，第一卷（1912—1916 年）上，中华书局 1987 年版。

4. 来新夏编：《北洋军阀史稿》，湖北人民出版社 1983 年版。

# 主要参考文献

## 一、资料

### （一）宋教仁的著述


1. 陈旭麓主编：《宋教仁集》（上、下册），中华书局1981年版。

2.《我之历史》，台湾文海出版社影印版。

3. 湖南省哲学社会科学研究所古代近代史研究室校注：《宋教仁日记》，湖南人民出版社1980年版。

4. 杨天石：《宋教仁佚文钩沉》，《华东师范大学学报》1985年第2期。

5. 拓晓堂：《宋教仁关于"间岛问题"的两封信》，《文献》1988年第4期。

6.《护法使者》，即《民国奇才奇文·宋教仁卷》，东方出版社1998年版。


### （二）其他人物文集


1. 汤志钧编：《康有为政论集》（上、下），中华书局1981年版。

2. 李华兴、吴嘉勋编：《梁启超选集》，上海人民出版社1984年版。

3. 王栻主编：《严复集》（第1—2册），中华书局1986年版。

4. 加润国选注：《仁学——谭嗣同集》，辽宁人民出版社1994年版。

5. 汤志钧编：《章太炎政论选集》（上、下），中华书局1977年版。

6. 朱维铮、姜义华编注：《章太炎选集》（注释本），上海人民出版社1981年版。

7. 刘晴波主编：《杨度集》，湖南人民出版社1986年版。

8. 广东省社科院历史研究室、中国社科院近代史研究所等合编：《孙中山全集》（第1—11卷），中华书局1981年版。

9. 湖南省社会科学院编：《黄兴集》，中华书局1981年版。

10. 陈旭麓、郝盛潮主编：《孙中山集外集》，上海人民出版社1990年版。

11. 高平叔编：《蔡元培全集》（第1—3卷），中华书局1984年版。

12. 郅志选注：《猛回头——陈天华、邹容集》，辽宁人民出版社1994年版。

13. 唐文权、桑兵编：《戴季陶集》（1909—1920年），华中师范大学出版社1990年版。

14. 郑大华、任菁选注：《砭旧危言——唐才常、宋恕集》，辽宁人民出版社1994年版。

15. 徐素华选注：《筹洋刍议——薛福成集》，辽宁人民出版社1994年版。

16. 陆玉林选注：《使西纪程——郭嵩焘集》，辽宁人民出版社1994年版。

17. 罗福惠、萧怡编：《居正文集》（上、下），华中师范大学出版社1989年版。

18. 周元高等编：《李烈钧集》（上、下），中华书局1996年版。

19. 丁贤俊、喻作凤编：《伍廷芳集》（上、下），中华书局1993年版。

20. 杨立强等编：《张謇存稿》，上海人民出版社1987年版。

21. 毛注青等编：《蔡锷集》，湖南人民出版社1983年版。

22. 谭人凤：《石叟牌词》，甘肃人民出版社1983年版。

23. 胡汉民：《胡汉民自传》，《近代史资料》1981年第2期。

24. 黄远庸：《远生遗著》，商务印书馆1984年版。

25. 傅德华编：《于右任辛亥文集》，复旦大学出版社1986年版。

26.[日] 北一辉：《支那革命外史》，《北一辉著作集》，三铃书房1979年版。

27. 李妙根编选：《为政尚异论——章士钊文选》，上海远东出版社1996年版。

28.《马克思恩格斯全集》第1卷，人民出版社1956年版。

29.《毛泽东选集》（合订一卷本），人民出版社1968年版。

## （三）报纸杂志

1.《民立报》，1910年10月—1913年9月，北京图书馆缩印版。

2.《时务报》，1896—1898年，第1—69期，上海时务报馆。

3.《〈清议报〉全编》，1898—1901年，第1—26卷，旬刊，日本横滨新民社。

4.《〈新民丛报〉汇编》，1902—1906年，上海文会书社。

5.《醒狮》（月刊），1906 年，第 1—5 期，上海新智社。
6.《新译界》（月刊），1906—1907 年，第 1—6 号，日本东京新译界社。
7.《国闻汇编》，1897—1898 年，第 1—5 册。
8.《预备立宪公会报》（半月刊）
1908 年，第 1—22 期，附章程题名表一册；
1909 年，第 1—24 期，附章程题名表二册。上海预备立宪公会。
9.《中国新报》（月刊），1907 年，第 1—9 号，日本东京中国新报社。
10.《东方杂志》（月刊），1904—1913 年，第 1—12 期，上海商务印书馆东方杂志社。
11.《民报》（月刊），1905—1910 年，第 1—26 号（附"天讨"专号），北京科学出版社影印，1957 年版；日本东京民报编辑部。
12.《民声报》（半月刊），1910 年，第 2 号，上海民声周报社。
13.《公民急进党丛报》（月刊），1912 年，第 1—4 期，上海公民急进党丛报社。
14.《社会世界》（月刊），1913 年，第 1—3 期，上海社会党本部。
15.《庸言》（半月刊），1912—1913 年，卷一，第 1—24 号。
16.《新世界》（半月刊），1912 年，第 1—8 期，上海新世界杂志社。
17.《新纪元星期报》，1912 年，卷一，第 1—2 期，北京新纪元星期报馆。
18.《独立周报》（分类汇编）
1912 年，卷一，第 1—14 期；
1913 年，卷二，第 1—20 期。上海独立周报社。
19.《国会丛报》，1913 年，第 1 期，上海国会丛报社。
20.《国是》（月刊），1913 年，第 1—2 期，北京政治研究会。
21.《国民月刊》，1913 年，卷一，第 1—2 号，上海国民党上海交通部。
22.《不忍》（月刊），1913 年，第 1—10 册，上海不忍杂志社。
23.《中央商学会杂志》（月刊），1913 年，卷一，第 1—2 册。
24.《神州丛报》，1913—1914 年，卷一，第 1—2 册，上海神州丛报社。
25.《正谊》（月刊），1914—1915 年，卷一，上海正谊杂志社。
26.《甲寅》杂志（月刊），1914—1915 年，卷一，第 1—10 号，上海甲寅杂志社。
27.《中华》（月刊），1914 年，第 1 卷，北京进步党本部内中华杂志社。
28.《临时政府公报》（南京），1912 年，第 1—58 号，南京临时政府。
29.《农林公报》（旬刊），1912 年，第 1—14 期。北京农林部公报处。
30.《政府公报》（日刊）：
1911 年（辛亥年）12 月 27—30 日；

1912 年（民国元年 5—12 月），第 1—238 号。

1913 年（民国二年 1—12 月），第 239—597 号。

31.《参议院议决案汇编》：

1912 年，甲部 1—2 册；

1912 年，乙部 1—5 册；

1913 年，第 1—2 册。

32.《参议院议事录》（南京参议院），1912 年，1—4 月。

33.《参议院公报》（北京参议院），1913 年，第 1—16 册，1913 年（民国二年）第一次国会。

34.《众议院会议速记录》（北京众议院），1913 年，第 1—48 号。

35.《众议院公报》，1913 年，第 1—69 号，第一期议会，北京众议院公报处。

36. 中国社科院近代史研究所编：《近代史资料》，第 1—91 期（截至 1997 年），中国社会科学出版社 2010 年版。

37.《近代中国》，第 1—5 期，上海社会科学院出版社 2014 年版；第 6—7 期（截止于 1997 年），立信会计出版社 2014 年版。上海中山学社主办。

38. 中国社科院近代史研究所中华民国史研究室（组）编：《中华民国史资料丛稿》，中华书局 1983 年版。

39. 李新总编：《中华民国大事记》第 1—3 卷，中国文史出版社 1997 年版。

40. 中华书局编辑部编：《纪念辛亥革命七十周年学术讨论会论文集》（全三册），中华书局 1983 年版。

41. 中国社科院近代史研究所编：《国外中国近代史研究》第 1—27 期，1995 年停刊。

42.《辛亥革命史丛刊》，第 1—9 期（截止于 1997 年），中华书局 1987 年版。

43.《民国档案》，中国第二历史档案馆主办。

44.《历史档案》，中国第一历史档案馆主办。

## （四）其他

1.《宋教仁纪念专辑》，湖南省桃源县政协 1987 年版。

2. 徐血儿等编：《宋教仁血案》，岳麓书社 1986 年版。

3. 日本外务档案：《宋教仁和同盟会资料》，《国外中国近代史研究》第 16 期。

4. 朱传誉主编：《宋教仁传记资料》，（中国台北）天一出版社 1981 年版。

5. 陈锡祺主编:《孙中山年谱长编》,中华书局 1991 年版。

6. 毛注青编:《黄兴年谱长编》,中华书局 1991 年版。

7. 汤志钧编:《章太炎年谱长编》,中华书局 1979 年版。

8. 丁文江、赵丰田编:《梁启超年谱长编》,上海人民出版社 1983 年版。

9. 蔡寄鸥:《鄂州血史》,龙门联合书局 1958 年版。

10. 冯自由:《革命逸史》(第 1—6 册),中华书局 1981 年版。

11. 曹亚伯:《武昌革命真史》,上海书店 1982 年影印版。

12. 谷钟秀:《中华民国开国史》,台湾文海出版社影印版。

13. 邹鲁:《中国国民党史稿》,上海书店 1989 年影印版。

14.《湖南文史资料选辑》,湖南人民出版社 1981 年版。

15. 湖北省政协文史资料研究委员会编:《湖北文史资料》。

16. 杜春和等编:《北洋军阀史料选辑》(上、下),中国社会科学出版社 1981 年版。

17. 故宫博物院明清档案部编:《清末筹备立宪档案史料》(全二册),中华书局 1979 年版。

18. 中国第二历史档案馆编:《中华民国史档案资料汇编》(第 1—3 辑),江苏古籍出版社 1994 年版。

19. 万仁元、方庆秋主编:《中华民国史史料长编》(辛亥年、民国元年、民国二年),南京大学出版社 1993 年版。

20.《近代稗海》[荣孟源、章伯峰主编:(1—8 辑);章伯峰、顾亚主编:(9—14 辑)],四川人民出版社 1988 年版。

21.《民国史料笔记丛刊》(汪康年:《汪穰卿笔记》,王建中:《洪宪惨史》,陶菊隐:《政海轶闻》,张国淦:《北洋述闻》,刘以芬:《民国政史拾遗》),上海书店出版社 1991 年版。

22. 北京图书馆文献信息服务中心剪辑《台港及海外中文报刊资料专辑》特辑一《民国初年的国会》,书目文献出版社 1987 年版。

23. 郭卿友主编:《中华民国时期军政职官志》,甘肃人民出版社 1990 年版。

24. 钱实甫:《北洋政府职官年表》,华东师范大学出版社 1991 年版。

25. 朱宗震、杨光辉编:《民初政争与二次革命》,上海人民出版社 1983 年版。

26. 郑逸梅:《民国笔记概观》,上海书店出版社 1991 年版。

27. 马鸿谟:《民呼、民吁、民立报选辑》(一)(1909 年 5 月—1910 年 12 月),河南人民出版社 1982 年版。

28. 北京图书馆编:《民国时期总书目》, 1911—1949, 法律, 1990 年版; 1911—1949, 军事, 1994 年版。书目文献出版社 1996 年版。

29.《辛亥革命回忆录》(第 1—8 集), 文史资料出版社 1981 年版。

30.《辛亥革命在上海史料选辑》, 上海人民出版社 1981 年版。

31. 李剑农:《戊戌以后三十年中国政治史》, 中华书局 1965 年版。

32.[澳] 骆惠敏编:《清末民初政情内幕——〈泰晤士报〉驻北京记者、袁世凯政治顾问乔·厄·莫理循书信集》, 知识出版社 1980 年版。

33.《辛亥人物碑传集》, 团结出版社 1991 年版。

34.《民国人物碑传集》, 团结出版社 1995 年版。

35.《辛亥革命时期桃源人物集》, 国际展望出版社 1991 年版。

36. 中国第一历史档案馆编:《清末筹备立宪档案史料》(上、下), 中华书局 1979 年版。

37.《南京临时政府公报》, 江苏古籍出版社 1981 年影印版。

38. 易宗夔:《新世说》,《民国笔记小说大观(第三辑)》, 山西古籍出版社 1997 年版。

## 二、中文论著

### (一) 关于宋教仁

1. 陈旭麓、何泽福:《宋教仁》, 江苏古籍出版社 1984 年版。

2. 迟云飞:《宋教仁与中国民主宪政》, 湖南师范大学出版社 1997 年版。

3. 李元灿、李育民、迟云飞:《宋教仁传》, 国际展望出版社 1992 年版。

4. 吴相湘:《宋教仁: 中国民主宪政的先驱》, (中国台北) 传记文学出版社 1969 年版。

5. 方祖燊:《三湘渔父——宋教仁传》, (中国台北) 近代中国出版社 1984 年再版。

### (二) 关于政党

1. 杨幼炯:《中国政党史》, 上海书店出版社 1984 年版。

2. 朱建华、宋春主编:《中国近现代政党史》，黑龙江人民出版社 1984 年版。

3. 邱钱牧主编:《中国政党史》(1894—1949)，山西人民出版社 1991 年版。

4. 谢彬:《民国政党史》(增补订正)，(中国台北) 台湾学术研究丛书部 1928 年版。

5. 谷光宇:《政党论——革命民主政党与其他政党的比较研究》，(中国台北) 黎明文化事业股份有限公司 1985 年再版。

6. 萧超然主编:《中国政治发展与多党合作制度》，北京大学出版社 1991 年版。

7. 肖铁肩:《历史脚步一伴音——孙中山政党思想研究》，四川人民出版社 1996 年版。

8. 孙治民:《国父的政党理论》，(中国台北) 黎明文化事业有限公司 1984 年版。

9. 程全生:《革命民主政党全论》，(中国台北) 正中书局 1987 年版。

10. 彭怀恩:《民国初年的政党政治：政治发展角度的观察》，(中国台北) 洞察出版社 1989 年版。

11. 张连月:《中国政党与政党制度》，中国工人出版社 1993 年版。

12. 郭定平:《政党与政府》，浙江人民出版社 1998 年版。

13. 施雪华:《政党政治》，香港三联书店 1993 年版。

14. 林尚立:《政党政治与现代化——日本的历史与现实》，上海人民出版社 1998 年版。

15. 李景治:《当代资本主义国家的政党制度》，福建人民出版社 1993 年版。

16. 王长江:《世界政党比较研究》，中共中央党校出版社 1996 年版。

17. 许介鳞:《政党政治的秩序与伦理》，(中国台北)“国家政策研究资料中心”1990 年再版。

18. 陈忠庸:《民国初年的党争：民元民四：国民党势力的起伏因素分析》，台湾大学三民主义研究所硕士论文。

19. 陈长河:《北洋军阀统治时期的党派》，档案出版社 1994 年版。

20. 刘文岛:《政党政治论》，上海商务印书馆 1928 年版。

21. 杨公达:《政党概论》，上海神州国光社 1933 年版。

22. 张玉法:《民国初年的政党》，(中国台北)“中央研究院”近代史研究所 1985 年版。

23. 金安平:《20 世纪前半期中国知识分子与政党政治》，北京大学博士学位论文，1998 年。

## （三）其他

1. 桑咸之：《晚清政治与文化》，中国社会科学出版社 1996 年版。

2. 汤志钧：《戊戌变法史》，人民出版社 1984 年版。

3. 杨树藩：《清代中央政治制度》，（中国台北）商务印书馆发行。

4. 冯尔康主编：《中国社会结构的演变》，河南人民出版社 1994 年版。

5. 熊月之：《西学东渐与晚清社会》，上海人民出版社 1994 年版。

6. 于素云、张俊华、周品威编著：《中国近代经济史》，辽宁人民出版社 1983 年版。

7. 陆仰渊、方庆秋编：《民国社会经济史》，中国经济出版社 1991 年版。

8. 周俊旗、汪丹：《民国初年的动荡》，天津人民出版社 1996 年版。

9. 杨国荣：《心学之思——王阳明哲学的阐释》，生活 · 读书 · 新知三联书店 1997 年版。

10.《纪念辛亥革命七十周年学术讨论会论文集》，中华书局 1983 年版。

11. 中国孙中山研究学会编：《孙中山和他的时代——孙中山研究国际学术讨论会文集》（上、中、下），中华书局 1989 年版。

12. 中华炎黄文化研究会、上海炎黄文化研究会编：《孙中山与现代文明》，苏州大学出版社 1997 年版。

13. 中华书局编辑部编：《辛亥革命与近代中国——纪念辛亥革命八十周年国际学术讨论会文集》（上、下册），中华书局 1994 年版。

14. 邵德门主编：《孙中山政治学说研究》，东北师范大学出版社 1992 年版。

15. 王俯民：《孙中山详传》（上、下册），中国广播电视出版社 1993 年版。

16. 邓丽兰编著：《临时大总统和他的支持者——孙中山英文藏档透视》，中国文史出版社 1996 年版。

17. 姜义华：《章太炎思想研究》，上海人民出版社 1985 年版。

18. 耿云志、崔志海：《梁启超》，广东人民出版社 1994 年版。

19. 韦杰廷、陈先初：《孙中山民权主义探微》，广西师范大学出版社 1995 年版。

20.《孙中山研究论文集》（1949—1984），四川人民出版社 1986 年版。

21. 李联海：《孙中山与宫崎滔天》，重庆出版社 1985 年版。

22. 段云章、邱捷：《孙中山与中国近代军阀》，四川人民出版社 1990 年版。

23. 陈锡祺：《孙中山与辛亥革命论集》，中山大学出版社 1984 年版。

24. 朱宗震：《孙中山在民国初年的决策研究》，四川人民出版社 1991 年版。

25. 刘枫、曹均伟:《孙中山的民生主义研究》，上海社会科学院出版社 1987 年版。

26. 韦杰廷:《孙中山民生主义新探》，黑龙江教育出版社 1991 年版。

27. 李宗一:《袁世凯传》，中华书局 1980 年版。

28. 李新主编:《中华民国史》（第一编），中华书局 1981 年版。

29. 李新、李宗一主编:《中华民国史》[第二编第一卷（912—1916 年）上、下]，中华书局 1987 年版。

30. 林炯如等编著:《中华民国政治制度史》，华东师范大学出版社 1995 年版。

31. 杨鸿年、欧阳鑫:《中国政制史》，安徽教育出版社 1988 年版。

32. 刘景泉:《北京民国政府的议会政治》，天津古籍出版社 1996 年版。

33. 胡维革、程舒伟:《近代中国国会的历史命运》，高等教育出版社 1993 年版。

34. 殷啸虎:《近代中国宪政史》，上海人民出版社 1997 年版。

35. 王永祥:《中国现代宪政运动史》，人民出版社 1996 年版。

36. 王人博:《宪政文化与近代中国》，法律出版社 1997 年版。

37. 张玉法:《清季的革命团体》，（中国台北）“中央研究院”近代史研究所 1975 年版。

38. 朱英:《辛亥革命时期新式商人社团研究》，中国人民大学出版社 1991 年版。

39.《辛亥革命与近代中国》，中华书局 1994 年版。

40. 蔡少卿:《中国近代会党史研究》，中华书局 1987 年版。

41. 贺渊:《三民主义与中国政治》，社会科学文献出版社 1995 年版。

42. 邱远酋:《中华民国开国法制史》，首都师范大学出版社 1997 年版。

43. 杜洵诚:《民族资本主义与旧中国政府》，上海社会科学院出版社 1991 年版。

44. 方汉奇编著:《中国近代报刊史》，山西教育出版社 1981 年版。

45. 桑成之、林翘翘编著:《中国近代政治思想史》，中国人民大学出版社 1986 年版。

46. 潘念之主编:《中国近代法律思想史》，上海社会科学院出版社 1992 年版。

47. 王子兰:《中国制宪问题》，中国印书馆 1946 年版。

48. 徐连达、朱子彦:《中国皇帝制度》，广东教育出版社 1996 年版。

49. 白刚主编:《中国政治制度史》，天津人民出版社、新西兰霍兰德出版有限公司 1991 年版。

50. 秦孝仪主编:《中华民国政治发展史》，（中国台北）近代中国出版社 1985 年版。

51. 袁继成等编:《中华民国政治制度史》,湖北人民出版社 1991 年版。

52. 成台生:《胡汉民的政治思想》,(中国台北)黎明文化事业股份有限公司 1982 年版。

53. 杨荫溥:《民国财政史》,中国财政经济出版社 1985 年版。

54. 张国福:《民国宪法史》,华文出版社 1991 年版。

55. 张晋藩:《中国法律的传统与近代转型》,法律出版社 1997 年版。

56. 胡春惠编:《民国宪政运动》,(中国台北)正中书局 1978 年版。

57. 张注洪编著:《中国现代革命史史料学》,中共党史资料出版社 1987 年版。

58. 张宪文:《中国现代史史料学》,山东人民出版社 1985 年版。

59. 谢俊美:《政治制度与近代中国》,上海人民出版社 1995 年版。

60. 陈旭麓:《近代中国社会的新陈代谢》,上海人民出版社 1992 年版。

61. 陈旭麓:《思辨留踪》(下),华东师范大学出版社 1997 年版。

62. 陈旭麓:《浮想偶存》,华东师范大学出版社 1997 年版。

63. 李景鹏:《权力政治学》,黑龙江教育出版社 1995 年版。

64. 徐宗勉、张亦工:《近代中国对民主的追求》,安徽人民出版社 1996 年版。

65. 应克复等著:《西方民主史》,中国社会科学出版社 1997 年版。

66. 王浦劬主编:《政治学基础》,北京大学出版社 1995 年版。

67. 宁骚:《民族与国家——民族关系与民族政策的国际比较》,北京大学出版社 1995 年版。

68. 马作武:《清末法制变革思潮》,兰州大学出版社 1997 年版。

69. 严春友等主编:《宇宙全息之谜全息理论及其应用》,万国学术出版社 1993 年版。

70. 高一涵:《中国内阁制度的沿革》,上海商务印书馆 1933 年版。

71. 林长民:《参议院一年史》,《民国经世文编》,政治(二)。

72. 谢彬:《资政院时代的政党》,(中国台北)台湾文海出版社影印版。

73. 钱端升:《民国政制史》,中华书局 1937 年版。

## 三、译著

1.[美] 史扶邻:《孙中山与中国革命的起源》,丘权政等译,中国社会科学出版社 1981 年版。

2.[美] 齐锡生:《中国的军阀政治(1916—1928)》,杨云若、萧延中译,中国人民大学出版社 1991 年版。

3.[日] 佐藤三朗、井上一叶编:《民初议员列传》,附有《民初政党及议会史》,(中国台北)天一出版社 1975 年版。

4.[美] 詹姆斯·R. 汤森、布兰特利-沃马克:《中国政治》,顾速、董方译,江苏人民出版社 1996 年版。

5.[美] 费正清编:《剑桥中国晚清史》(1800—1911 年)(上、下卷),中国社会科学院历史研究所编译室译,中国社会科学出版社 1993 年版。

6.[美] 费正清编:《剑桥中华民国史》(1912—1949 年)(上、下卷),杨品泉等译,中国社会科学出版社 1993 年版。

7.[美] 张灏:《梁启超与中国思想的过渡》,江苏人民出版社 1995 年版。

8.[美] 本杰明·史华兹:《寻求富强:严复与西方》,叶凤译,江苏人民出版社 1996 年版。

9.[美] 塞缪尔·P. 亨廷顿:《变化社会中的政治秩序》,王冠华等译,生活·读书·新知三联书店 1989 年版。

10.[法] 孟德斯鸠:《论法的精神》(上、下册),张雁深译,商务印书馆 1995 年版。

11.[法] 托克维尔:《旧制度与大革命》,冯棠译,商务印书馆 1992 年版。

12.[美] 西摩·马丁·李普塞特:《一致与冲突》,张华青等译,上海人民出版社 1995 年版。

13.[美] 乔·萨托利:《民主新论》,冯克利、阎克文译,东方出版社 1993 年版。

14.[日] 山口定:《政治体制》,韩铁英译,经济日报出版社 1991 年版。

15.[日] 迁中丰:《利益集团》,郝玉珍译,经济日报出版社 1989 年版。

16.[日] 猛口孝:《国家与社会》,高增杰译,经济日报出版社 1989 年版。

17.[日] 冈泽宪芙:《政党》,耿小曼译,经济日报出版社 1991 年版。

18.[日] 三宅一朗:《投票行动》,冯建新译,经济日报出版社 1991 年版。

19.[美] 斯蒂芬·L. 埃尔金、卡罗尔·爱德华·索乌坦编:《新宪政论——为美好的社会设计政治制度》,周叶谦译,生活·读书·新知三联书店 1997 年版。

20.[美] 西摩·马丁·李普塞特:《政治人——政治的社会基础》,张绍宗译,上海人民出版社 1997 年版。

21.[美] 柯文:《在传统与现代性之间——王韬与晚清改革》,雷颐、罗检秋译,江苏人民出版社 1998 年版。

22.[英] 边沁:《政府片论》,沈叔平等译,商务印书馆 1995 年版。

23.[英] J.S. 密尔:《代议制政府》,汪暄译,商务印书馆 1982 年版。

24.[法] 卢梭:《社会契约论》,何兆武译,商务印书馆 1997 年版。

25.[苏] 勃·姆·别尔纳狄涅尔:《卢梭的社会政治哲学》,焦树安、车铭洲译,中国社会科学出版社 1981 年版。

26.[意] 萨尔沃·马斯泰罗内:《欧洲政治思想史——从十五世纪到二十世纪》,黄华光译,社会科学文献出版社 1992 年版。

27.[美] 任达:《新政革命　日本—中国,1898—1912》,李仲贤译,江苏人民出版社 1998 年版。

28.[法] 霍尔巴赫:《自然政治论》,陈太先、眭茂译,商务印书馆 1994 年版。

29.[英] 格雷厄姆·沃拉斯:《政治中的人性》,朱曾汶译,商务印书馆 1995 年版。

30.[美] 汉密尔顿、杰伊、麦迪逊:《联邦党人文集》,程逢如等译,商务印书馆 1997 年版。

31.[法] 谢和耐:《中国社会史》,耿升译,江苏人民出版社 1997 年版。

32.[美]肯尼思·W. 汤普森编:《宪法的政治理论》,张志铭译,生活·读书·新知三联书店 1997 年版。

33.[美] 埃尔斯特、(挪) 斯莱格斯塔德编:《宪政与民主——理性与社会变迁研究》,潘勤、谢鹏程译,生活·读书·新知三联书店 1997 年版。

34.[美] 费正清、赖肖尔:《中国:传统与变革》,陈仲丹等译,江苏人民出版社 1995 年版。

35.[美] 乔·萨托利:《民主新论》,冯克利、阎克文译,东方出版社 1993 年版。

## 四、西文著作

1. Kit Siong Liew, *Sung Chiao-jen and the 1911 Chinese Revolution*. University of Califomia Press Berkeley and Los Angeles, California, 1971.

2. Howard L Boorman, *Biographical Dictionary of Republican China*, Sung Chiao-jen, Columbia University Press, 1967—1971.

3.Charlton M.Lewis, *Prologue to the Chinese Revolution: The Transformation of Ideas and Institutions in Hunan Province*, 1891—1907, Cambridge, Mass, 1967.

4.Min Tu-Ki, *National Polity and Local Power: The Transformation of late Imperial China*, Cambridge Mass, 1989.

5. Tsuen-hsuin Tsien, *Western Impact on China Through Translation: Far Eastern Guarterly*, Vol XIII, No.3, May 1954.

6.Teng, Ssu-Yu, and John K.Fair bank, *Research Guide for China's Response to the west: A Documentary Survey, 1839—1923*. Cambridge: Harvard University Press, 1954.

7.Jon H. Fincher, *Chinese Democracy: The Self -Government Movement in Local, Provincial and National Politics, 1905—1914*. New York: St. Martin's Press, 1981.

8. Philip A .Kuhn, *Local Self -Government Under the Republic: Problems of Control, Autonomy, and Mobilization*. in Frederic Wakeman, Jr. and Carolyn Grant, eds. Conflict and *Control in late Imperial China*, Berkeley: University of Califomia Press, 1975.

9. Allan R. Ball, *British Politic.al Parties, London*. Macmillan 1981.

10. Richard H.I.Crossman, *The Myths of Cabinet Government*. Harvard University Press, 1972.

11.William Goodman, *The Two-party system in the United States*. Princeton: D.Van Nostrand, 1956.

# 后　记

本书是笔者在1999年博士学位论文的基础上修改完成的，论文原题为《宋教仁的政党政治思想研究》，历经20载，于今得以《清末民初宋教仁政党政治思想史》为题，由人民出版社出版，此乃笔者一大学术幸事。

笔者1988年本科毕业于北京大学历史系，以中国近现代史为学术旨趣开始学术研究。毕业时，报考了北京大学政治学与行政管理系硕士研究生。考后，系里通知可入读正在筹备成立的政治学与行政管理系研究生班，然研究生班随后暂停办，转而就职于在北京成立仅有两年时间的中国藏学研究中心。藏学对于当时的笔者而言，可以说是一项全新的研究领域。经过初步学习研究藏学、民族学和在西藏自治区拉萨市墨竹工卡县统战部挂职锻炼工作，逐步确立起研究当代中国西藏历史的学术志向，如开展了中央与西藏地方关系、西藏和平解放的研究等。从西藏回京工作后，笔者考入北京大学政治学与行政管理系攻读硕士研究生，回到母校深造。在学习研究中，一方面继续研究近现代政治史，并将当代中国西藏纳入研究范畴；另一方面研习政治学理论。在本系1996年硕士毕业后，又接着免试入读博士研究生。正是在博士阶段的学习研究工作中，笔者渐渐致力于研究近现代中国政治史特别是思想史、制度史和政党史。起初，先从孙中山研究开始，其后一段时间以来以宋教仁的政党政治思想为专注点，并以“宋教仁的政党政治思想”为博士论文选题，希望通过中国近现代历史人物，研究中国政治思想史、制度史和政党史。于是，在博士研究生毕业时，申请并获中国社会科学院近代史研究所博士后研究资格，但因是自费而无奈弃之，选择赴中国社会科学院政治学研究所工作。笔者原本继续从事中国近现代史研究特别是近代中国政党史研究，于是乎在政治学研究所工作之初的一段时间中，还坚持在近代史研究所图书档案馆查阅和整理有关史料，后因当时政治学研究所将基层民主选举如村民自治、城市社区自治及地方立法等作为研究工作的主攻方向，也就放下了已有研究基础的近代中国政治史研究。之后，因工作需要，笔者从政治学研究所调到当代中国研究所工作，以研究编纂中华人民共和国史为主业至于今。

历史上的昨天、今天和明天是相通的，中华人民共和国史是与现实最为直接的历史，但又是从近代中国的历史变革中发展而来的。因此，笔者在研究中华人民共和国史相关问题上，时不时也结合近代中国史进行研究。特别是辛亥革命100周年前后，笔者以此为契机，重又开始本书的修改及相关问题研究，至2019年新中国成立70周年、五四运动100周年才完成修改，并献礼于两个紧密联系在一起的光辉节日。

在学习研究工作中，每个阶段的老师都给予了精心的培养和教育，使笔者在人生的道路上不断获得滋养和收获；家人给予了无微不至的关爱、支持和照顾。在此，谨向老师们致以崇高敬礼！向全家人致以深深谢忱！

由于笔者研究水平有限，不足甚或错误之处在所难免，敬请读者给予批评指正！

责任编辑：刘　伟
责任校对：吕　飞
版式设计：汪　莹

**图书在版编目（CIP）数据**

清末民初宋教仁政党政治思想史 / 宋月红 著 . — 北京：人民出版社，2021.6
ISBN 978 – 7 – 01 – 021925 – 7

I. ①清…　II. ①宋…　III. ①政治思想史 – 研究 – 中国 – 近代②宋教仁（1882—1913）– 思想评论　IV. ① D092.6

中国版本图书馆 CIP 数据核字（2020）第 036255 号

**清末民初宋教仁政党政治思想史**

QINGMO MINCHU SONG JIAOREN ZHENGDANG ZHENGZHI SIXIANGSHI

宋月红　著

人民出版社 出版发行
（100706　北京市东城区隆福寺街 99 号）

北京汇林印务有限公司印刷　新华书店经销

2021 年 6 月第 1 版　2021 年 6 月北京第 1 次印刷
开本：710 毫米 ×1000 毫米 1/16　印张：21.25
字数：295 千字

ISBN 978 – 7 – 01 – 021925 – 7　定价：66.00 元

邮购地址 100706　北京市东城区隆福寺街 99 号
人民东方图书销售中心　电话（010）65250042　65289539